부자들의
자녀교육

부자들의 자녀교육

1판 1쇄 2007년 9월 10일
1판 6쇄 2008년 9월 30일
개정판 1쇄 2017년 5월 25일
개정판 2쇄 2017년 7월 17일

지은이 방현철
펴낸이 김승욱
편집 김승관 한지완
디자인 김마리 이정민
마케팅 이연실 이숙재 정현민
홍보 김희숙 김상만 이천희
제작 강신은 김동욱 임현식

펴낸곳 이콘출판(주)
출판등록 2003년 3월 12일 제406-2003-059호

주소 10881 경기도 파주시 회동길 210
전자우편 book@econbook.com
전화 031-955-7979
팩스 031-955-8855

ISBN 978-89-97453-86-3 03370

＊이 도서의 국립중앙도서관 출판예정도서목록(CIP)은 서지정보유통지원시스템
홈페이지(http://seoji.nl.go.kr)와 국가자료공동목록시스템(http://www.nl.go.kr/kolisnet)에서
이용하실 수 있습니다. (CIP제어번호: CIP2017010516)

부자들의 자녀교육

부모의 오늘이 아이의 미래를 만든다

방현철 지음

이콘

가난한 사람은
책으로 인해 부자가 되고,

부유한 사람은
책으로 인해 존귀하게 된다.

『고문진보古文眞寶』에서

차례

『부자들의 자녀교육』이 세상에 나온 지 10년이 됐다. 그 동안 우리 주변에는 많은 일이 있었다. 2007년 애플의 아이폰 출시 이후 스마트폰, 태블릿PC 등 휴대형 디지털 기기가 번져나가면서 우리 뿐 아니라 전 세계는 '모바일 혁명'이라 부를 정도의 변화가 있었다. 카카오톡 등 모바일 메신저 서비스가 새로 등장했고, 페이스북, 트위터 등 소셜 미디어가 주류 미디어를 밀어 내고 있다. 해외에선 우버, 에어비앤비 등 공유경제 서비스가 택시, 호텔 등 기존 서비스업의 변화를 만들어 내고 있고, 정보기술과 금융이 결합된 '핀테크'가 신용카드, 은행 등 기존 금융업과 경쟁하고 있다. 전기차, 자율주행차 등이 언제까지 꿈쩍하지 않을 것 같았던 자동차 산업을 정보기술 산업화하고 있다. 최근엔 음성을 인식해 비서 역할을 하는 네트워크 스피커 등 인공지능과 결합된 새로운 서비스들이 잇따라 등장하고 있다. 이런 새로운 기술과 상품이 등장하면서 우리의 일상생활도 바뀌고 있다. '4차 산업혁명'이라 부를만한 변화가 일어나고 있는 것이다.

한편으론 2008년 불어 닥친 글로벌 금융위기 이후 한국 경제는 본격적인 저성장 사회로 접어들고 있다. 부동산 규제를 완화해 경기를 띄워 봐도, 금리를 내리고 정부 예산을 푸는 경기 부양책을 써도 2% 대의 성장에 머무르는 데 그치고 있다. 세계적으론 '분노하는 집단'이 정치적인 목소리를 키우고 있다. 미국, 영국 등 선진국에선 글로벌 금융위기 이후 빈부격차가 확대되면서 기존 정치 패러다임이 바뀌는 일이 벌어지고 있다.

이렇게 세상이 바뀌는 동안 부자들의 성공 공식이 바뀌었을까. 표면적으로 보면 바뀐 게 있다. 우선 세계적인 갑부가 되는 속도가 빨라졌다. 블룸버그통신이 전 세계 억만장자(재산을 10억 달러, 대략 1조 원 이상으로 불린 부자들)들이 200억 달러의 재산을 모으는데 걸린 시간을 분석한 결과, 전통적인 부자인 워런 버핏은 27년 11개월이 걸렸지만 '21세기형 부자'의 전형인 마크 저커버그 페이스북 최고경영자(CEO)는 8년 1개월밖에 걸리지 않았다. 구글의 공동 창업자인 세르게이 브린과 래리 페이지도 200억 달러의 재산을 모으는데 8년 10개월밖에 걸리지 않았다. 정보기술(IT) 산업에서 돈을 벌어 세계 1위 부자가 된 빌 게이츠가 200억 달러의 재산을 모으는 데도 21년 7개월이나 걸렸는데 말이다. 디지털, 모바일 시대가 점점 더 확산되면서 디지털 갑부들이 탄생하는 시간은 점점 짧아지는 것이다.

한편으론 세계가 디지털화, 모바일화 되면서 수많은 비즈니스 기회들이 생겼고, 그 가운데 재능을 재산을 바꾼 마크 지기버그와 같은 젊은 갑부들이 탄생하고 있다. 2017년 3월엔 글로벌 모바일 메신저 '스냅챗'의 상장으로 20대 공동 창업자인 에번 스피걸과 바비 머피가 각각 52억 달러(약 6조 원)의 돈 방석에 앉기도 했다. 이런 기회는 지리적으로 제한되지도 않는다. 예컨대 고등학교를 중퇴하고 컴퓨터 게임 프로그래밍에 뛰어들었던 스웨덴의 마르쿠스 페르손은 취미로 만든 게임 '마인크래프트'가 입소문만으로 퍼져 순식간에 갑부가 됐다. 페르손이 마인크래프트를 인터넷에 처음 올리고 나서 그 게임 판권을 마이크로소프트에 25억 달러의 현금을 받고 넘기기까지 걸린 기간은 5년에 불과했다.

디지털 갑부들이 빠르게 성장한다고 해서 바람직한 '부자들의 자녀 교육' 방식은 바뀌었을까? 그렇지 않을 것이다. 필자는 10년 전 이 책에서 부자의 부모들과 부자들이 어떻게 자녀들에게 '부자의 공식'을 가르쳤는지 분석했다. 세계 갑부들은 수입을 늘리고 지출을 줄이면서 손 안에 들어온 재산을 잘 관리하라는 '부자 공식'을 가르쳤다. 그 공식은 디지털, 모바일 시대가 와도 여전히 유효하다.

이 책이 처음 나오던 때 한국 사회에선 '부자 되기' 열풍이 불었다. 그러나 어느덧 한국 경제가 저성장의 늪에 빠져 들자 부자 되기 열기는 사그라졌다. 하지만 우리보다 앞서 '잃어버린 20년'이란 저성장 사회를 겪은 일본을 보면 여전히 새로운 부자들이 태어나고 있다. 의류 브랜드 유니클로를 탄생시킨 야나이 다다시 패스트리테일링 회장, 일본의 인터넷 닷컴 시대를 대표하는 손정의 소프트뱅크 회장, 일본 최대 전자상거래 기업 라쿠텐을 창업한 미키타니 히로시 회장 등 새로운 갑부들이 일본의 억만장자 순위에서 5위 안의 선두권을 형성하고 있다. 새로운 부자가 탄생하는 것은 저성장 사회라고 해서 불가능한 것이 아니고 오히려 새로운 기회를 찾는 사람들에겐 저성장이 기회가 될 수 있다는 것이다.

세계 1위 갑부 빌 게이츠는 다음과 같은 말을 한 적이 있다. "우리는 항상 앞으로 2년 동안 일어날 변화에 대해 과대평가하고, 앞으로 10년 동안 벌어질 변화에 대해서는 과소평가하는 경향이 있다." 자녀 교육은 1~2년 후가 아니라 10년, 20년 후를 바라보는 일이다. 지난 10년간의 변화를 되짚어 보면 앞으로 10년 후 얼마나 큰 변화가 우리 앞에 높여 있는지 가늠하기 어렵다.

이럴 땐 세상이 바뀌어도 변하지 않을 뭔가를 자녀에게 알려줄 필요가 있다. 자녀들에게 세계 갑부들이 만들어낸 '부자 공식'을 제대로 쥐어준다면 10년 후 자녀들의 미래를 두고 마음 졸이는 걱정을 조금이라도 덜 수 있을 것이다. 부디 많은 독자들이 이 책에서 미래의 부자가 될 자녀들을 가르칠 때 도움이 될 교훈을 풍성하게 얻어갔으면 좋겠다.

부자가 되는 기초 체력을 물려주다

잭 휘태커라는 미국 사람이 있다. 한국 사람들에겐 생소한 이름이지만 미국인들에겐 미국 역사상 가장 많은 복권 당첨금을 탄 사람으로 유명하다. 그는 2002년 성탄절에 행운 번호 6개를 모두 맞혀 3억 1,490만 달러(약 3,600억 원)가 걸린 복권에 당첨됐다.

잭 휘태커는 자신의 행운이 기존의 삶을 크게 바꿔놓지 않으리라 확신했다. 그는 복권에 당첨되던 때 이미 백만장자였다. 당시 그는 건축업자로 100여 명의 일꾼을 고용하고 있었고, 연간 매출이 1,700만 달러(약 200억 원) 정도 되는 회사를 갖고 있었다.

하지만 2007년 1월, 잭 휘태커가 다시 미국인들 앞에 나타났을 때 그는 피곤에 지친 모습이었다. 수염도 깎지 않았고 얼굴은 수척해 보였다. 신문과 방송들은 그가 빈털터리가 됐다고 주장한다고 보도했다. 그동안 그는 이혼을 했고, 유일한 혈육인 손녀딸을 마약 남용으로 저승으로 떠나보냈다. 그에게 폭행이나 성추행을 당했다고 주장하는 사람들로부터 400여 건의 소송에 시달려야 했고, 변호사 비용만 300만 달러(약 35억 원)를 썼다.

잭 휘태커는 주변 사람들이 모두 욕을 할 만큼 자린고비이거나 깍쟁이 짓을 한 사람은 아니었다. 도움이 필요하다는 사람에게 기꺼이 당첨금을 나눠줬다. 자신에게 복권을 판 상점 여종업원에겐 집과 차를 사줬다. 1,400만 달러(약 160억 원)를 들여 어려운 사람을 돕는 '잭 휘태커 재단'도 만들었다. 도움을 요청하는 수천 통의 편지가 답지하자 재단 전담 직원을 세 명이나 뒀다.

잭 휘태커에게 손을 벌리는 사람은 시간이 갈수록 늘어만 갔고, 한 푼 두 푼 주다 보니 재산은 줄어만 갔다. 잭 휘태커 재단은 자금이 떨어져 2003년 가을 문을 닫았다. 그는 스트레스 때문에 만취하기도 했고 유흥업소 출입도 잦아졌다. 반면 기존에 하던 건축업은 신통치 않았다. 사업에 신경을 쓰는 시간보다는 돈을 달라고 매달리는 사람들과 자신을 둘러싼 소송에 시달리다 보니 사업이 잘될 리 없었다. 잭 휘태커는 2007년 4월 방송에 나와 "그때 복권을 찢어버릴 걸 하고 후회한다"고 말했다.

잭 휘태커의 실패 요인은 무엇이었을까? 잭 휘태커 자신이 만들어낸 이유는 '복권에 당첨됐기 때문'이라는 것이다. 하지만 '대박' 복권에 당첨됐더라도 재산을 잘 유지하고 살아가는 사람도 있었으니 그의 주장에 전적으로 공감하기는 어렵다.

2001년 미국에서 2,400만 달러(약 280억 원)의 당첨금을 타간 어윈 웨일즈는 잔디 깎기로 생계를 유지하는 평범한 사람이었다. 하지만 그는 돈을 쓰는 데 있어서는 백만장자였던 잭 휘태커보다 한 수 위였다. 어윈 웨일즈는 복권에 당첨되자마자 변호사를 고용했고, 당첨금을 관리하기 위해 투자 전문가와 회계사를 찾아갔다. 그의 생활은 새 트럭을 사고 여행을 다닌 것 외에는 크게 바뀌지 않았다. 그는 마을 공동묘지에서 잔디 깎기 봉사를 하기도 했다. 자선 방법도 달랐다. 당첨금의 20%인 500만 달러(약 58억 원)를 가지고 자선기금을 만들었지만, 매년 원금의 5%만 자선에 사용하고 나머지는 투자를 하도록 해서 잭 휘태커의 경우처럼 원금을 까먹지 않았다.

어떤 사람들은 잭 휘태커의 신원이 공개되어서 돈을 요구하는 사람들의 괴롭힘을 당한 것이 그가 재산을 날린 원인이라고 말하기도 한다. 미국의 많은 주에서는 복권 당첨자의 이름과 사는 도시를 공개하게 돼 있다. 그가 살고 있는 웨스트버지니아도 마찬가지였다. 그러나 얼굴이 알려진 부자가 세상에 한두 명이 아니니 그것도 실패의 중요한 원인이라고 보기는 어려운 것 같다.

세계 최고의 부자 빌 게이츠의 경우를 보자. 빌 게이츠의 경우 하루에 400만 통의 이메일을 받는다고 하는데, 대부분이 돈이나 도움을 요청하는 내용이라고 한다. 하지만 그는 떼를 쓰듯이 돈을 달라고 요구하는 사람들을 어떻게 관리해야 하는지 요령을 안다. 빌 게이츠는 자신이 세운 '빌 앤드 멜린다 게이츠 재단'을 통해 우선순위를 정해서 자선을 베풀고 있다.

그렇다면 잭 휘태커에게 부족했던 것은 무엇일까? 잭 휘태커는 부자 흉내를 낼 줄만 알았지 부자에게 진정으로 필요한 '무엇'인가가 없었던 것이다. 나는 그것을 '부자가 되는 기초체력'이라고 부르고 싶다. 세계적인 부호들의 재산은 잭 휘태커가 잠시나마 만졌던 3,000억 원 정도와는 비교할 수 없을 정도로 어마어마하다. 억만장자라고 하면 1조 원 이상의 재산을 가진 부자들이다. 그들은 내가 책을 쓰는 이 순간에도 재산을 불리고 있다. 그리고 과거에 그랬듯이 앞으로도 그들은 재산을 불릴 것이다.

운동선수가 기초 체력은 기르지 않고 잔기술만 가지고 있다면 단기간에 성과를 낼 수는 있겠지만 장기전에선 힘을 쓰지 못한다. 부자도 마찬가지다. '부자 3대 못 간다'는 옛말은 어른들의 경험에서 나온 말이다. 과거, 많은 부자들이 잔재주로 벼락부자가 됐더라도 자녀들에게 '부자가 되는 기초 체력'을 길러주지 못했기 때문에 '부자 3대 못 간다'는 말이 널리 퍼지게 됐을 것이다. 자수성가한 부모가 자신들이 습득한 '부자가 되는 노하우', 즉 '부자의 기초 체력을 기르는 방법'을 자녀들에게 물려주기가 얼마나 어려운지를 방증하는 것이다.

이제 궁금증은 '부자가 되는 기초 체력'이 무엇이고, 어떻게 하면 '부자가 되는 기초 체력'을 키울 수 있을지로 모아진다. 내가 궁금증을 풀기 위해 선택한 방법은 세계적인 부호들이 어릴 적부터 어떻게 부자가 되기 위해 필요한 기초 체력을 기르고 그 노하우를 어떻게 다시 자녀들에게 전해줬는지 파헤쳐보는 것이다. 이 과정에 한 가지 어려운 점이 있었다. 부자들은 자신의 노하우를 쉽게 공개하지 않는다는 것이다. '영업비밀'을 쉽게 공개하는 장사꾼은 없다. 어렵지만 세계 부자들의 '뒷조사'를 하는 수밖에 없었다.

그들은 '부자의 공식'을 가르쳤다

요즘 서점에 나가보면 부자가 되는 방법을 말하는 책들이 넘쳐나고 있다. 책을 들어 읽어보면 '돈은 어떻게 벌어야 하는지'라는 재테크 기술에 대한 설명이 대부분이다. 그 중에도 부동산, 주식, 펀드에 대한 설명이 대부분을 차지하고 있다. 부자가 되기 위해 이런 재테크 기술을 배우는 것도 필요할 것이다. 하지만 뭔가 부족하다는 느낌을 지울 수가 없다. 혹시나 우리는 기본을 잊고 있는 건 아닐까?

19세기의 철강왕 앤드류 카네기는 자서전에서 다음과 같이 부자가 되는 비결을 밝혔다. "(나는) 저축을 통해서 억만장자가 됐다. (중략) 백만장자의 표시가 뭔지 아는가? 바로 수입이 항상 지출을 초과하는 것이다. 백만장자들은 일찍부터 저축을 시작한다. 돈을 벌기 시작할 무렵부터 말이다."

앤드류 카네기의 말 속에 '부자의 공식'이 숨어 있다. 부자의 공식을 안다는 것은 '수입-지출=재산'이라는 사실을 아는 것이다. 어떻게 보면 부자가 되는 길은 너무나 단순하다. 수입이 항상 지출을 초과하면 되는 것이다. 수입이 지출을 초과하는 가계를 만들면 누구나 부자가 될 수 있다. 단지 문제는 '시간이 얼마나 걸리느냐'는 것이다.

부자들이 명시적으로 '부자의 공식'이라고 이름을 붙이지는 않았지만 그들이 배우거나 가르친 내용은 '부자의 공식'을 바탕으로 깔고 있었다. 그들의 교훈은 크게 나눠 세 가지로 요약할 수 있다.

첫째, 수입을 늘리는 방법을 가르쳤다. 수입을 늘려 부자가 되는 길은 크게 세 가지로 나눌 수 있다. 자수성가형 부자가 그렇듯이 노력을 하는 것, 유산상속형 부자가 그렇듯이 자신의 지출을 넘는 수입을 만들어낼 수 있는 유산을 상속받는 것, 마지막으로 일확천금형 부자처럼 복권당첨과 같은 행운을 맞는 것이다. 이 중에서 사람의 힘으로 할 수 있는 것은 '노력'을 하는 것밖에 없다. 때문에 부자들은 부모에게 기대지 않고 자신의 노력으로 돈을 버는 것의 중요성을 애써 가르쳤다.

예컨대 세계 최고의 부자 빌 게이츠의 아버지는 변호사로서 바빴지만 항상 아들의 말에 귀를 기울이고 자신의 사무실에서 일어나는 일을 가지고 아들과 토론하기를 즐겼다. 아버지가 얘기한 비즈니스의 세계를 일찍부터 이해한 빌 게이츠는 중학교 2학년 때부터 컴퓨터 프로그래밍으로 돈을 벌었다. 주식 거부 워런 버핏은 세 자녀에게 아버지는 유산을 물려주지 않을 것이라고 미리 공언했기 때문에 스스로 먹고 살 길을 찾았다. 첫째 딸 수전 버핏은 가정주부였다가 자선사업가로 변신했고, 첫째 아들 하워드 버핏은 농장을 경영하고 있다. 둘째 아들 피터 버핏은 음악가이다. 또 미국 캘리포니아 주지사였던 아널드 슈워제네거의 경우에는 운동에서의 뛰어난 재능을 돈으로 바꾸는 방법을 스스로 익혔다. 그는 할리우드 영화계에 진출하기 이전에 백만장자가 돼 있었다.

둘째, 지출을 줄이는 습관을 들이도록 했다. 평범한 사람들이 보기에 세계 부호들의 생활이 검소한 것은 아니다. 저택에 살면서 자가용 비행기를 가지고 있기도 하다. 하지만 부자들은 끊임없이 '절약의 습관'을 강조하고 있다. 왜일까? 지출이 수입보다 적어야 한다는 '부자의 공식'을 자녀들에게 생활 속에서 숙지시키기 위해서인 것이다.

어떤 사람들은 부자들이 해어진 양복을 입고 다닌다는 얘기를 듣고 "부자들이 그렇게 씀씀이를 줄여서 돈을 번 것은 아닐 것"이라고 하면서 "그 사람들의 말을 100% 믿어서는 안 된다"고 말하기도 한다. 하지만 그런 생각은 현상만 보고 본질은 보지 못하는 것이다. 부자들이 해어진 양복을 입고 다니는 것은 '절약의 습관'이 필요하다는 메시지를 잊지 않기 위해서 그렇게 하는 것이라고 해석해야 할 것이다.

실제로 1980년대 미국 최고의 부자였던 폴 게티는 항상 해어진 양복을 입고 다녔다. 그는 영국의 호화로운 성(城)에서 살았고 파티를 좋아하는 성격이었다. 하지만 그의 아버지가 준 '필요하지 않은 곳에 돈을 쓰지 말라'는 교훈을 잊지 않으려고 했던 것이다.

절약의 습관을 가장 강조한 부자는 현재 세계 최고의 부자 집안인 월턴 가족일 것이다. 월마트 창업주 샘 월턴은 죽기 직전까지 자신의 픽업 트럭을 손수 몰고 매장을 둘러봤다. 그의 차 시트는 가죽이 아닌 천이었다고 한다. 월마트는 창업주의 절약 정신을 이용해 마른 수건도 쥐어짜는 비용 절감 방식을 채용하고 있는 기업으로 유명하다. 샘 월턴의 절약 정신은 후대에도 이어졌다. 큰아들 롭 월턴은 1992년부터 2015년까지 아버지를 이어 월마트 회장을 맡으면서 창문도 없는 작은 사무실에서 일했다.

마지막으로 세계의 부자들은 자녀들에게 재산을 관리하는 방법을 가르쳤다. 수입을 늘리고 지출을 늘려 재산을 모으더라도 관리하는 방법을 모른다면 재산은 쉽게 사라져버린다. 잭 휘태커의 사례에서 봤듯이 미국 최고의 복권 당첨금을 받은 사람도 관리를 하지 못하면 불과 4~5년 만에 빈털터리가 될 수도 있다.

재산 관리의 방법을 가르친 것은 록펠러 집안이 대표적이다. 석유왕 존 D. 록펠러의 아들 록펠러 2세는 온 가족이 평생 놀아도 먹고살 수 있는 재산을 유산으로 받았다. 하지만 자녀들에게 철저한 용돈 교육을 시켰다. 매주 용돈 기입장을 검사해서 제대로 기입한 경우에는 상금을 주고 그렇지 못한 경우에는 벌금을 매겼다. 용돈 기입장을 복식부기 방식으로 작성하는 방법도 어릴 때부터 가르쳤다.

세계 부자들은 자녀에게 재산을 관리하는 능력을 키워주기 위해 일찍부터 '돈의 가치'를 심어주고 일을 해서 돈을 벌어야 한다는 의식을 심어주려 노력했다. 최근 미국에서 부자들이 자녀들에게 가장 가르쳐주고 싶어하는 것은 '부자의 윤리(Wealth Ethic)'가 아니라 '노동의 윤리(Work Ethic)'라고 한다. 보통 미국 부자들은 자녀들이 어릴 때 스스로 일을 해서 용돈을 타 쓰게 하면서 '노동의 윤리'를 가르쳐왔다. 하지만 최근 미국 부잣집 자녀들은 인터넷을 통해 자신의 집 재산이 얼마나 되고 자신이 얼마나 물려받을지 조사해서 '부모가 돈이 많으니 돈을 마구 써도 괜찮구나' 하는 생각을 일찍부터 갖게 된다고 한다. 때문에 최근 들어 일을 해서 돈을 벌어야 한다는 '노동의 윤리'를 어떻게 가르칠 것인지가 부자 교육의 중요한 이슈가 된 것이다.

한편 자녀에게 기부를 가르치는 갑부들이 많다. 기부를 가르치는 것은 부자가 사회적인 책임을 다하기 위해 남을 도와야 한다는 '노블레스 오블리주' 정신을 가르치려는 것뿐만이 아니다. 그 이면에는 자녀들에게 재산을 관리하는 방법을 가르치려는 의도도 강하게 깔려 있다. 기부를 하기 위해서는 돈을 관리하기 위해 필요한 '판단력'이 뒷받침돼야 하기 때문이다.

가장 간단한 예로 길거리에서 돈을 구걸하는 사람에게 돈을 줄 것인가, 음식을 줄 것인가 판단해야 한다고 생각하자. 내가 아는 교수 중에는 구걸하는 사람에게 절대로 돈을 주지 않고 빵을 준다는 사람이 있다. 돈을 줘버리면 걸인이 술을 사 마실지 도박을 할지 알 수 없기 때문이라는 게 이유다. 한편 아프리카에 미국 사람들이 옷가지를 기부하는 것을 막아야 한다고 주장하는 사람도 있다. 가난한 아프리카 국가들이 먹고 살려면 의류 공업과 같은 경공업부터 발전시켜야 하는데 옷가지를 무료로 원조하기 때문에 기초적인 공업이 발전하지 않는다는 주장이다. 이러한 주장들은 기부가 단순히 가난한 사람을 도와줘야 한다는 당위적인 행동이 아니라 고도의 판단력이 필요한 행동이라는 것을 보여주는 예이다. 부자들이 자녀에게 기부를 가르치는 것에는 판단력을 가르치려는 노력이 숨어 있다고 해석하고 싶다.

하지만 한 가지 주의해야 할 점이 있다. 이 책에서 소개하는 세계 부호들의 구체적인 교육 방식을 반드시 그대로 따라할 필요는 없다. 한국 최고의 부자 이건희 삼성 회장이 자녀를 다양한 경험을 가진 인재로 만들기 위해 승마와 골프 같은 취미를 가르쳤다고 해서 일반인들도 자녀들에게 승마와 골프를 가르쳐야 한다는 결론을 내려서는 안 될 것이다. 핵심은 그가 자녀를 다양한 경험을 가진 '퓨전 인재'로 만든다면 회사에서 높은 수입을 올릴 수 있고 회사의 가치를 높여 재산을 잘 관리할 수 있을 것이라는 생각을 한다는 사실이다.

'수입-지출=재산'이라는 '부자의 공식'을 숙지한다면 독자들도 자녀에게 무엇을 가르쳐야 할지에 대해서는 자신의 인생철학에 따라 무궁무진하게 만들어낼 수 있다. 중요한 것은 가장 기본이 되는 내용을 자녀들에게 인식시켜주는 것이다. 부자가 되는 기초 체력을 기른다는 것은 '부자의 공식'을 충분하게 이해하고 세 가지의 방법(수입 증대 방법, 절약의 습관, 재산 관리법)을 생활 속에서 실천한다는 것에 다름 아니라고 생각된다.

누구나 아는 평범한 진리를
실천하게 하라

이 책에서 소개하는 세계의 부자는 세계 1위 부자 빌 게이츠와 세계에서 가장 젊은 갑부 마크 저커버그, 그리고 투자의 귀재 워런 버핏, 과거 세계 최고 부자였던 존 록펠러와 폴 게티, 세계 1위 부자 집안인 월마트 창업주 샘 월턴의 가족, 그리고 아시아 1위 부자 리카싱, 한국 1위 부자 이건희 등으로 선정했다. 그밖에도 독자들이 궁금할 만한 부자들로, CEO(최고경영자)로 부자가 된 잭 웰치, '해리 포터' 시리즈의 작가이자 대표적인 여성 부호인 조앤 롤링을 소개하기로 했다.

이들 10명의 세계 갑부들은 어떻게 보면 평범한 듯이 보이는 '수입이 지출을 초과하도록 하라'는 '부자의 공식'을 배우고 실천한 사람들이다. 또 자녀들에게 어떻게든 그 메시지를 전달해주려고 노력한 사람들이다.

평범한 사람들에게 부자가 되는 방법을 물어보면 대부분 '일확천금'이나 '대박'을 이야기한다. 특히 1970~1980년대 고도 성장기를 겪은 한국에서는 '대박' 신화가 유효해 보인다. 아파트와 땅을 사서 돈을 벌었다는 얘기, 주식 활황기에 주식으로 떼돈을 벌었다는 얘기, 해외에 투자해서 돈 벌었다는 얘기, 그런 얘기들이 입을 타고 전해지면서 대박 신화는 굳어져버렸다. 대박의 신화는 '부자의 공식'의 입장에서 본다면 수입 측면만 강조한 것이다. 어떻게 하면 수입을 늘릴 것인가의 얘기인 것이다.

하지만 세계 갑부들은 수입을 늘리고 지출을 줄이면서 관리를 잘하라는, 전(全) 방위로 부자가 되는 방법을 가르쳤다. 한국 사회는 2008년 글로벌 금융위기를 거치면서 저성장 사회가 고착화되는 흐름을 보이고 있다. 단순하게 수입을 늘리는 방법만 가르쳐서는 안 된다. 부모에게 의지하지 않고 사는 독립심, 재능을 돈으로 바꾸는 방법, 쓸데없는 데 돈을 쓰지 않는 판단력과 의지, 수입과 지출을 관리하는 방법…… 이런 것들도 수입을 늘리는 방법과 함께 가르쳐야 한다. 이제는 자녀들에게 부자가 되는 기초 체력을 길러줘야 할 때인 것이다.

독자 중에는 그런 것은 누구나 아는 얘기 아니냐고 반문할 수도 있겠다. 하지만 진리는 언제나 평범함 속에 있다. 부자들과 평범한 일반인을 가르는 차이는 누구나 아는 평범한 진리를 실천했느냐 아니냐에 있는 것이다.

실천이 얼마나 어려운지는 '습관'을 만드는 게 얼마나 어려운지 예를 들어 생각해보면 이해하기 쉽다. 어떤 습관을 들여야 하는지는 머리로 판단할 수 있지만 그것만으로 습관이 형성되는 것은 아니다. 절약의 습관이 필요하다는 것은 누구나 알지만 실제로 절약의 습관을 지닌 사람은 많지 않다. 습관을 만들기 위해서는 지속적인 노력이 필요하다. 한국 사람들의 가장 큰 고민거리 중의 하나인 영어를 사례로 들어보자. 영어는 지식이 아니라 습관이라는 관점에서 본다면 한국인들이 영어를 못하는 이유는 자명하다. 단어나 외우고 문법이나 따지는 것을 배웠지 일상생활 속에서 영어를 습관으로 만드는 방법을 배우지 못했기 때문이다.

아이 때는 습관을 들이기가 쉽지만 성인이 되면 습관을 바꾸기가 어렵다. 부자 교육도 마찬가지다. 어릴 때 부자가 되는 기초 체력을 기르고 부자가 되는 습관을 들여놔야 커서 부자가 됐을 때 자연스럽게 재산을 유지하고 또 자녀들에게도 부자 교육을 시킬 수 있을 것이다.

옛말에 '진인사대천명(盡人事待天命), 즉 자신이 할 수 있는 노력을 다하고 하늘의 뜻을 기다려야 한다'고 했다. 우스갯소리처럼 말하자면, 이 말은 복권에 당첨되기 전에 미리 복권 당첨금을 어떻게 배분하고 투자할지 계획을 세워놓으라는 뜻으로도 해석할 수 있을 것이다. '부자의 공식'을 따라서 '부자가 되는 기초 체력'을 기르다 보면 언젠가 부자는 될 것이고 하늘의 뜻이 맞는다면 부자가 되는 날이 앞당겨질 것이다.

빌 게이츠의 아버지는
'부자 아빠'

빌 게이츠의 부자 공식
정보 수집광이 돼라

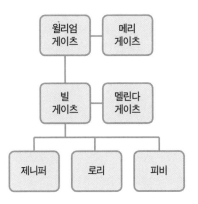

빌 게이츠의 아버지는
'부자 아빠'

빌 게이츠 아버지의 가르침:

책임감 있는 부자가 되라

2003년 1월, 세계 최대의 갑부 빌 게이츠의 아버지 윌리엄 게이츠는 하루 날을 잡아 아들의 회사를 방문했다. 윌리엄 게이츠가 별다른 이유 없이 아들의 회사를 찾아간 것은 아니다. 빌 게이츠가 특별히 아버지를 초청해 젊은 직원들에게 강연을 해달라고 요청해 길을 나선 것이다.

윌리엄 게이츠의 강연 주제는 그가 그해 초 출간한 『개인의 부와 공동번영 – 왜 미국은 축적된 재산에 대해 세금을 매겨야 하는가』라는 책의 내용을 소개하는 것이었다. 윌리엄 게이츠는 부자들이 자녀에게 엄청난 재산을 물려주는 것이 미국을 지탱하는 '기회의 균등'이라는 정신에 어긋나는 것이고, 이를 막기 위해서 부자들에게 상속세를 매겨야 한다는 생각을 가지고 있었다. 그는 자신의 주장을 알리기 위해 태어나서 처음으로 책을 냈다.

마이크로소프트 본사의 컨퍼런스센터에는 수백 명의 마이크로소프트사 직원들이 윌리엄 게이츠를 기다리고 있었다. 미국 시애틀 인근의 레드먼드 시(市)에 위치한 마이크로소프트 본사는 시애틀 시내에 있는 윌리엄 게이츠의 사무실에서 20분 정도 걸리는 거리다. 윌리엄 게이츠는 평생 직업인 변호사를 은퇴한 후에 아들과 며느리가 세운 '빌 앤드 멜린다 게이츠 재단'의 공동 이사장으로 일하고 있다.

그의 강연은 강당에 모인 직원들 외에도 3만여 명에 달하는 본사 직원들을 위해서 인터넷 방송을 통해 생중계됐다. 윌리엄 게이츠는 빌 게이츠의 여동생이 한 상점에서 경험한 사례를 들면서 말문을 열었다.

"얼마 전에 제 막내딸이 스키 용품을 사려고 한 상점을 방문했을 때의 얘기입니다. 막내 아이가 물건을 고르고 나서 계산을 하기 위해 신용카드를 점원에게 건네줬지요. 카드에는 엘리자베스 게이츠 알민트라우트라는 그 아이의 이름이 새겨져 있었어요.(윌리엄 게이츠의 딸은 결혼 후에도 미들 네임[middle name, 중간이름]에 아버지 성[姓]인 '게이츠'를 남겨 놨다.) 점원은 딸아이의 '게이츠'라는 미들 네임이 궁금했나 봐요."

그는 잠시 직원들에게 생각할 시간을 주고 말을 계속 이어나갔다.

"점원이 계산을 마치고 나서 궁금증을 못 이겨 딸에게 이렇게 물어봤다고 해요. '그런데 말이죠, 손님이 그 분(빌 게이츠)과 친척이 되는 건 아니시지요?' 딸은 다른 급한 일이 있어서 점원하고 길게 얘기할 시간이 없었지요. 그래서 '예, 관계없어요'라고 대답했다고 해요. 그랬더니 그 점원이 딸아이에게 뭐라고 했는지 아세요? '역시 아니군요. 만약 게이츠 씨의 친척이라면 더 비싸고 좋은 스키를 샀을 테니 말이에요.'"

강당에 모인 마이크로소프트의 직원들은 윌리엄 게이츠의 말이 끝나자마자 웃음을 터트렸다. 직원 중에는 회사의 스톡옵션(주식을 싼 값에 살 수 있는 권리)을 받아 백만장자가 된 사람들도 여럿 있었다.

윌리엄 게이츠는 딸의 경험을 들면서 진정한 부자라면 세상 사람들이 색안경을 쓰고 보는 그런 부류의 사람이 되어서는 안 된다는 걸 주장하고 싶었다. 그는 '부자들은 세상 사람들이 쉽게 생각하듯 허영에 빠져 소비를 자제하지 못하는 사람이 아니라 자신의 생활과 소비를 적절하게 관리하는 사람'이라는 메시지를 전달하고 싶었다.

윌리엄 게이츠는 아들 회사에 다니는 '부자' 직원들에게 '부자의 사회적 책임'을 강조하는 것으로 그날의 강연을 마무리했다.

"사회나 정부의 도움 없이 인터넷이나 소프트웨어 개발은 불가능했을 겁니다. 어떤 아이가 소프트웨어 회사를 만들어서 성공을 거뒀다고 합시다. 그 소년이 '이건 내 꺼야. 내가 혼자 한 것이니까 내 맘대로 하도록 내버려 둬.' 이런 얘기를 한다면 도덕적으로 옳지 않습니다."

물론 이 세상에 사는 부자들이 전부 윌리엄 게이츠의 생각대로 사는 것은 아니지만 적어도 자신의 자식은 그렇게 키웠다는 것이다.

사실 빌 게이츠의 아버지인 윌리엄 게이츠는 '부자 아빠'다. 젊은 시절 미국 시애틀에서 잘나가는 기업 변호사로 이름을 날렸고 돈도 많이 모았다. 그는 자신이 죽으면 상속세만 680만 달러(약 79억 원)를 내야 한다고 말한 적이 있다. '부자 아빠'의 강연이었기에 마이크로소프트의 직원들은 윌리엄 게이츠가 '부자들은 이렇게 살아야 한다'고 주장했을 때 더 생생하게 공감할 수 있었다.

미국의 19세기 철강왕 앤드루 카네기는 그가 부자가 된 비밀을 이렇게 얘기한 적이 있다. "(내가 부자가 될 수 있었던 것은) '가난'이라는 이름이 붙은 엄격하시만 가장 효율적인 학교를 다녔기 때문이다." 가난한 어린 시절을 보냈지만 천신만고 끝에 부자가 됐다는 게 전형적인 자수성가 스토

| 빌 게이츠

리였다.

하지만 세계 최고 부호인 빌 게이츠는 '부자' 부모 밑에서 자랐다. 아버지는 잘나가는 변호사였고 어머니는 은행장의 딸이었다. 빌 게이츠의 어린 시절은 '고생'과는 거리가 먼 것이었다. 부모의 돈으로 비싼 사립 중고등학교를 다녔고, 남들보다 먼저 컴퓨터에 접할 수 있었다. 그리고 미국 최고의 명문 대학인 하버드 대학에 입학할 수 있었다. 하지만 과감하게 대학을 중간에 그만두고 사업의 길로 들어서 큰돈을 만질 수 있었다.

'가난'이라는 이름의 엄격하고 효율적인 학교를 다니지 않더라도 부자가 될 수 있는 길이 있을까?

이 질문에 대한 대답을 빌 게이츠의 부모가 해주고 있다. 세계적인 주간지 타임은 빌 게이츠의 개인 생활을 커버스토리로 다루면서 그의 성격 분석을 통해 빌 게이츠의 성공 요인을 네 가지로 정리한 적이 있다. 똑똑함, 추진력, 경쟁력, 집중력이 그것이다. 이런 성공 요인을 갖추기 위해서는 빌 게이츠 스스로의 노력도 중요했지만 무엇보다도 어린 시절 성격의 틀을 잡아준 부모의 역할이 더 중요해 보인다. '부자 아빠'는 어린 빌 게이츠에게 삶의 무기로 어떤 것을 쥐어주었을까?

빌 게이츠의 부모는
누구인가?

빌 게이츠의 부모는 미국 시애틀에선 아들 못지않은 유명 인사다. 아버지 윌리엄 게이츠는 변호사로 시애틀의 양대 로펌 중 하나를 공동 창업했다. 어머니 메리 맥스웰 게이츠는 은행가 집안의 딸로 시애틀 사교계에 이름이 널리 알려져 있었다. 부부는 캠퍼스 커플로 만나 결혼했고, 빌 게이츠가 10대였던 1960년대에는 중상류층의 생활을 유지할 수 있었다.

보통 빌 게이츠와 아버지를 구별하기 위해 아버지는 윌리엄 게이츠라고 부르지만 실상 두 사람의 이름은 같다. 빌 게이츠의 본명은 윌리엄 헨리 게이츠 3세이고 아버지의 본명은 윌리엄 헨리 게이츠 시니어다. 빌 게이츠는 '윌리엄 헨리 게이츠'라는 증조할아버지, 할아버지, 아버지의 이름을 물려받았다. 2세, 3세 식으로 이름을 물려받는 건 미국 엘리트 가문의 전통이다.

재미있는 것은 원래 아버지 윌리엄 게이츠의 본명이 윌리엄 헨리 게이츠 3세였는데 2차 대전 참전을 위해 군대에 들어가면서 이름에서 '3세'를 지워버렸다. 자신의 이름에 있는 '3세'에서 풍기는 '엘리트주의' 냄새를 싫어했기 때문이다. 때문에 빌 게이츠는 집안에서 네 번째로 '윌리엄 헨리 게이츠'라는 이름을 가졌지만 '3세'라는 타이틀을 받을 수 있었다.

윌리엄 게이츠는 1925년에 태어났다. 윌리엄 게이츠의 아버지, 그러니까 빌 게이츠의 할아버지는 가구점을 부모에게 물려받아 경영했

| 빌 게이츠의 아버지 윌리엄 게이츠

다. 할아버지는 어릴 때 새벽 신문 배달을 하면서 학교를 다녔다. 그러다 보니 수업시간 중에 잠드는 일이 많았다. 결국 중학교 2학년 때 학교를 그만두고 가구점에서 일을 시작했다. 물론 할아버지가 젊었던 1800년대 후반 미국에서는 중학교까지 다니는 것만 해도 대단한 일이었다. 하지만 그는 아들은 자기보다 더 나은 교육을 받게 하겠다고 결심했다. 가구점 주인의 아들이었던 윌리엄 게이츠는 아버지의 교육에 대한 열정에 힘입어 고등학교를 마치고 시애틀의 워싱턴 대학에 입학할 수 있었다. 그는 학기 중에 군대에 들어가 2차 대전에 참전했고 1946년 제대했다. 참전 군인에게 주는 정부 장학금으로 대학을 마친 윌리엄 게이츠는 1950년 로스쿨을 졸업하고 변호사로 사회생활을 시작했다. 유능한 변호사로서의 명성을 쌓아가던 윌리엄 게이츠는 빌 게이츠가 아홉 살이던 1964년 로펌을 공동 창업할 수 있었다. 그가 창업한 로펌은 여러 차례 합병을 통해 1,400여 명의 변호사를 거느린 '프레스턴 게이츠 앤드 엘리스'라는 시애틀의 양대 로펌 중 하나가 됐다. 그는 워싱턴 주 변호사협회 회장까지 지냈다. 1998년 변호사를 그만두고 나서는 아들과 함께 '빌 앤드 멜린다 게이츠 재단'이라는 미국 최대의 자선단체를 만들어 실질적인 운영을 책임지고 있다.

빌 게이츠의 어머니 메리 맥스웰 게이츠는 남편보다 네 살이 어렸다. 그녀의 할아버지, 그러니까 빌 게이츠의 증조 외할아버지 제임스 윌러드 맥스웰은 1800년대 후반에 은행장이자 정치인으로 활동하면서 자신의 집안을 시애틀 인근의 명문가 중 하나로 올려놓았다. 당시 한 신문에 따르면 맥스웰은 자신의 은행 직원들보다 항상 한 시간 먼저 출근하는 근면성 때문에 존경을 받았다고 한다. 메리 맥스웰은 할아버지가 만든 전통이 내려오는 은행가 집안에서 자라났다. 메리 맥스웰 게이츠는 1950년

| 빌 게이츠의 어머니 메리 맥스
웰 게이츠

대 초반까지 교사로 일하다가 남편의 변호사 사업이 본궤도에 오르자 학교를 그만두고 어린이병원재단, 유나이티드 웨이 등 각종 사회단체 활동을 왕성하게 벌였다. 1975년부터 18년 동안 워싱턴 대학 이사회의 이사로도 활동했으며, 퍼스트 인터스테이트 은행 등의 이사를 지내기도 했다.

빌 게이츠는 자신의 부모를 진심으로 존경하고 있다. 한 예로 그는 1994년 어머니의 장례식에서 "나는 메리 게이츠의 아들이다. 어머니는 정말 멋진 분이셨다. 다 큰 아들 중에서 나보다 자신의 어머니를 자랑스러워하는 자식은 거의 없을 것이다"라고 말했다.

**지식 속에 부자가 되는
성공의 길이 있다**

빌 게이츠는 강연 중 청중이나 인터뷰 중인 기자가 "자신의 역할 모델이 누구인가?"라는 질문을 하면 서슴없이 "부모님"이라고 대답한다. 빌 게이츠가 기억하는 부모의 모습은 '지식의 보고'였다. 빌 게이츠는 워싱턴 대학에서 열렸던 한 강연에서 다음과 같이 말했다.

"전 훌륭한 부모님을 뒀습니다. 두 분 모두 여러 가지 활동에 관여하셨지요. 그리고 집에 돌아오셔서는 비즈니스, 법률, 정치, 자선 활동 등 밖에서 경험한 것을 우리(빌과 누 여사 형제)에게 고스란히 전해주셨습니다. 여동생과 제가 진로를 결정하는 데는 부모님의 영향이 가장 컸습니다."

빌 게이츠가 세계 최대의 부호가 된 성공 요인 중 하나로 꼽히는 게 그의 똑똑함이다. 단순한 똑똑함이 아니라 다방면에서 쌓은 지식을 기초로 한 똑똑함이다. 빌 게이츠의 말은 그런 똑똑함을 부모가 키워줬다는 고백인 것이다.

유전적인 요인에 의해 머리가 좋은 것은 어쩔 수 없다고 하더라도 후천적으로 능력을 계발해주는 것은 부모의 몫이다. 똑똑하다는 것이 단순히 학교 공부를 잘하고 시험을 잘 본다는 것을 의미하지는 않는다. 빌 게이츠가 똑똑하다고 평가받는 것은 어렵고 복잡한 사안을 쉽고 분명하게 설명하는 능력이 탁월하기 때문이다. 이런 그의 능력은 컴퓨터 소프트웨어라는 새로운 영역의 사업을 개척하는 데 큰 도움이 됐다. 복잡한 기술의 발전을 일반인에게 쉽게 설명해서 그의 말대로 '모든 집, 모든 책상에 한 대의 컴퓨터'라는 마이크로소프트의 비전을 현실화시키는 데 큰 힘이 된 것이다. 빌 게이츠의 똑똑함은 어릴 적 부모와 함께 복잡한 사안에 대해 토론하고 생각하는 훈련이 돼 있지 않았다면 쉽게 계발되지 못했을 것이다.

빌 게이츠가 어릴 적부터 들였던 지식을 습득하고 사고를 훈련하는 습관은 어른이 되어서까지 이어진다. '생각 주간(think week)'이라는 것이 그것이다. 그는 '생각 주간'을 가질 때면 휴가를 내서 '후드 커낼(Hood Canal)'이라는 곳의 산장에 들어가 외부 사람과의 접촉을 끊은 채 지낸다. 후드 커낼은 시애틀 시내에서 차로 1시간 30분 정도 거리에 있는 휴양지로 아버지 윌리엄 게이츠가 아이들을 데리고 가 가족 휴가를 즐기던 곳이다. 빌 게이츠는 일상적인 회사 업무에서 벗어나 좀 더 깊은 생각을 하고 한 발 떨어져 이슈를 생각하는 게 중요하다는 걸 인식하고 있다.

부자들의 자녀교육

"매년 몇 번이고 '생각 주간'을 갖기 위해 사무실을 멀리 떠나 있습니다. 생각 주간 중에는 다양한 분야의 새로운 지식을 습득하기 위해 책을 읽거나 직원과 동료들이 만든 자료를 읽지요. 자료 중에는 컴퓨터공학의 가장 최신 동향을 점검할 수 있는 박사 학위 논문들도 포함돼 있습니다."

빌 게이츠가 자신의 '생각 주간'에 하는 일을 설명한 내용이다.

독서를 통해서 대부분의
지식을 습득하게 하다

빌 게이츠의 부모는 정보의 보고인 책을 가깝게 여기고 독서광이 되도록 이끌어주었다. 빌 게이츠는 "자라나면서 부모님은 항상 내가 많이 읽고 다양한 주제에 대해 생각하도록 격려했다. 우리는 책에 관한 것부터 정치까지 모든 주제에 대해서 토론했다"고 회상하고 있다.

또 빌 게이츠의 부모는 자녀들이 책 읽는 데 집중하도록 주중에는 텔레비전 보는 것을 금지하고 주말에만 보도록 했다. 빌 게이츠는 커서도 텔레비전을 거의 보지 않는다. 그는 플레이보이 지와의 인터뷰에서 텔레비전을 보지 않는 이유에 대해 "텔레비전 프로그램을 싫어하기 때문이 아니라 자신의 시간을 텔레비전 보는 데 할애하는 게 아깝기 때문"이라고 밝혔다.

독서광과 부자는 얼핏 보면 연관성을 찾기 어려울 수도 있다. 하지만 대나수의 부자들은 엄청난 독서광이다. 미국 최고의 투자자인 워런 버핏은 하루의 3분의 1을 각종 책과 투자 관련 자료, 잡지, 신문을 읽는 데 보낸다. 미국 월스트리트에서 가장 존경받는 펀드매니저였던 존 템플턴 경은 '자기 자신을 살아 있는 도서관으로 만들라'고 충고했다. 아시아의 최대 갑부인 홍콩의 리카싱은 중학교 중퇴의 학력이지만 책을 손에서 놓지 않았다. 그는 매일 잠자리에 들기 전에 30분 가량 책을 읽는다고 한다. 책을 읽는 것은 정보를 흡수하는 수단이기도 하지만 집중력을 훈련하는 데도 도움이 된다.

빌 게이츠는 일곱 살 때 부모가 사준 백과사전을 처음부터 끝까지 읽기로 결심했다. 그는 'A'에서 시작해서 'P'까지 읽은 후에 새로운 취미가 생겼다. 바로 유명한 사람의 전기를 읽는 것이다. 루즈벨트, 나폴레옹, 뉴턴 등의 전기를 읽어나가면서 성공에 대한 꿈을 키웠다. 이밖에도 빌 게이츠는 공상과학 소설을 즐겨 읽었다.

빌 게이츠는 어른이 돼서도 정기적으로 책 읽는 습관을 유지하고 있다. 주중에는 하루에 적어도 한 시간을 책 읽는 시간으로 할애해놓고 있다. 주말이면 책 읽는 시간을 늘린다. '생각 주간'에는 회사 일의 방해를 받지 않고 책을 읽는다. 신문을 매일 읽고 있으며 이코노미스트 등 잡지도 여러 권 구독하고 있다. 워싱턴 호숫가에 있는 빌 게이츠의 저택에는 그의 개인 도서관이 있다. 이곳에 그는 1만 4,000여 권 이상의 장서를 보관하고 있다.

"매주 적어도 한 건의 뉴스 이슈에 대해 처음부터 끝까지 정독하고 있다. 이해의 정도를 넓혀주기 때문이다. 만약 과학 섹션이나 비즈니스 섹션에서 내가 흥미를 느끼는 뉴스만 읽는다면 잡지를 읽기 전의 나와 읽고 난 후의 내가 변화가 없을 것이다. 때문에 나는 모든 이슈에 대한 기사를 읽는다."

인터넷 시대에 아이들에게 책 읽는 습관을 들이는 것은 시대에 뒤떨어지는 것은 아닐까? 빌 게이츠는 "내 아이들에게 당연히 컴퓨터를 사줄 것이다. 하지만 그보다 먼저 책을 사줄 것이다"고 말한 적이 있다. 컴퓨터와 인터넷, 오디오와 비디오가 정보의 유통 통로를 풍부하게 만들었지만 글쓰기와 글 읽기보다 정보를 더 효율적으로 생산하고 소비할 수 있는 도구를 인류가 만들어내지 못했기 때문이다.

"교과서가 그랬던 것처럼 멀티미디어 도구들이 선생님이나 부모님을 대체할 수는 없을 것이다. 또 그것들이 글 읽기를 오늘날보다 덜 중요하게 만들 것 같지도 않다." 빌 게이츠의 말이다.

하지만 그도 기술의 발전이 책의 형태를 바꿔놓을 것을 예견하고 있다. 최근 타임 지와의 인터뷰에서 빌 게이츠는 교과서부터 편한 소형 전자 칠판 형태로 바뀔 것으로 예상하면서 앞으로 점점 지금보다 더 맞춤형이면서도 쌍방향의 의사소통이 가능한 교과서가 나올 것을 기대했다. 그의 집에는 사방에 대형 스크린이 설치돼 있는데 어린 세 자녀가 경험한 것을 녹화해놨다가 수시로 보여준다고 한다. 아이들이 좀더 쉽게 기억할 수 있도록 배려하는 것이다.

> "자라나면서 부모님은 항상 내가 많이 읽고 다양한 주제에 대해 생각하도록 격려했다. 우리는 책에 관한 것부터 정치까지 모든 주제에 대해서 토론했다"

자녀를 독립적인
인격체로 대우하다

부자가 3대를 못 간다는 말이 있다. 당대에 자수성가한 부자의 자녀들은 이미 늘어난 소비를 감당할 만한 수입을 만들기가 쉽지 않다. 때문에 어렸을 때부터 부모의 수입에 의존하는 경향이 많다. 쉽게 살아가는 게 사실은 자신을 서서히 죽이는 '독'이라는 걸 인식하지 못할 수 있다. 부모의 재산이 아무리 써도 줄지 않는 '꿀단지'라면 걱정이 없겠으나 수입이 소비를 넘어서지 못하면 모아놓은 재산은 언젠가 결국 사라지게 된다. 때문에 부모의 재산에 의존하지 않고서도 자녀들이 살아갈 수 있어야 부의 대물림이 가능하다. 따라서 어렸을 때부터 독립심을 키워주는 게 먼저다.

어머니 메리 게이츠는 어린 빌 게이츠와 특이한 계약을 맺었다. 빌 게이츠가 자신의 방문을 닫아놓고 있는 한 '장난감을 치우라'는 요구를 하지 않겠다는 것이었다. 자신의 책임 아래 놓고 다른 사람의 생활을 방해하지 않는 한 어린 아이라도 독립적인 공간을 인정해주겠다는 의미였다.

빌 게이츠는 자신을 부자로 만든 도구였던 컴퓨터 프로그래밍도 독학으로 익혔다. 13살 때 컴퓨터 단말기를 처음 접하고 나서 책을 보고 컴퓨터와 직접 씨름하면서 프로그래밍을 익혔다. 당시 그를 가르칠 만한 교사가 학교에 없었기 때문이기도 하다. 하지만 어릴 때부터 백과사전을 읽으면서 스스로 정보를 찾아가는 방법을 익히지 못했다면 10대의 소년으로서는 독학으로 전문적인 영역에 도전하기란 불가능한 일이었을 것이다.

아버지의 대화 스타일은 독립적인 사고를 키워주는 방식이었다. 빌 게이츠의 여동생 리비(엘리자베스의 애칭)는 2003년 시애틀타임스와 인터뷰에서 다음과 같이 말했다.

"아버지는 '너는 이렇게 저렇게 해야 한다'는 스타일로 말하거나 앉아서 강의를 하는 식의 대화를 하는 분이 아니었어요. 아버지는 모든 걸 들으려고 하셨어요. 아버지는 모든 사실 관계를 완전하게 파악하기 전에는 옳다 그르다 판단하려고 하지 않았어요."

윌리엄 게이츠가 아이들을 키우던 1950~1960년대 미국의 아버지들은 지금 한국의 많은 아버지들처럼 하루 종일 회사 일에 얽매여 있다가 집에 와서는 자녀들에게 지시만 하는 엄한 권위를 과시하는 사람들이 대부분이었다. 하지만 윌리엄 게이츠는 달랐다. 자신이 일하면서 경험했던 내용을 자녀들과 대화하면서 나누고 아이들의 말에도 귀를 기울였다. 이 과정에서 자녀들은 스스로 독립된 인격체라는 인식을 가지게 됐고 인생을 개척할 수 있는 힘을 얻었다.

빌 게이츠가 하버드 대학에 다니다가 자신의 사업을 시작하겠다며 휴학할 것을 결정할 때도 윌리엄 게이츠는 그의 결정을 존중했다. 아버지로서는 학업을 모두 마친 후에 사업을 시작하기를 원했다. 하지만 빌 게이츠는 타이밍이 중요하다고 시작했다. 당시는 막 개인 컴퓨터가 보급되기 시작하는 때였다. 대학을 졸업할 때까지 몇 년을 기다리다 보면 개인 컴퓨터용 소프트웨어 시장을 선점할 기회를 잃게 된다는 게 빌 게이츠의 생각이었다. 키우면서 아들의 뛰어난 능력을 지켜봤고 스스로 사업을 시작하는 꿈을 가진 아들을 믿게 된 윌리엄 게이츠는 더이상 반대하지 않았다. 빌 게이츠와 폴 앨런은 1,500달러를 가지고 사업을 시작했

> "내 아이들에게 당연히 컴퓨터를 사줄 것이다. 하지만 그보다 먼저 책을 사줄 것이다"

다. 빌 게이츠는 대학 다니면서 포커 게임을 하면서 딴 돈으로, 폴 앨런은 회사를 다니며 받은 봉급으로 종자돈을 댔다. 그들은 사업을 위해 처음부터 부모에게 손을 내밀지 않았다.

**경쟁과 게임을 좋아하는
집안 분위기**

　　　　　　　　빌 게이츠는 초등학교에 다닐 때만 해도 경쟁을 두려워하는 아이였다. 그는 집 근처의 뷰리지(View Ridge) 초

| 빌 게이츠가 다녔던 뷰리지 초등학교

부자들의 자녀교육

등학교를 다녔다. 당시 미국 공립학교에서는 똑똑한 남자 아이들은 소위 '왕따'를 당하는 분위기였다고 한다. 여자 아이들이 남자 아이들보다 점수가 월등히 높았기 때문에 점수가 높은 남자 아이는 여자라고 놀림을 받고 남자 아이들 그룹에 낄 수가 없었다고 한다. 빌 게이츠는 키가 작은데다 수줍음을 잘 타는 성격이었고, 윗옷의 목까지 단추를 채우는 걸 좋아하는 아이였다. 친구들 사이에서 '왕따'의 표적이 되기 쉬운 성격과 차림새였던 것이다.

왕따를 피하기 위해 빌 게이츠는 자기가 좋아하는 수학과 과학을 제외한 다른 과목에는 흥미를 표현하지 않았다. 수학과 과학은 'A'를 받았지만 다른 과목은 'C'와 'D'를 받았다. 아이를 어떻게 지도하면 좋을지 고민하던 빌 게이츠의 부모는 아들의 문제를 해결하기 위해 정신과 의사를 찾았다. 정신과 의사는 아이를 주변 환경에 맞추려고 하기보다는 아이에 맞춰 주변 환경에 변화를 주라고 충고했다.

빌 게이츠의 부모는 적절한 경쟁 환경에 빌 게이츠를 넣어줄 필요가 있다고 판단했다. 부모는 공부하는 걸 격려해주는 분위기의 학교를 찾기로 했다. 그래서 빌 게이츠는 레이크사이드라는 시애틀의 명문 사립 중고등학교에 입학하게 된다. 당시 레이크사이드의 연간 수업료는 5,000달러로 하버드 대학의 1년 수업료(1,760달러)보다도 비쌌다고 한다. '부자 아빠'가 아니고서는 할 수 없는 선택이다.

레이크사이드는 남학생들만 다니는 학교였고, "레이크사이드에서 멍청하다고 불리는 아이들도 다른 학교의 기준으로 볼 때는 똑똑하다"는 평가를 받을 정도로 뛰어난 학생들만 모이는 곳이었다. 레이크사이드의 교사들은 아이들이 열심히 공부하도록 요구할 뿐만 아니라 다양한 관심사를 추구하는 것을 인정해줬다.

적절한 경쟁에 노출되자 빌 게이츠의 능력은 빛을 발하게 됐다. 수학과 과학에 뛰어난 성적을 보였고 다른 과목들의 성적도 올랐다. 중학교 3학년이 되자 빌 게이츠는 '집에 교과서를 들고 오지 않더라도 모든 과목에서 A를 받겠다'고 결심하고 실행에 옮겼다. 전국 수학 경시대회에서는 10등 안에 들었다. 고등학교 때는 워싱턴 대학의 정규 수학 강의를 듣고 대학생들과 경쟁해서 학점을 딸 정도였다

빌 게이츠는 컴퓨터를 다루는 데 특히 뛰어난 능력을 보여주면서 학교에서 인기 있는 학생 중 하나가 됐다. 그가 중학교 1학년이던 1967년, 레이크사이드 어머니회는 3,000달러의 기금을 모아 학생들이 사용할 컴퓨터 단말기를 마련했다. 당시 컴퓨터는 방 하나를 차지할 정도로 큰 기계로 일반인들은 접근이 불가능했던 '신기한 물건'이었다. 학교에 마련된 단말기는 키보드, 프린터, 펀치기계로 구성돼 있었다. 스크린도 없었다. 키보드로 명령어를 적어 모뎀과 전화선을 통해서 대기업의 메인 컴퓨터에 보내면 결과가 프린터를 통해서 나왔다. 수학 성적이 가장 뛰어났던 빌 게이츠는 가장 먼저 키보드를 작동시켜볼 수 있었다.

그날 이후 빌 게이츠는 컴퓨터에 홀렸다고 할 정도로 컴퓨터에 몰두했다. 빌 게이츠는 컴퓨터에 관련된 책을 구해 읽었고 몇 주 지나지 않아 학교 선생님들보다 컴퓨터에 대해 더 많이 알게 됐다. 금세 빌 게이츠가 똑똑한 학생이라는 소문이 학교 내에 퍼졌다.

빌 게이츠의 부모가 교육에 돈을 아끼지 않았다는 사실보다는 학교

> 빌 게이츠의 부모는 적절한 경쟁 환경에 빌 게이츠를 넣어줄 필요가 있다고 판단했다. 부모는 공부하는 걸 격려해주는 분위기의 학교를 찾기로 했다.

를 선택한 과정에 주목해야 한다. 공부를 시키고 경쟁을 옹호하는 분위기의 학교를 찾다가 명문 사립학교에 보내게 된 것이다. 미국에선 재산은 적지만 머리가 뛰어난 아이를 가진 부모는 일부러 가난한 지역의 공립학교를 선택하기도 한다. 주변 아이들에 비해 뛰어난 성적과 리더십을 보여줌으로써 성공의 길로 이끌려는 의도이다. 또 최근엔 정규 교과 과정이 맘에 들지 않는 부모들이 집에서 자녀를 가르치는 홈스쿨링(home schooling)을 선택하는 경우가 늘고 있다. 자녀가 능력을 발휘할 수 있는 적절한 교육 환경을 찾아주는 것은 부모의 몫이라는 것이다.

수학에 뛰어난 능력을 발휘했던 빌 게이츠는 하버드 대학뿐만 아니라 프린스턴 대학과 예일 대학 등 쟁쟁한 대학에서 입학 허가서를 받았다. 그의 부모는 최고의 명문인 하버드 대학을 권했다. 빌 게이츠는 고등학교를 졸업하자마자 비즈니스 세계에 뛰어들겠다는 의사를 밝히기도 했지만 부모는 아들에게 좀 더 똑똑한 학생들과 경쟁해보라며 하버드 대학에 입학시켰다.

하버드 대학은 빌 게이츠에게 새로운 도전이었다. 시애틀의 명문 고등학교에선 뛰어난 학생이었지만 아이비리그 대학에서의 경쟁은 그를 주눅들게 만들었다. 입학할 때는 아버지처럼 로스쿨에 진학해 법학을 전공하고 변호사가 되겠다는 꿈이 있었지만 자신보다 더 똑똑한 학생들을 만나보니 그의 꿈이 쉽게 달성할 수 있는 게 아니라는 걸 알게 됐다. 때문에 오히려 자신이 경쟁력 있는 분야인 컴퓨터를 더욱 파고들게 됐다.

한 분야에 시간을 쏟기 위해서는 효율적인 시간 관리가 필수적이다. 그는 관심이 없는 과목에 대해서는 수업을 빼먹기 일쑤였다. 기말고사를 보기 일주일 전에 숙제들 몰아서 제출하기도 했다. 빌 게이츠는 "가장 적은 시간을 투자하면서도 높은 점수를 받을 수 있는 게임을 해야 한다는 생각이었다"고 말했다.

경쟁에서 이기려는 승부 근성은 경쟁과 게임을 즐기는 가족 분위기에서 비롯됐다. 빌 게이츠의 집안은 게임을 즐기는 분위기였다. 매주 일요일이면 온 가족이 모여 카드 게임과 암호 맞추기 등의 게임을 했다. 아버지 윌리엄 게이츠는 타임 지와의 인터뷰에서 "게임은 그냥 장난으로 한 게 아니었다. 언제나 누가 이기느냐가 중요했다"며 '경쟁'이 집안의 분위기였다고 묘사했다.

아버지 윌리엄 게이츠는 변호사로서 일에 바빴지만 매년 연례행사로

| 후드커낼의 오두막촌

부자들의 자녀교육

가족 단위의 휴가를 기획했다. 장소는 시애틀 인근의 후드 커낼의 오두막 휴양지였다. 후드 커낼은 장성한 빌 게이츠가 '생각 주간'을 갖는 별장이 있는 곳이기도 하다. 열 가족 정도가 모여 릴레이 경주, 계란 돌리기, 깃발 뺏기 등 가족 단위로 경쟁을 하는 게임을 즐겼다. 빌 게이츠는 "(휴가는) 항상 멋진 시간이었다. 우리 모두에게 우리는 경쟁할 수 있고, 성공할 수 있다는 생각을 심어줬다"고 회상했다.

빌 게이츠는 회사를 설립한 후에 가정에서의 이런 경쟁 분위기를 회사에 이식한다. 여름휴가 때면 동료와 친구 가족을 초청해서 어릴 적 아버지가 했던 식으로 가족 대항 게임을 한다. 대회의 이름은 '마이크로게임대회(Micorgames)'이다. 게임은 이어달리기 따위의 쉬운 게임이 아니다. 연기를 내는 기계를 이용해서 2진법 숫자를 이용한 메시지를 주고받아 누가 먼저 해석하나 따위의 두뇌 게임이 이어진다.

중고등학교 때부터
비즈니스 세계에서 단련하다

아버지 윌리엄 게이츠는 빌 게이츠와 비즈니스에 대해 토론하는 것을 즐겼다. 아버지와의 토론에서 힌트를 얻는 빌 게이츠는 11살 때 생애 처음으로 계약을 맺었다. 계약 상대방은 누나인 크리스티였다. 계약 내용은 크리스티의 야구 장갑을 자신이 원할 때 쓰는 조건으로 5달러를 주는 것이었다. 계약서에는 "트레이(빌 게이츠의 어릴 적 애칭)가 야구 장갑을 원하면 사용할 수 있다"고 적었다. 그리고 계약서에 사인을 했다. 명백하게 빌 게이츠에 유리한 계약이었다. 혹자는 빌 게이츠가 자신에게 유리한 계약을 이끌어내는 협상 능력이 탁월했음을 방증하는 것이라고 해석하기도 한다.

빌 게이츠는 중고등학교에 다니면서 자신이 좋아하는 컴퓨터를 이용해서 돈을 벌 생각을 하게 된다. 빌 게이츠는 친구인 폴 앨런, 켄트 에번스 등과 함께 '레이크사이드 프로그래머즈 그룹'을 결성한다. 그룹의 목적은 돈을 버는 것이었다. 학교 컴퓨터를 처음 마련해준 것은 어머니회였지만 사용요금까지 전부 대줄 수는 없었다. 어머니회가 대준 사용요금이 다 떨어지자 학생들 스스로 돈을 벌 방법을 궁리하게 된 것이다. 이들은 시애틀에 있는 중소기업 컴퓨터의 문제점을 찾아주거나 급여 계산 프로그램을 만들어주는 등의 일을 했다. 당시에 그들에게 일을 시킨 회사들은 그들을 만나기 전까지 중학교 2~3학년 학생들인지 몰랐다고 한다.

폴 앨런과의 우정은 비즈니스 파트너로 발전하게 된다. 폴 앨런은 빌 게이츠보다 두 살이 많은 선배다. 둘은 빌 게이츠가 고등학교 2학년 때인 1972년 '트래포데이터(Traf-O-Data)'라는 컴퓨터 프로그래밍 회사를 만들기도 했다. 한국에서라면 하늘 같은 선배겠지만 미국에서는 친구다. 하지만 첫 사업은 실패였다. 자동차 교통량을 측정하는 프로그램을 만들어 초창기에 2만 달러를 벌었지만, 점점 더 복잡한 프로그램이 필요한 지방자치단체의 요구를 맞출 수 없었기 때문이다.

빌 게이츠는 레이크사이드 중고등학교의 수업시간표 작성 프로그램을 개발하고 5,000달러를 벌기도 했다. 빌 게이츠는 고등학교 3학년 때 시애틀의 한 회사에서 컴퓨터 프로그램을 개발하는 시간당 4달러짜리 프로젝트를 수주하기도 했다. 그는 자신의 프로젝트를 수행하기 위해 학교 수업을 빠진 채 시애틀의 한 아파트에서 일해야 했다.

이미 중고등학교 때부터 비즈니스의 세계에서 단련된 그는 학교를 다닐 때 친구와 교사들에게 "20번 째 생일이 되기 전에 백만장자가 될 것"
이라는 말을 자주했다고 한다.

인맥을 찾고 인맥을 맺는
눈을 틔워주다

현재 마이크로소프트의 최고경영자인
스티브 발머는 하버드 대학 시절 단짝 친구다. 사람 사귀는 능력이 뛰어
났던 스티브 발머는 빌 게이츠에게 부족한 사교성을 보완해줬다. 컴퓨터
와 포커 게임에 빠져 있던 빌 게이츠를 끌고 뉴욕 여행을 떠나고 디스코
클럽을 구경시켜주기도 했다. 빌 게이츠가 학교를 떠나면서 둘은 헤어졌
다가 몇 년 후 서부에서 다시 만나게 된다.

1980년, 빌 게이츠는 회사의 비즈니스를 맡아줄 인재를 찾고 있었다.
당시 마이크로소프트는 IBM의 개인 컴퓨터에 탑재할 운영 소프트웨어
를 공급하는 중요한 계약을 앞두고 있었다. 게이츠와 앨런은 기술 개발
자의 입장이었기 때문에 비즈니스에 있어서는 부족함을 느끼고 있었다.
스티브 발머는 당시 스탠퍼드 경영대학원(MBA)을 다니면서 여름방학 동
안 일할 회사를 찾고 있었다. 게이츠는 하버드 대학을 다닐 때 단짝 친
구였던 스티브 발머에게 전화를 걸어 자기 회사에 와서 정식 직원으로
일할 것을 제안했다. 하지만 스티브 발머는 경영대학원을 마저 졸업하기
를 원했고, 단지 여름에 경험을 쌓기 위한 일자리를 원했다.

그때 빌 게이츠의 부모는 스티브 발머를 저녁 식사에 초대하게 한다.
아버지 윌리엄 게이츠는 전에도 그를 만난 적이 있지만, 식사를 하면서
얘기를 나누다 보니 스티브 발머의 생각과 태도가 너무나 인상적이었다.

| 스티브 발머와 빌 게이츠

저녁 식사가 끝난 후에 윌리엄 게이츠는 빌 게이츠를 조용히 불러 "반드시 스티브를 잡아야 해. 그 아이가 바로 네가 필요로 하는 사람이야"라고 얘기했다고 한다. 발머는 24번 째 직원으로 마이크로소프트에 합류하게 됐다. 그는 이후 회사의 재정을 책임지게 된다.

스티브 발머는 회사에 처음 나와 사정을 파악한 후 적어도 50명을 더 채용할 것을 요구했다. 하지만 우선 돈을 아껴야 한다는 생각에 빌 게이츠는 그의 생각을 받아들일 수 없다고 했다. 발끈한 스티브 발머는 그 자리에서 바로 사표를 제출했다. 그때도 아버지 윌리엄 게이츠가 나서서

부자들의 자녀교육

아버지가 말했다. "반드시 스티브를 잡아야 해. 그 아이가 바로 네가 필요로 하는 사람이야." 스티브 발머는 구멍가게 수준의 마이크로소프트를 현대적인 대기업으로 탈바꿈시켰다.

아들을 나무란 후에 발머의 요구대로 더 많은 인력을 채용하도록 해서 갈등을 해결했다. 인재를 알아보는 아버지의 능력은 이렇게 또다시 빛을 발한다. 스티브 발머는 마이크로소프트를 젊은이 30여 명이 모인 구멍가게 스타일의 벤처기업에서 현대적인 대기업으로 탈바꿈시키는 역할을 했다. 경제잡지 포브스의 순위에 따르면 2017년 현재 그의 재산은 300억 달러(약 34조 8,000억 원)로 미국 15위, 세계 21위의 갑부다.

빌 게이츠의 성공 요인 중에는 스티브 발머와 같은 유능한 인재를 고용한 것도 하나로 꼽힌다. 그런데 알고 보면 그 인재를 고용하는 데 가장 큰 역할을 한 것이 아버지였다. 빌 게이츠의 아버지는 자기가 나서서 아들에게 진정한 인재를 찾아주기까지 했던 것이다.

자선단체 활동을 활발하게 했던 빌 게이츠의 어머니는 사교성이 뛰어난 것으로 알려져 있다. 또 미국의 유명 인사들과 폭넓은 인간관계를 맺고 있었다. 25살의 나이 차이를 뛰어넘는 우정을 나누고 있는 미국 최고의 투자자인 워런 버핏을 빌 게이츠에게 소개해준 사람은 다름 아닌 어머니였다. 마이크로소프트가 IBM과 처음 계약을 맺을 때 두 회사의 인연을 맺어준 사람도 어머니가 이사로 활동하던 자선단체 유나이티드 웨이에서 만난 IBM 고위 간부라고 알려져 있다.

물고기가 아니라
물고기를 잡는 그물을 주라

빌 게이츠의 아버지 윌리엄 게이츠는 19세기 철강왕 앤드류 카네기의 경구를 자주 인용한다.

"자녀에게 엄청난 재산을 물려주는 부모는 결국은 자녀의 재능과 에너지를 죽이는 것이다. 재산을 물려주지 않는다면 자녀들은 더 유용하고 더 가치 있는 삶을 영위할 기회를 누릴 수 있을 것이다."

카네기는 후손들에게 재산을 남기는 것을 분별없는 행동이라고 비난했다. 자녀들에게 주어야 할 것은 재산이 아니라 가문의 긍지라는 주장이다.

부자 연구가인 토머스 스탠리의 연구 결과도 카네기의 주장과 비슷한 내용이다. 그의 연구에 따르면 장성한 자녀는 부모에게 받는 돈이 많으면 많을수록 더 적게 재산을 축적하고, 부모로부터 받는 돈이 적을수록 더 많은 재산을 축적하는 경향이 있다. 부모에게 많이 받을수록 자녀들은 수입을 초과하는 소비를 하며 빚을 지고 쉽게 일자리를 포기한다. 결국 저축하는 데 실패하고 기업가적인 도전 정신을 가지는 데도 실패한다. 그는 "부잣집 아이들이 생산성이 떨어지는 가장 큰 이유는 부모들의 도에 넘치는 지원이다"라고 결론지었다.

그런데 이미 세계 1위의 갑부가 된 아들에게 재산을 물려주지 않겠다고 선언한들 무슨 소용이 있겠는가? 하지만 그렇지 않다. 세대를 이어 윌리엄 게이츠의 정신이 이어지는 것이다. 아들 빌 게이츠는 아버지의 뜻을 이어받아 자신의 자녀들에게 앞으로 살아가는 데 필요하다고 생각되는 1,000만 달러(약 116억 원)만 물려주고 나머지는 사회에 환원하겠다고 선언했다. 빌 게이츠의 재산은 2017년 현재 860억 달러(약 100조 원)에 달하지만 자녀들에게 돌아갈 유산은 전체 재산의 0.01%에 불과하다.

빌 게이츠의 아버지 윌리엄 게이츠는 자녀가 관리할 수 없을 만큼 많은 재산을 물려주는 것은 자녀를 타락시키는 길이라고 믿었다. 그렇기 때문에 자녀를 독립적으로 키우는 교육 방식을 적용할 수 있었다. 빌 게이츠는 자신이 쓴 책 『미래로 가는 길』에서 "비록 중고등학교를 다닐 때 학비는 부모님이 대주셨지만 컴퓨터를 사용하는 요금은 스스로 벌었다"고 자랑스럽게 적었다. 컴퓨터 사용료를 스스로 벌기 위해 컴퓨터 프로그래밍에 빠지게 된 빌 게이츠에게 이런 경험은 나중에 큰 재산을 버는 밑천이 됐다. 빌 게이츠 아버지는 재산이라는 '물고기'를 물려주는 대신 '물고기를 잡는 그물'인 스스로 돈을 버는 방법을 가르치려고 했던 것이다. 그는 빌 게이츠가 부모의 재산에 의존하지 않고 독립적인 사고를 하고 독립적인 결정을 하도록 어릴 때부터 가르쳤던 것이다. 세상을 살아갈 무기인 지식을 찾는 방법도 가르쳐줬다.

'부자 아빠' 윌리엄 게이츠에게서 배워야 할 교훈은 무엇일까? 혹자는 빌 게이츠가 부모의 돈으로 비싼 사립학교를 다니고 명문 하버드 대학을 입학했기 때문에 세계 최고의 부자가 됐다고 성급하게 결론을 내리기도 한다. 하지만 하버드 대학은 부모가 부자가 아니라도 공부를 잘한다면 들어갈 수 있는 학교이다. 더구나 사립학교 졸업생들이 모두 부자가 되는 것은 아니다. 중요한 것은 빌 게이츠의 부모는 자녀에게 평생을 살

> "자녀에게 엄청난 재산을 물려주는 부모는 결국은 자녀의 재능과 에너지를 죽이는 것이다. 재산을 물려주지 않는다면 자녀들은 더 유용하고 더 가치 있는 삶을 영위할 기회를 누릴 수 있을 것이다."_앤드류 카네기

아갈 무기를 어릴 적에 쥐어줬다는 것이다. 그 무기는 학교의 명패가 아니라 부모에게 의존하지 않고 독립적으로 살아가는 능력, 경쟁 사회에서 필요한 의지와 끈기, 정보를 습득하는 습관, 비즈니스 마인드 등이었다.

정보 수집광이 돼라

"앞에 보이는 게 빌 게이츠의 집입니다. 집에서 그가 가장 좋아하는
장소는 돔 모양으로 생긴 '도서관'이라고 하지요."

2007년 6월 빌 게이츠의 고향인 시애틀을 방문했다. 시애틀에 도착하
자마자 가장 먼저 한 일은 빌 게이츠의 집이 있는 워싱턴 호수를 둘러보
는 유람선을 타는 것이었다. 그의 집은 워싱턴 호숫가의 '메디나'라는 부
자 동네에 자리 잡고 있었다. 초대받지 않은 손님으로서 빌 게이츠의 집
을 구경하기에는 유람선이 가장 적합했다. 유람선은 그의 집 앞에 잠시
멈춰 서서 호수 쪽에서 그의 집을 자세히 살펴볼 기회도 줬다.

유람선 안내원은 배가 출발하자마자 마이크를 잡고 시애틀에 얽힌 얘
기를 쉴 새 없이 떠들더니 빌 게이츠의 집 앞에 와서는 더욱 목소리를
높였다. 안내원의 말 중에서 귀를 쫑긋하게 한 것은 '도서관'이란 단어였

다. 빌 게이츠는 세계저인 갑부기 된 현재도 사신의 개인 도서관을 가장 아낄 정도로 유명한 독서광이다.

개인 도서관은 빌 게이츠 뿐만 아니라 성공한 최고경영자(CEO)들의 필수품이다. 뉴욕타임스는 최근 'CEO의 개인 도서관은 성공의 열쇠를 보여 준다'는 기사에서 애플의 CEO 스티브 잡스, 유명 광고회사 오길비의 회장 셸리 라자러스, 나이키의 창업자 필 나이트 등의 개인 도서관을 소개했다. 그들의 개인 도서관은 문학, 철학 등 다양한 분야의 서적들로 가득 차 있었다. 셸리 라자러스는 인터뷰에서 "글로벌 회사의 수장으로서 다양한 문화와 나라들 그리고 여러 가지 문제들을 다룬 책을 읽는게 흥미로울 수밖에 없다. 나는 다양한 관점에서 쓰인 책을 읽으면서 사고를 훈련하고 문제를 해결하는 방법을 익힌다"고 말했다. 빌 게이츠에게 있어서도 독서는 정보 수집의 보물 창고이자 새로운 사업 아이디어를 만드는 원천이다.

| 빌 게이츠의 집을 호수 쪽에서 바라본 풍경

부자들의 자녀교육

이들 뿐만이 아니다. 대다수의 현대 부자들은 엄청난 정보 수집가이자 독서광이다. 세계 최고의 투자가 워런 버핏이 그렇고, 동아시아 최고의 부자 리카싱이 그렇다. 최근 신흥 갑부로 떠오르고 있는 멕시코의 재벌 카를로스 슬림도 사무실에 책이 가득하다. 왜 그럴까? 현대 사회에 있어서 정보와 지식은 부자가 되는 필수 요소가 됐기 때문이다. '수입-지출=재산'이라는 부자의 기본 공식에 입각해서 본다면 정보와 지식은 수입을 늘리는 직접적인 요소라고 할 수 있다.

과거 한국에선 '땅'을 사는 게 거의 유일한 부자가 되는 길이었다. 땅부자가 곧 부자라는 등식이 성립돼 있었다. 50년 전만 해도 땅은 쌀을 생산할 수 있는 곳으로 농업 국가였던 한국에서는 거의 유일한 수입의 원천이었다. 당시 쌀은 현금 대신으로도 쓰였다. 부자가 되기 위해서는 비옥한 땅을 확보하는 게 우선이었다. 그러던 것이 1970년대 경제 개발 시대에 들어 와서는 주택과 아파트 건설로 땅 부자들이 목돈을 챙길 수 있었다. 땅 주인들이 큰 이득을 남길 수 있었던 것이다.

그러나 한국도 선진 사회로 바뀌어 가면서 부를 만들 수 있는 원천이 다양해지고 있다. 점차 실적과 그에 따른 인센티브를 중시하는 분위기로 변하면서 경영자 스톡옵션이나 고액 연봉을 받아 부자가 되는 길이 생겼다. 영업을 잘하는 경우에도 많은 인센티브를 챙길 수 있게 됐다. 기술만 가진 경우엔 코스닥 시장 등에 주식 상장을 통해서 부자가 될 수 있는 방법도 생겼다. 이처럼 한국 사회는 점차 '지식과 정보'를 가진 사람들이 부자가 되는 사회로 변하고 있다. 쌀은 더이상 현금과 같은 비중을 갖는 상품이 아니다. '네이버'니 '카카오톡'이니 '스마트폰'이니 하는 식으로 지식과 정보를 이용한 상품을 개발하는 게 현금 수입의 원천으로 바뀐 지 오래다. 또 '사놓으면 오르겠지'라는 식의 '묻지마' 부동산 투자의 비중은 줄어들고 대신 주식, 펀드 투자와 같은 지식과 정보를 바탕으로 하는 재테크 방식의 비중이 늘어가고 있다.

독서가 부자로 가는 길임을 알려주는 간접적인 지표도 있다. 독서로 글쓰기 능력을 키우는 것이 고액 연봉을 받는 직업을 갖는 지름길이라는 조사 결과다. 미국 대학입시위원회에 따르면 미국에서 글쓰기를 잘하는 것이 일자리를 얻는 데 필수적인 조건인 것은 물론이고 고액 연봉을 가르는 기준이 된다고 한다. 미국 전체의 일자리 중 3분의 2가 글쓰기 능력이 필요하고, 특히 고임금 직종인 서비스, 금융, 보험, 부동산 부문으로 가면 80%가 글쓰기 능력과 직결된다고 한다.

책을 많이 읽고 정보를 수집하고 다시 글을 써서 정보를 재생산한다는 게 수입을 늘리는 길과 연결돼 있다는 얘기다. 그렇기에 자녀들에게 부자로 사는 무기를 쥐어주고 싶다면 우선 빌 게이츠와 같이 '정보 수집광'이 되는 습관을 심어주라고 권하고 싶다. 자녀들이 살아갈 앞으로의 한국 사회는 지식과 정보가 중요한 부의 원천이 될 것이기 때문이다.

빌 게이츠는 몇 가지 독특한 독서 습관을 가지고 있다. 우선 편식성이 아니라 잡식성이다. 관심 분야가 컴퓨터나 비즈니스에만 한정돼 있지 않다는 얘기다. 매주 하나의 이슈를 정해서는 여러 신문과 잡지에 난 기사를 처음부터 끝까지 정독하는 스타일이다. 그 이슈에 대해서는 분야가 무엇이든 전문가가 돼버리는 것이다. 이미 알고 있는 분야의 이야기를 반복해서 읽는 것은 자신의 정보량을 풍부하게 하는 데 별로 도움이 되지 않기 때문이다.

두 번째로 '생각 주간(think week)'이라는 독특한 이벤트를 가지고 있다. 빌 게이츠는 생각 주간이면 별장에 들어가 외부 사람과의 접촉을 끊은 채 독서와 사색을 통해 새로운 사업 아이디어를 얻는다. 집중력이 필요한 시간은 철저하게 확보한다는 것이다.

워싱턴 호수에서 빌 게이츠의 집을 본 후에 그의 별장이 있는 마을도 들렀다. 시애틀에서 여객선을 타고 1시간 정도 바다를 건넌 후에 차로 30분 정도 달리면 도착하는 곳이다. 후드 커낼(운하)이라고 부르는 곳이지만 사실은 바다가 긴 U자형으로 들어온 만이다. 바다가 육지로 깊숙하게 들어와 있어 마치 잔잔한 호수와 같았다. 별장 옆에 서서 물가를 바라보니 잡념은 사라지면서 굵직한 인생 계획을 다시 짜야 할 것만 같은 느낌이 들기도 했다.

빌 게이츠의 독서 습관은 자녀에게 고스란히 전달되고 있다. '컴퓨터 황제'로 불리는 그이지만 자녀에겐 책 읽기의 습관을 강조한다. 빌 게이츠는 "자녀들에게 컴퓨터 보다 먼저 책을 사줄 것이다"라고 했다. 빌 게이츠가 큰 딸의 컴퓨터 사용 시간을 제한하는 것도 어쩌면 자신에게 평일에 텔레비전 시청을 금지하면서까지 독서의 습관을 들여 준 부모의 교훈을 따르기 위해서인 것 같다.

'21세기형 부자' 저커버그의
창의력 키운 부모

저커버그의 부자공식

디지털 시대에 맞는
창의성을 키워줘라

'21세기형 부자'
저커버그의 창의력 키운 부모

미래 부자의 필수품

'창의성'을 쥐어준 저커버그 아버지

"저커버그씨, 아들을 도대체 어떻게 키운 거요?"

2011년 2월4일 목요일. 페이스북 창업자 마크 저커버그의 아버지 에드워드 저커버그는 지역 라디오 방송국 부스에 앉아 청취자들의 전화를 받고 있었다. 에드워드 저커버그가 살고 있는 미국 뉴욕주 웨스터체스터군(郡)의 라디오 방송국인 WVOX에서 마련한 특별 방송이었다. 웨스터체스터군은 뉴욕시를 둘러싼 뉴욕주 중에서 인구 100만 명쯤 되는 지역이다. 뉴욕주에서 두 번째로 인구가 많은 군 단위 행정구역이다. 우리나라로 치면 서울 인근에 인구 100만 명을 갓 넘긴 용인시 정도 되는 셈이다.

"우리 아이들은 모두 제가 운영하는 병원의 사무실 근처에서 뛰놀면서 자랐습니다. 그래서 모두 어렸을 때부터 사무실에 있던 컴퓨터를 접했지요."

저커버그 아버지는 1남 3녀 아이들이 어릴 적부터 자신의 사무실 컴퓨터 쉽게 쓸 수 있었다는 얘기를 꺼냈다. 그렇다고 그가 엔지니어는 아니었다. 1980년대 후반부터 웨스트체스터의 인구 1만 명을 조금 넘기는 작은 동네인 답스 페리(Dobbs Ferry)에서 치과를 운영하고 있었다. 답스 페리는 뉴욕시 번화가인 맨해튼에서 승용차로 30~40분쯤 걸리는 곳이다. 어쩌면 세상 돌아가는 것과 담을 쌓고 조용한 교외 동네에서 치과 의사로서의 삶을 이어나갈 수도 있었을 것이다. 하지만 남보다 신제품을 빨리 접하고자 하는 '얼리어답터' 저커버그 아버지는 컴퓨터를 병원 사무실에 들여 놓고 아이들이 쉽게 만질 수 있게 했다.

세계에서 가장 젊은 재벌 마크 저커버그는 하버드대 재학 중이던 2004년 페이스북을 창업했다. 페이스북은 2016년 말 현재 전세계 18억 6,000만 명이 자신의 소식, 사진, 의견 등을 나누는 세계 최대의 소셜 미디어로 성장했다. 그 와중에 저커버그 재산은 일반인의 상상을 뛰어넘게 불어났다. 세계 부자들의 순위를 매기는 포브스의 2017년 갑부 리스트에서 저커버그의 재산은 560억 달러(약 65조 원)로 세계 부자 순위 5위에 올라 있다. 그가 쌓은 재산의 기반은 페이스북을 만든 컴퓨터 프로그래밍 능력이다.

"컴퓨터를 샀더니 프로그래밍을 위한 디스크도 같이 보내줬습니다. 마크는 프로그래밍에 관심을 보였고, 나는 프로그래밍 지식을 마크와 함께 나눴지요. 거기서부터 마크는 날아오르기 시작했어요."

저커버그 아버지 에드워드는 라디오 인터뷰에서 이렇게 얘기를 이어갔다. 단지 컴퓨터란 하드웨어를 어릴 때부터 만질 수 있게 해주는데 그치지 않고, 미래에 부자가 될 도구인 프로그래밍까지 어릴 때부터 알려 줬다는 얘기다.

그런데 인터뷰가 이런 정도에서 끝났다면 우리가 저커버그 아버지의 자녀 교육에서 얻을 수 있는 교훈은 거의 없었을 것이다. 이미 세상은 바뀌어서 모바일 시대다. 어릴 때부터 과거 컴퓨터보다 훨씬 성능이 좋지만 크기는 작은 스마트폰, 태블릿PC 등 모바일 기기를 싼 값에 접할 수 있는 세상이 왔다. 부모들이 자녀에게 쉽게 모바일 기기를 줄 수 있다는 것이다. '얼리어답터'였던 저크버그 부모가 자녀에게 첨단 기기를 쥐어주는 일 정도는 지금은 그다지 어려운 일이 아니다. 그보다 더 중요한 게 있었다.

"저랑 제 아내가 항상 믿었던 게 있습니다. 우리 아이들에게 인생의 어떤 한 방향을 강요하거나, 그 방향으로 조종해 나가진 말자는 것입니다. 아이들의 장점이 뭔지 찾아내면, 그 장점을 키워주자고 마음을 먹었습니다. 그리고 아이들이 열정을 보이면 그걸 개발하도록 도와주겠다고 생각했습니다."

저커버그 부모는 자녀들이 '21세기형 부자'의 필수품인 '창의성'을 스스로 찾아가게 하고 싶었던 것이다. 창의력은 부모가 강제로 가르칠 수 있는 건 아니다. 스스로 관심 있는 분야를 찾아 나가는 과정에서 생겨난다. 저커버그 부모는 마크에게 단순히 컴퓨터와 프로그래밍 기법을 던져준 게 아니었다. 아이들 스스로 잘 할 수 있는 게 뭔지 찾아낼 수 있도록 격려해 나갔다. 그 와중에 마크 저커버그는 미래의 금맥을 캘 수 있는 컴퓨터와 프로그램에 흥미를 느꼈고, 스스로 열정을 가지고 도전할 수 있게 됐다.

마크 저커버거 뿐만 아니라 누나, 여동생들도 각자의 길을 스스로 개척하면서 살고 있다. 마크의 누나인 랜디는 광고회사에 들어갔다가 동생의 호출을 받고 페이스북의 초창기 마케팅을 맡아 자신의 열정을 쏟아

> "저랑 제 아내가 항상 믿었던 게 있습니다. 우리 아이들에게 인생의 어떤 한 방향을 강요하거나, 그 방향으로 조종해 나가진 말자는 것입니다. 아이들의 장점이 뭔지 찾아내면, 그 장점을 키워주자고 마음을 먹었습니다. 그리고 아이들이 열정을 보이면 그걸 개발하도록 도와주겠다고 생각했습니다."

부었다. 랜디는 2011년 페이스북을 퇴사해 실리콘밸리에서 소셜미디어와 관련된 자신의 회사를 차려 운영하고 있다. 여동생인 도나는 프린스턴대 고전학 박사로 음식 블로그를 운영하고 있다. 그녀는 아이폰 앱 디자이너와 결혼했다. 막내 여동생인 애리얼은 대학에서 컴퓨터 공학을 전공하고 구글에 인수된 소셜미디어 관련 소프트웨어 업체인 와일드파이어에서 일했고, 실리콘밸리 벤처 기업의 마케팅과 관련된 일을 하고 있다.

랜디는 '엔터프레너'란 잡지 인터뷰에서 "이제까지 가장 좋은 조언은 부모님이 항상 우리에게 스스로의 본능을 믿고 자신의 꿈을 좇으라고 한 것"이라고 말했다. 도나도 '뉴욕 매거진'과 인터뷰에서 "부모님은 항상 우리가 하고 싶어 하는 일을 하도록 지원해 주셨다"며 "단지 최선을 다하라고만 하셨다"고 말했다.

저커버그 아버지는 누구?
'형사 가제트'로 불렸던 치과의사

마크 저커버그의 아버지 에드워드는 몇 년 전 치과 전문지와 인터뷰에서 "환자들 사이에서 '형사 가제트'로 알려져 있다"고 고백한 적이 있다. 형사 가제트는 1980년대 유행했던 애니메이션으로 주인공인 사이보그 형사 가제트가 몸속에서 나오는 다양한 무기와 도구를 이용해 엉뚱한 방법으로 사건을 해결한다는 내용이다. 에드워드는 첨단 신제품을 일찍 사용하는 '얼리어답터'인 만큼 병원설비도 가능하면 최첨단으로 구비해 놨다. 그래서 그런 별명이 붙었던 것이다. 또 성격이 낙천적이고 농담도 자주하는 편이다. 그래서 환자들은 그를 보고 호기심 많고 엉뚱한 형사 가제트를 떠올렸던 것이다.

미국에서 치과의사라고 하면, 한국도 그렇지만 소득이 높고 안정적인 직업으로 분류된다. 미국 매체인 US 뉴스에 따르면 2015년 미국 치과의사의 연평균 소득은 17만 2,350달러에 달한다. 미 노동부가 발표한 미국 취업자의 평균 연소득 4만 8,320달러의 4배가 넘는다. 그런 만큼 부유한 삶을 살 수 있다. 또 굳이 병원 설비를 최첨단으로 유지하지 않더라도 환자들이 줄을 선다. 그래서 미국에서 치과의사는 안정적인 생활을 원하는 집안에서 대대로 이어져 내려오는 경우가 많다. 뉴욕 브루클린 출신인 에드워드는 1975년 브루클린 칼리지를 졸업하고 뉴욕대 치의대에 진학했는데, 동기 200명 중 100명의 아버지가 치과의사였다고 한다.

그런 분위기에서 '형사 가제트'란 별명으로 불릴 만한 치과의사가 등장했다는 건 쉽지 않은 일이다. 에드워드 저커버그의 아버지, 그러니까 마크 저커버그의 할아버지는 근로자들의 거주지였던 뉴욕 브루클린에서 우변배달을 하면서 외벌이를 했다. 넉넉하지 않은 형편에도 동네에서 가장 먼저 칼라TV를 살 정도로 새로운 문물에 대한 관심이 많았다. 에드워드는 집에 있는 스테레오 라디오를 분해해 어떻게 작동하는지 알아볼 정도로 호기심이 많은 학생이었고, 고등학교 때는 수학과 과학에서 뛰어난 성적을 올렸다. 그렇지만 생활의 안정을 위해서 자신의 꿈을 접어야 했다.

"나는 사실 숫자를 좋아하는 학생이었지요. 하지만 당시에는 컴퓨터 프로그래밍에서 그렇게 많은 일자리가 나오지 않았어요. 당시는 방 하나에 꽉 차는 컴퓨터였고, 펀치 카드를 가지고 작동을 시켜야 했습니다. 부모님은 '그런 데 관심을 두는 건 네 시간을 적절하게 쓰는 게 아니다'라고 하셨죠. 똑똑한 아이들이 할 일은 의사나 치과의사가 되는 거라는 거였죠."

훗날 에드워드의 회상이다. 이런 경험 때문에 자녀들에 대해서는 '아이들이 하고 싶은 걸 하도록 놔두겠다'는 생각을 갖게 된 것이다.

에드워드가 치과의사가 되기로 하고 치의학을 공부하기 시작한 해는 1975년이다. 그가 1954년생이니 21살 때다. 당시 스무 살이었던 빌 게이츠는 마이크로소프트를 창업하기 위해 하버드대를 중퇴했다. 그리고 1년 후 스티브 잡스는 애플을 창업했다. 만약 에드워드가 빌 게이츠나 스티브 잡스처럼 미국 서부에서 태어나 벤처 문화에 좀 더 일찍 접했다면 인생이 달라졌을 수도 있다. 그러나 에드워드는 일단은 치과의사라는 안정적인 직업을 선택했다.

하지만 새로움에 대한 관심은 버리지 않았다. 신제품이 나오면 사고, 직접 사용해 보는 걸 멈추지 않았다. 1981년에는 생애 처음으로 개인 컴퓨터를 샀다. 그가 산 '아타리800' 모델은 1979년 출시돼 1,000달러 정도에 팔리던 컴퓨터다. 수십만 명의 얼리어답터들이 아타리800을 구입했다.

에드워드가 아타리800 컴퓨터로 처음 한 일은 모뎀을 이용한 온라인 뱅킹이었다고 한다. 에드워드는 컴퓨터를 사용해 보고 "이거 정말 놀라운데. 아마 이게 세상을 바꿀 거야"라고 아내에게 말했다고 한다.

시간이 지나면서 에드워드의 집과 병원은 첨단 기기들로 가득 찼고,

아이들은 어릴 때부터 개인 컴퓨터, 프린터, 스캐너 등 당시로선 첨단 기기에 노출됐다. 초고속 인터넷망도 연결됐다.

결국 이런 환경에서 자란 아들 마크 저커버그가 스무 살이던 2004년 페이스북을 정식 창업하면서 컴퓨터 엔지니어가 되겠다는 아버지의 어릴 적 꿈을 아들이 이룬 셈이다. 그런데 그 원동력은 부모의 강요가 아닌 자녀들의 자율적인 선택이다. 에드워드는 뉴욕 매거진과의 인터뷰에서 다음과 같이 그의 교육 철학을 강조했다.

"부모가 아이들이 가졌으면 하는 삶을 그려줄 수도 있을 겁니다. 하지만 그것은 아마도 아이들이 원하는 삶이 아닐 겁니다. 부모들이 해야 할 일은 자녀들이 열정을 갖는 일을 찾도록 격려하는 것입니다. 다른 어떤 것보다 이런 일에 더 많은 시간을 써야 합니다."

자녀에게 심리적인 안정을 준
저커버그 어머니

에드워드 저커버그는 뉴욕대에서 치의학을 공부하던 시절 브루클린 칼리지의 여자 후배인 카렌 캠프너와 소개팅을 했다. 그들은 연애 끝에 1979년 결혼에 이른다. 카렌은 뉴욕대 의대에 진학했고, 정신과를 전공했다. 1982년 첫딸 랜디가 태어나던 즈음 둘은 답스 페리의 한 치과의사가 내놓은 단독 주택이 마음이 들었고 이를 리모델링해서 집과 병원이 붙은 공간으로 재탄생시키기로 했다.

5년간 리모델링 끝에 탄생한 저커버그 치과는 여느 치과와는 내부 구조가 달랐다. 환자들이 편안함을 느끼는 데 가상 초점을 맞췄다. 누구나 어릴 적 치과를 가자고 하면 두려웠던 경험이 있을 것이다. 이빨을 뽑는 공포 때문이다. 그렇지만 에드워드는 정신과 의사인 아내의 조언을 받아 어떻게 하면 치과도 편안함을 느끼게 할까 고민했다. 치과 내에 대형 수족관을 들여와 환자들이 물고기들이 헤엄쳐 다니는 것을 보면서 심리적인 안정을 느끼게 했다. 에드워드의 집은 1층은 치과로 2층은 생활 집으로 썼다. 그 때문에 아이들은 문 하나를 두고 아버지의 사무실에 쉽게 드나들 수 있었다. 치과 대기실은 아이들의 놀이터 역할도 했다. 환자들은 자기 집 거실에 온 것 같은 느낌을 받을 수 있었다. 에드워드는 동네에서 '고통 없는 의사 Z'란 별명으로도 불렸다.

에드워드 부부는 치과 개업을 하면서 더 중요한 결정을 하게 된다. 마크 저커버그의 어머니 카렌은 정신과 의사 일을 잠시 접고 치과에서 각종 사무를 도우면서 아이들을 키우겠다고 마음먹은 것이다. 사실 미국에서 정신과 의사는 치과 의사보다 수입이 많은 편이다. US뉴스에 따르면 2015년 기준 정신과 의사의 평균 연수입은 19만 3,680달러로 치과 의사(17만 2,350달러)보다 10% 넘게 많다. 처음엔 개업 초기 어수선할 때 잠시 도와준다고 했던 일이 아예 정신과 의사의 길을 포기하게 되는 계기가 됐다. 에드워드는 다음과 같이 당시를 회상한 적이 있다.

"카렌은 병원 개원을 도와준 후에 다시 정신과 의사 일을 하려고 했습니다. 하지만 1년 후 다시 집으로 돌아 왔지요. 카렌은 정신과에서 환자들을 보면서 '아이들이 이렇게 돼선 안 되겠다'라고 생각했던 것이지요."

카렌은 자녀들에게 심리적인 안정을 주는 게 가장 중요하다고 생각한 것이다. 물론 여기에는 남편 에드워드가 경제적인 안정을 줄 정도의 소득을 벌 수 있다는 사실이 전제된 것이다. '일과 가정의 조화'는 누구라도 쉽게 풀 수 없는 과제다. 생활을 유지하려면 자녀와 같이 있는 시간을 줄이는 선택을 할 수도 있다.

하지만 마크 저커버그의 부모인 에드워드와 카렌은 자녀 교육을 위해 '일과 가정의 조화'를 이루는 자신들만의 묘안을 찾았다. 당초 에드워드는 답스 페리의 집에서 뉴욕 브루클린의 한 병원으로 출퇴근했다. 하지만 아이들과 함께 있는 시간을 늘리기 위해 답스 페리의 집을 리모델링해서 치과를 내자는 결단을 한 것이다.

에드워드는 동네에서 유일하게 '자녀들의 학교 행사에 참석하는 아버지'였다고 한다. 또 공개 수업이 있는 날이면 1시간 정도 병원 문을 닫고 아이들 학교에 갔다가 돌아와서 다시 환자를 볼 수도 있었다. 그는 동네 마트, 식당, 교회 등에서 환자들을 만나면 인사를 하고 그들을 환자로 대하는 게 아니라 같은 동네 사는 주민으로 어울린다는 느낌을 주도록 노력했다. 그 결과는 다시 병원을 편하게 찾는 환자들이 늘어나는 것이었다.

에드워드와 카렌은 이같이 동네 치과를 유능하게 경영하면서 생활의 안정을 유지했고, 동시에 아이들과 함께하는 시간을 최대한 늘려 자녀들에겐 심리적인 안정을 주려고 노력했던 것이다.

자녀의 관심사가 떠오를 땐
아낌없는 지원에 나서

저커버그 부모의 교육 철학은 자녀 스스로 관심사를 찾게 하는 것이지만, 자녀들의 관심사가 나타났을 땐 지원을 아끼지 않았다.

마크 저커버그는 1984년생이다. 이미 아버지 에드워드가 1,000달러로 첫 컴퓨터인 아타리800을 장만한 데 이어 10배의 돈(1만 달러)을 들여 IBM XT를 장만했을 때이다. 마크는 여섯 살 무렵부터 아버지의 첫 컴퓨터인 아타리800을 장난감처럼 가지고 놀았다. 아타리800 컴퓨터는 애플 컴퓨터와 경쟁 관계였지만, 그래픽이나 소리가 더 좋아 아이들의 호기심을 자극하기에 충분했다. 그리고 마크는 아버지를 따라 컴퓨터 프로그래밍도 접하게 됐다. 아버지 에드워드 저커버그는 컴퓨터를 살 때 따라온 프로그래밍 디스크를 갖고 이것저것 프로그램을 만들어 보기도 했는데, 마크는 그런 아버지를 따라 한 것이다. 에드워드는 세 아이에게 각자 컴퓨터도 한 대씩 사 주었다. 마크는 열 살 때 첫 개인 컴퓨터로 퀸텍스 486DX를 선물 받았다.

마크는 486 컴퓨터로 이것저것 해보다 '멍청이를 위한 C++' 등 컴퓨터 프로그래밍 관련 서적을 여러 권을 사서 독학에 들어갔다. 컴퓨터 언어인 C++은 개인 컴퓨터를 가지고도 각종 프로그램을 만들 수 있었다.

마크는 열두 살 때 병원 사무실과 집에 있는 여러 대의 컴퓨터가 통신을 할 수 있는 소프트웨어를 개발했다. 가족들은 그 메신저 소프트웨어에 '저크넷(ZuckNet)'이란 이름을 붙였다. 이전까지만 해도 에드워드의 치과엔 인터폰이 없어 환자가 오면 집이나 진료실에 있는 에드워드에게 "환자 왔어요"라고 소리를 질러 알렸다. 하지만 저크넷이 탄생한 이후엔 컴퓨터 메신저로 그 소식을 알렸다. 아이들도 각자 방에서 문을 닫아 놓고도 서로 컴퓨터에서 메신저를 보내기도 했다.

하루는 마크의 여동생 도나가 방에서 공부를 하고 있는데, 컴퓨터 화면에 '이 컴퓨터는 치명적인 바이러스에 걸려, 30초 후에 폭발합니다'란 메신저가 떴다. 컴퓨터가 카운트 다운을 시작하자 도나는 방에서 뛰쳐나와 소리쳤다. "마크 오빠!" 컴퓨터에 뭔가 이상한 일이 생기면 누가 범인인지 가족들은 알았던 것이다. 마크는 친구들이 그림을 그려 오면 그것을 이용해서 간단한 컴퓨터 게임을 만들기도 했다.

마크가 컴퓨터 프로그래밍에 흥미를 갖게 됐다는 사실을 알게 된 에드워드는 마크의 재능을 키워주기로 결심했다. 먼저 어느 방향으로 가라고 가이드해 주지는 않지만, 자녀가 흥미를 느끼고 관심을 보이는 분야가 있다면 지원을 아끼지 않겠다는 생각이었다.

처음에 한 일은 컴퓨터를 체계적으로 가르쳐 줄 가정교사를 붙이는 것이다. 마크의 부모는 수소문한 끝에 소프트웨어 개발자 데이비드 뉴먼을 마크의 개인교사로 채용했다. 그는 일주일에 한 번 마크의 집을 찾아와 컴퓨터 프로그래밍을 가르쳤다. 데이비드는 마크의 수준이 곧 자신이 가르칠 수준을 뛰어 넘어서게 된 것을 알게 됐고, 개인교사를 그만 두겠다고 했다.

마크의 부모는 그의 재능을 키워줄 방법을 다시 찾았다. 답스 페리에 있는 머시 칼리지에 일반인을 대상으로 하는 수준 높은 컴퓨터 프로그래밍 강좌가 있는 걸 찾아냈다. 집에서 승용차로 가야 하는 곳이지만 그렇게 멀지 않았기에 마크에게 기회를 주기로 했다. 강좌는 매주 목요일 저녁이어서 차로 데려다 주고 데리고 오는 일을 에드워드가 맡았다. 강좌 첫 날 에드워드가 마크를 데리고 강의실에 들어가자 강사가 "아이를 강좌에 데리고 오면 안 됩니다"라고 했다. 당시 40대였던 에드워드가 강좌를 들으러 온 것이지, 10대 초반에 불과한 마크가 설마 강좌를 들으러 왔겠느냐고 생각한 것이다. 에드워드는 "내 아들이 강좌를 들을 학생이요"라고 했다.

마크는 고등학교 입학 때까지는 스프링 허스트 초등학교, 답스 페리 중학교, 아즐리 고등학교 등 지역 공립학교를 다녔다. 그러나 고등학교를 다니다 뉴햄프셔에 있는 필립스 엑스터 아카데미란 명문 사립 기숙학교로 전학을 간다. 이 학교는 과학과 수학을 잘 가르치는 것으로 유명한 곳이어서 컴퓨터 프로그래밍에 관심이 많은 마크에게 자극이 될 수 있을 것이라고 부모가 판단한 것이다. 마크도 가족과 떨어져서 생활하는 게 편하지는 않았지만 아즐리 고등학교에선 자신이 원하는 수준의 컴퓨터 교육이나 수학 과정을 밟을 수 없었기 때문에 전학을 가겠다고 마음먹었던 것이다. 또 필립스 엑스터 아카데미는 주입식 수업이 아니라 토론식 수업으로 유명한 곳이어서 '창의성'을 키우기에도 안성맞춤인 곳이었다. 또 이 학교는 마크가 전학 갔던 때 이미 모든 기숙사 방에 컴퓨터를 설치해 준 게 3년 정도 지났을 정도로 디지털 마인드도 있던 곳이다. 당시만 해도 아무리 디지털 설비에서 앞서간 기숙학교라고 해도 컴퓨터실 정도 만들어 놓는 곳이 대부분이었을 것이다.

마크는 필립스 엑스터 아카데미에 다니면서 펜싱팀에서 활동하고 인문 소양도 쌓는 등 다양한 공부를 했다. 그렇지만 컴퓨터 프로그래밍에 대한 열정도 꺼트리지 않았다. 오히려 더 불꽃을 태웠다. 필립스 엑스터에서 새로 사귄 친구인 애덤 디안젤로와 음악 재생 프로그램인 '시냅스'를 개발해, 마이크로소프트, AOL 등 미국 IT(정보기술) 기업에서 그 프로그램을 사고 둘을 채용하겠다는 제안까지 받는다. 하지만 일단 대학에 진학하기로 하고 그 제안을 거절한다. 결국 마크는 2002년 하버드대에 진학하게 된다.

호기심을 열정으로
바꾸는 방법을 가르치다

　　　　　　　　　　　마크 저커버그는 2015년 5월 열린 페이스북의 타운홀 미팅에서 "어릴 적 컴퓨터 게임을 했던 경험이 기술자로서의 삶을 걷는 데 영향을 줬는지 알려 달라"는 질문을 받았다. 타운홀 미팅은 페이스북 최고경영자(CEO)인 마크가 허심탄회하게 페이스북 직원들과 질문과 대답을 나누는 자리다. 마크의 대답은 다음과 같았다.

　"열 살에 처음 내 컴퓨터를 갖게 됐을 때 컴퓨터 게임을 하게 됐다. 게임을 하다 보니 그 게임을 더 좋게 만들고 싶어졌다. 그래서 컴퓨터를 가지고 여러 가지 장난스럽게 나 혼자 뭔가를 디자인하기 시작했다. 지금 생각해보면 엉망이었지만, 내가 만든 게임을 내가 한다는 데서 뭔가 만

| 중국 칭화대 방문한 마크 저커버그

족감 같은 걸 느꼈다."

그리고는 아이들이 공부만 하기를 원하는 부모들이 들으면 깜짝 놀랄 얘기를 했다. "아이들이 컴퓨터 게임을 만들고, 게임을 하는 것은 매우 중요하다고 생각한다. 왜냐하면 그 가운데서 많은 아이들이 프로그래밍을 접하기 때문이다. 내가 컴퓨터 게임을 하지 않았다면 결단코 프로그래밍에 빠지지 않았을 것이다."

얼핏 들으면 아이들이 컴퓨터 게임 하는 걸 원한다면 막지 말고 놔두라는 얘기로 들린다. 스마트폰이나 태플릿PC, 아니면 컴퓨터 게임에 빠져 있는 아이 때문에 걱정이 많은 부모들이 들으면 화가 나는 얘기다. 하지만 마크의 어릴 적 컴퓨터 게임에 대한 회상은 단순히 게임만 즐기는 것을 가리키는 게 아니다. 자신의 컴퓨터 게임에 대한 호기심을 프로그래밍에 대한 열정으로 바꿨다는 말을 하고 있는 것이다.

마크가 호기심을 열정으로 바꾸는 방법을 알게 된 것은 부모인 에드워드와 카렌이 했던 자녀 대화법 때문이다. 마크는 질문이 많은 아이였다. 보통 아이들의 질문이 늘어나면 부모들은 "아빠, 엄마가 그렇다면 그런 걸로 알아"라고 질문을 끊기 일쑤다. 하지만 마크의 부모는 아이들의 질문에 대해 끝까지 궁금증이 없게 대답해 주려고 노력했다. 마크는 에드워드가 "그건 아닌데"라고 대답하면 왜 아닌지 꼬치꼬치 물어 볼 수 있었다. 에드워드는 각종 사실, 경험, 논리 등을 들어 아들의 질문에 대답을 해 줬다. 그 과정에서 마크는 단순한 호기심에서 시작해서 어떤 문제에 대해 좀 더 깊이 파고들어 가는 방법을 배웠다. 한 문제를 깊이 파고드는 것의 바탕에는 그 문제를 꼭 해결해야겠다는 열정이 깔려 있기 마련이다.

마크는 2009년 '바이럴 루프'란 책의 저자 애덤 페넨버그와 인터뷰에서 다음과 같이 얘기한 적이 있다. 다시 그가 첫 컴퓨터를 갖게 됐을 때의 얘기다.

"첫 컴퓨터를 갖게 되자마자 나는 그 컴퓨터가 어떻게 작동하는지 파악하는 데 관심을 갖게 됐다. 컴퓨터 프로그램이 어떤 일을 하는지도 궁금했다. 결국 어떻게 프로그램을 만드는지 알게 됐고, 점점 더 깊게 컴퓨터 시스템에 빠져 들게 됐다."

자녀들이 컴퓨터 게임을 하는 것은 '디지털, 모바일 콘텐츠 소비'에 불과하다. 그러나 소비를 잘 한다고 부자가 되기는 어렵다. 어떤 시대든지 자신의 능력을 재산으로 바꾸는 이들은 생산을 하는 사람이기 때문이다. 자녀들의 호기심을 열정으로 바꿔 '디지털, 모바일 콘텐츠 생산'이라는 미래 부자의 길로 이끄는 것은 부모들의 노력에 달려 있다.

마크는 페이스북을 창업하고 단숨에 키워 부자가 됐다. 과거 미국 잡지 포천(Fortune)지가 선정하는 세계 500대 기업이 시가 총액 10억 달러를 달성하는 데 평균 20년이 걸렸다. 하지만 페이스북은 6년여 만에 시가 총액 10억 달러를 달성했다. 8년이 걸린 구글보다 빠른 속도다. 이런 빠른 성장 속도 속에서도 마크는 어릴 때 자신을 담금질했던 방식인 질문을 던지는 것을 멈추지 않고 있다. 특히 그는 여전히 매일 스스로에게 "나는 내가 할 수 있는 가장 중요한 일을 하고 있는가"라는 질문을 던지고 있다고 한다. 만약 그가 생각하기에 자신이 할 수 있는 가장 중요한 일에 매진하고 있다고 생각되지 않는다면, 자신의 시간을 제대로 사용하고 있지 않다고 느낀다는 것이다. 끊임없이 자신이 최선을 다하고 있는지 돌아보고 열정을 쏟아 문제를 해결하기 위해 노력하는 마크 저커버그의 삶에 대한 태도는 페이스북이 쉼 없이 성장하는 원동력이 되고 있다.

자녀들이 컴퓨터 게임을 하는 것은 '디지털, 모바일 콘텐츠 소비'에 불과하다. 그러나 소비를 잘 한다고 부자가 되기는 어렵다. 어떤 시대든지 자신의 능력을 재산으로 바꾸는 이들은 생산을 하는 사람이기 때문이다. 자녀들의 호기심을 열정으로 바꿔 '디지털, 모바일 콘텐츠 생산'이라는 미래 부자의 길로 이끄는 것은 부모들의 노력에 달려 있다.

디지털 시대 또 하나의 무기
'팀 워크'를 키워라

우리가 '컴퓨터 천재'라고 하면 떠올리는 건 골방에서 홀로 컴퓨터 자판을 두드리고 있는 모습이다. 실제 영화나 드라마에서 주인공들이 컴퓨터와 관련된 문제를 해결하기 위해 전문가를 찾으면 남들이 찾기 어려운 창고 같은 곳에서 수많은 모니터를 켜놓고 홀로 뭔가 작업을 하고 있는 사람이 등장하기 일쑤다. 하지만 실제 디지털 시대에는 '팀 워크'가 중요하다. 거대한 컴퓨터 시스템을 한 사람이 모두 만들 수는 없기 때문이다.

페이스북의 최고경영자(CEO)로서의 마크 저커버그도 팀 워크를 강조하고 있다. 그는 팀 워크에 대해 "좋은 팀이라는 건 개개인의 부분 합에서 나오는 것보다 하나의 그룹으로서 내놓는 결정이 더 좋다는 의미다"라면서 "팀을 만들 때는 한 개인이 내놓는 결정보다 팀에서 나온 결정이 더 나을 수 있게 역동성을 유지하는 걸 고려해야 한다"라고 말했다. 마크는 한 컨퍼런스에서 "중요한 뭔가를 만들기 위해 노력하는 기업가로서 가장 중요한 것은 정말로 좋은 팀을 만드는 것이다. 그리고 그게 내가 모든 나의 시간을 쏟는 일이다. 나는 내 시간의 25%를 회사 안팎을 뒤져 좋은 사람을 찾고 채용하는 데 데 쓴다"고 말했다.

마크 저커버그의 가족은 '팀워크'를 키우기 위한 최상의 환경을 조성했다. 누나와 여동생 둘이 있었던 마크는 서로 다투기도 했지만, 어릴 때부터 팀으로 어울려 뭔가를 해야만 했던 것이다.

마크가 아버지 에드워드에게서 첫 개인 컴퓨터를 선물 받은 열 살 무렵에 저커버그 가족 아이들의 관심사는 영화 '스타워즈'였다. 그래서 열세 살 마크와 열다섯 살 누나 랜디는 '스타워즈' 영화를 흉내 내 비디오를 찍겠다는 프로젝트를 기획한다. '스타워즈' 영화 원작은 1980년대 초반 즈음에 나왔지만 당시는 최신 특수효과를 가미해 다시 제작된 '스타워즈 삼부작'이 개봉했던 때였다. 에드워드가 아이들이 비디오 카메라를 써도 좋다고 허락하자, 각자 역할을 나눠 맡아 비디오를 찍었다. 누나 랜디는 감독과 다스 베이더와 솔로 역할, 마크는 주인공인 루크, 여동생 도나는 리 공주를 맡았다. 그리고 막내 여동생 애리얼은 쓰레기통을 뒤집어쓰고 작은 로봇 R2D2 분장을 했다. 누나 랜디는 다음과 같이 당시를 회상했다.

"그것은 우리가 어렸을 적에 경험해 볼 수 있는 가장 놀랍고도 두고두고 기억할 만한 프로젝트였다. 우리는 대본을 썼고 서로 아이디어를 모아서 장면을 구성했다. 처음부터 끝까지 스스로 모든 기술 도구를 개선해 나갔다. 우리 모두에게 엄청난 학습 경험이었다."

마크는 여동생들과 같이 놀기 위해 컴퓨터 프로그램을 개발하기도 했다. 눈 내린 겨울 어느 날 마크는 여동생들과 눈싸움을 하고 싶었다. 하지만 여동생들은 "춥다"며 밖에 나가기를 꺼렸다. 마크가 찾은 해법은 눈싸움을 하는 컴퓨터 게임을 개발하는 것이었다. 눈싸움을 하고 싶어 하는 마크와 밖에 나가기 싫어하는 여동생들이 모두 '윈-윈' 하는 상황을 만든 것이다.

팀 워크 기량을 키우게 되면 남에 대한 배려가 늘어나게 된다. 궁극적으로 최고경영자(CEO)가 되면 공감 능력이 발휘되고 직원들의 즐거운 기를 살려 경영 성과를 올리는 '펀 경영'으로 이어지기 마련이다.

저출산 시대가 되니까 한 가정에 아이가 한 둘인 경우가 대부분이다. 실제 2015년 나온 우리나라의 '제1차 아동정책 기본 계획'에 따르면 한 가구 평균 자녀수는 1.6명에 불과하다. 저커버그 가족처럼 가족 내에서 '팀 워크'를 가르치기는 어려운 형편이라는 것이다. 이를 보완하기 위해선 친척 간의 교류를 늘리거나 자녀가 학교 등 가정 밖에서 팀 워크를 키울 수 있는 다양한 프로그램에 참여하도록 할 필요가 있다.

의사 부모였지만
자녀에겐 기업가 정신을 키워줘

마크가 어릴 때 했던 첫 사업은 누나 랜디와 함께 시작한 '이웃 집 눈 치워주기' 사업이었다. 미국 부모들은 아이들이 스스로 일을 해서 용돈을 벌 수 있는 기회를 찾는 걸 장려하는 경향이 있다. 대표적인 게 저녁 때 가까운 이웃집의 어린아이를 돌보거나 더운 여름에 집 앞에서 소다수를 파는 것 등이다. 마크 가족은 바쁘거나 일손이 부족해 눈을 못 치우는 이웃집의 눈을 대신 치워주는 걸 아이들의 사업 아이템으로 잡았다. 한 집을 치우고 5 달러를 받아선 참여한 아이들끼리 나눠 가졌다. 어릴 적부터 자신들의 사업을 기획하고 실행할 수 있도록 해서 '기업가 정신'을 키우게 한 것이다.

또 아버지 에드워드는 치과 의사이긴 했지만, 마케팅 능력이 뛰어난 사람이었다. 병원 홈페이지를 만들고 나중엔 치과 의사들 사이에서 아들이 CEO로 있는 소셜미디어 회사의 페이스북을 활용하라고 외치고 다니기도 했다. '고통 없는 의사 Z'란 별명도 결국은 에드워드의 마케팅 능력에서 나온 것이다. 병원 내부를 환자들이 편안한 느낌을 가지도록 꾸미고, 병원 홈페이지엔 '겁쟁이도 맞춰 드립니다(We cater to cowards)'란 문구를 넣기도 했다. 최첨단 치과 설비를 갖춘 이유도 웬만하면 아프지 않게 치료하기 위한 것이라고 주변에 얘기하고 다녔다. 그런 아버지의 마케팅 능력도 아들이 '기업가 정신'을 키우는 데 도움이 됐을 것 이다.

그리고 에드워드의 교육 철학, 즉 자녀들이 열정을 가질 만한 일을 스스로 찾게 지켜보고, 자녀들의 관심사가 떠오르면 아낌없이 지원하다는 생각은 마크가 기업가로서 '도전'을 두려워하지 않게 했다. 2017년 현재는 페이스북이 소셜미디어 분야의 거대 기업으로 성장했지만, 도전 정신이 없었다면 태어나기 어려웠을지도 모른다. 페이스북이 탄생하던 2000년대 중반엔 이미 수많은 소셜 미디어 기업들이 시장을 장악하기 위해 경쟁하던 때였다. 미디어 업계의 거물 루퍼트 머독이 이끄는 뉴스코퍼레이션은 2005년 마이스페이스를 인수했다. 그때도 이미 2,500만 명의 회원을 확보하고 있었고 2006년에는 1억 명을 넘겼다. 마이스페이스는 당시 가장 방문객 수가 많은 소셜 미디어 사이트였다. 페이스북이 급성장 하고 있다고는 했지만 2005년 초까지 회원 수는 100만 명을 갓 님겼다. 하지만 페이스북은 도전을 두려워하지 않았고 2009년 2억 명이 넘는 이용자를 확보하면서 마이스페이스를 넘어섰다. 2016년 말 현재 페이스북은 18억 6,000만 명의 이용자를 확보해 명실상부한 세계 최대의 소셜 미디어로 성장했다. 마크는 2011년 Y 컴비네이터 스타트업 스쿨에서 "정말로 빠르게 변화하는 세상에서, 실패하는 유일한 전략은 리스크를 감수하지 않는 것"이라고 말했다.

그렇다고 마크에게 포기하고 싶던 순간이 없었던 것은 아니다. 창업 초기인 2004년 마크는 자금 부족으로 회사 문을 닫을 위기에 처했다. 투자자들을 쫓아 다녔지만 당장 돈을 성큼 주겠다는 투자자를 찾기 어려웠다. 그 때 마크의 부모는 "포기하지 말라"고 했다. 보통 부모라면 대학을 중퇴하고 사업을 하겠다는 아들이 못 미더워 보일 수도 있었지만 마크의 부모는 달랐다. 격려하는 데서 그치지 않고 8만 5,000달러의 운영자금도 내 줬다.

페이스북 이사회는 이 같은 초기 지원을 보상하기 위해 2009년 마크 저커버그 아버지에게 200만 주를 배정하는 결정을 했다. 이 주식의 가치는 2012년 5월18일 페이스북이 상장했을 때 8,400만 달러, 약 970억 원에 달했다. 게다가 페이스북 주가 상승에 따라 이 주식 가치는 더 불어났다. 2017년 1월 현재 페이스북 주가는 상장 때보다 3배 가까이 올라 있다. '기업가 정신'을 북돋아 준 저커버그의 부모도 그에 걸맞는 보상을 받았다.

디지털 시대에 맞는 창의성을 키워줘라

글로벌 웹 호스팅 회사인 고대디(GoDaddy)는 2016년 9월 전세계 전문직 종사자 7,200여 명을 대상으로 세대별로 '기업가 정신'이 어떻게 변화하는지 설문조사를 했다. 10년 안에 창업을 준비하겠다는 응답은 세대가 갈수록 점점 강해졌다. 베이비부머(51~70세)의 21%가 창업을 하겠다고 했는데, X세대(36~50세)는 38%가, 밀레니얼 세대(15~35세)는 50%가 창업을 하겠다고 했다. 그 만큼 젊은 세대로 갈수록 창업 욕구가 커진다는 것이다.

그런데 고대디의 조사에서 더 흥미로운 것은 세대별로 '롤 모델'을 누구라고 생각하느냐는 질문에 대한 응답이었다. 밀레니얼 세대의 40%는 페이스북 CEO 마크 저커버그를 롤 모델로 생각한다고 대답했다. 부모를 롤 모델로 생각한다는 대답은 30%로 저커버그보다 너 직은 표를 받았다. 밀레니얼 세대보다 윗 세대에선 저커버그 보다는 부모를 롤 모델로 생각한다는 대답이 더 많았다. 밀레니얼 세대는 어릴 때부터 인터넷을 사용해 IT(정보기술)나 스마트폰 등 IT 기기의 사용에 익숙하다. 밀레니얼 세대에게는 '디지털 시대의 젊은 억만장자'를 표상하는 마크 저커버그가 인생의 나침반을 보여주는 사람인 것이다.

　마크의 부모인 에드워드와 카렌은 그에게 디지털 시대에 성공 무기를 쥐어 주었다. '창의성'과 '컴퓨터 프로그래밍 교육'이다. 그런데 그 무기를 쥐어 주는 방식이 소위 '타이거 맘(호랑이 엄마)'식의 교육은 아니었다. 타이거 맘은 동양식으로 자녀를 엄격하게 훈육하는 방식으로, 에이미 추아 미 예일대 교수가 펴낸 2011년 '호랑이 엄마의 군가'란 책을 통해서 전 세계적으로 유명해진 자녀 교육 방식이다. 마크의 아버지 에드워드는 라디오 방식 인터뷰에서 "육체적인 훈육 방식은 전혀 신뢰하지 않는다"고 힘줘 말했다. 대신 그는 아이들이 스스로 관심사를 찾아내도록 다양한 경험을 할 수 있도록 기회를 줬다. 마크가 어릴 적부터 컴퓨터와 쉽게 접할 수 있는 환경을 만들어 줬지만, 강요한 것은 아니었다. 한국과 마찬가지로 미국도 아버지가 의사라면 아들에게 의사가 되기 위한 공부를 할 것을 강제하는 분위기가 팽배했지만, 에드워드는 강요하지 않았다. 다만, 한 번 자녀의 관심사가 나타나면 도전하도록 격려하고 포기 하지 않도록 가이드 하는 역할을 했다. 마크가 컴퓨터 프로그래밍에 흥미를 느끼자 개인 교사를 붙여 주고 근처 대학에서 하는 전문 강의를 데리고 다닐 정도로 지원을 아끼지 않았다. 토론식 교육으로 창의성을 키울 수 있는 사립학교에도 보냈다.

　물론 우리나라 부모들이 마크 부모의 교육 방식을 일거수일투족 따라 할 일은 아니다. 우리나라와 미국의 교육 환경이 다르다는 것도 감안해야 한다. 다만 세상이 디지털, 모바일 시대로 급격하게 변하고 있다는 것

부자들의 자녀교육

을 깨달아야 한다. 우리 아이들은 어릴 때부터 스마트폰, 태블릿PC 등 디지털 기기를 쉽게 접할 수 있는 '디지털 원주민'들이다. 곧 인공지능과 함께 어울려 생활하는 세상이 펼쳐질 것으로 전망된다. 부모 세대는 커서 디지털 기기를 소비하게 된 '디지털 이민자'들이다. 이런 디지털 원주민과 디지털 이민자의 개념은 마크 프렌스키란 미국 저술가가 2001년 '디지털 원주민과 디지털 이민자'라는 논문에서 처음 사용한 것이다.

해외에 나가서 조금이라도 생활해 본 사람은 '원주민'과 '이민자'의 차이를 금세 눈치 챌 수 있을 것이다. 이미 그 사회의 각종 숨어 있는 코드에 익숙한 원주민과 모든 걸 새로 배워야 하는 이민자의 차이는 극명하다. 우리 부모들이 소위 '원어민 영어 교육'을 선호하는 이유도 거기 있다. '디지털 이민자'인 부모 세대가 '디지털 원주민'인 자녀 세대의 미래를 사전에 규정하는 건 부질없는 일일 수 있다는 것이다. 그런 의미에서 마크 아버지인 에드워드의 자녀 교육 방식을 이해할 필요가 있다. 개방된 마음으로 호기심을 키워주면 언제가 디지털 시대의 부자가 될 핵심 무기인 '창의성'이 길러질 것이다. 또 부모 스스로 신문물에 대한 호기심을 갖고 젊게 살다 보면 자녀들이 그런 부모를 보면서 미래의 성공에 필수적인 요소를 스스로 찾아갈 수 있을 것이다. 마크가 컴퓨터 프로그래밍에 흥미를 갖게 된 것은 그런 과정을 통해서였다.

마크 저커버그는 "나에게 있어 기업가 정신이라는 것은 단순히 회사를 설립하는 데 아니라, 변화를 창조하는 것이다"라고 말한 적이 있다. 창의성을 갖고 변화를 창조하는 게 기업을 세우고 이끌어가는 데 가장 중요하다는 것이다. 그것이 바로 디지털 시대에 부자가 되는 길이었다. 마크는 다음과 같이 그의 부자 공식을 요약한 적이 있다.

"페이스북을 시작할 때 나의 미션은 모든 사람에게 목소리를 주고 함께 소통하도록 하는 것이었다. 이런 게 이뤄지기만 한다면, 그 과정에서 장기적으로 돈을 번다는 것은 중요한 게 아니었다. 우리가 변화를 만들고 세상 사람들을 연결하는 데 노력한다면, 다시 말하면 좋은 일을 위해 일하고 사람들을 돕는다면 결국은 좋은 것의 일부분이 우리에게 돌아올 것이라고 믿었다."

마크가 '창의성'과 '재능'을 돈을 바꾸는 디지털 시대 부자의 전형을 보여줬지만, 거기서 끝이 아니었다. 마크는 2015년 말 딸 맥스를 얻으면서 전 재산의 99%를 기부하겠다고 선언했다. 당시 가치로 450억 달러, 약 52조 원에 달하는 페이스북 지분이었다. 딸에 대한 '출산 선물'이 기부 약속인 것이다. 마크는 '딸에게 보내는 편지'를 통해 기부 이유를 밝혔다. 마크는 편지에서 "페이스북을 만들어 다음 세대를 위해 세상을 개선할 자원들을 창조했다"며 딸이 살아갈 세상을 보다 좋게 만들기 위해 다음 세대의 잠재력을 키우고 평등을 확산시키는 데 지금까지 번 돈을 쓰겠다고 했다.

마크의 '창의성'은 이처럼 방종으로 흐르지 않고 다른 사람을 배려하는 자제력이 있기에 더욱 빛나는 것이다. 마크는 연봉도 상징적으로 1달러, 복장도 매일 회색 티를 입고 다니는 검소한 모습을 보이고 있다. 엄청난 재산을 기부하겠다는 것도 디지털 세대에게 귀감이 되고 있지만, 그 많은 재산을 흥청망청 써대지 않는 것도 디지털 세대가 따라할 모습이 되고 있다.

마크의 절제하는 삶은 어릴 때 부모에게서 배운 것이다. 마크의 부모는 '타이거 맘' 같은 강제 훈육 방식을 사용하지 않았지만, 그렇다고 모든 것을 아이들의 결정에 맡기는 '방목하는 부모'도 아니었다.

"장소에 맞지 않는 행동을 한 경우엔 바로 그 자리에서 아이들에게 알

부자들의 자녀교육

려 줘야 합니다. 그런 행동은 누구도 참지 않는다고 말해야 합니다. 아주 어릴 때 잘못된 행동에 대해 하지 말라고 말해야 아이들이 부모가 어떤 일에 대해 어떤 감정을 가지는 지 배울 수 있습니다."

마크의 아버지 에드워드는 이같이 아이들에게 한계가 있다는 것을 명확히 해야 한다고 말했다.

디지털 시대는 싸고 쉽게 디지털 콘텐츠를 소비할 수 있는 시대다. 그러다 보니 아이들이 자제하는 능력을 키우기 어렵게 됐다. 마크의 누나 랜디는 '디지털 용돈'이란 개념을 갖고 아이들이 절제하는 방법을 익히게 할 필요가 있다고 조언한다. 디지털 기기를 사용할 수 있는 시간을 용돈처럼 아이들이 집안일을 한다거나 노력에 대한 대가 등에 따라 배분하라는 것이다. 디지털 소비를 절제할 줄 알아야 디지털 시대에 부를 만들 수 있는 디지털 콘텐츠 생산으로 넘어갈 수 있기 때문이다. '창의성'과 '재능'을 재산으로 만들려면 '절제'가 전제돼야 한다.

록펠러 2세의
'짠돌이' 경제 교육

록펠러 집안의 부자 공식

용돈 교육을 철저히 시켜라

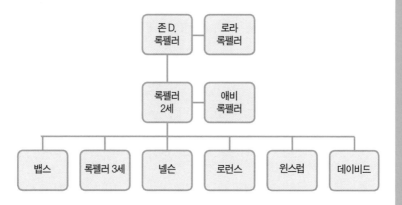

록펠러 2세의 '짠돌이' 경제 교육

부자로 살려면

용돈 교육부터 제대로 받아야

록펠러 2세(John David Rockefeller Junior)는 20세기 초 세계 최고 부자였던 존 데이비드 록펠러(John David Rockefeller)의 외아들이다.

아직 록펠러 2세의 자녀들이 10대였던 1920년대에 매주 토요일이면 그가 살고 있는 뉴욕 54번가 10번지의 9층짜리 저택에선 특별한 행사가 열렸다. 그의 여섯 자녀는 용돈 기입장을 들고 한자리에 모여야 했다. 엄숙한 분위기에서 록펠러 2세의 용돈 기입장 검사가 시작됐다.

"윈(넷째 아들인 윈스럽의 애칭), 이번 주도 저축할 돈이 거의 남지 않았구나. 존(첫째 아들인 록펠러 3세의 애칭)의 장부를 봐라. 허튼 데 돈을 쓰지 않고 아껴서 남은 돈으로 저축하고 교회에 기부까지 하지 않았니?"

록펠러 2세의 용돈 관리는 체계적이었다. 그는 아이들에게 일주일 단위로 용돈을 주면서 사용처를 정확하게 장부에 적도록 했다. 용돈 기

| 존 D. 록펠러 2세

입장 검사는 아버지의 몫이었다. 가이드라인도 있었다. 용돈의 3분의 1은 아이들이 개인적인 용도로 사용할 수 있었지만, 3분의 1은 저축을 해야 했고 나머지 3분의 1은 기부에 사용해야 했다. 아버지가 정한 가이드라인을 정확히 따라서 제대로 용돈을 사용하고 장부를 기입한 아이들에게는 5센트를 상으로 주고, 저축이나 기부를 하지 않고 돈을 낭비한 아이에게는 5센트의 벌금을 매겼다.

록펠러 2세는 단순하게 용돈 기입장의 숫자가 맞는지 맞추는 것에 그치지 않았다. 용돈 쓴 곳이 이상하다고 생각하면 자세히 물어봤다. 아이들은 용돈의 사용처에 대해서 자세히 해명해야 했다. 첫째 아들인 존(록펠러 3세)은 항상 아버지의 모범생이었다.

록펠러 2세는 미국 최고의 부자였지만 자녀들의 용돈은 넘치지 않게 줬다. 첫 용돈은 30센트부터 시작했다. 자녀들의 용돈을 받기 시작한 나이는 대략 일곱 살 전후였다. 첫째 딸인 뱁스는 열 살 때부터, 첫째 아들인 록펠러 3세는 일곱 살 때부터 용돈을 받았다. 그 후에는 얼마나 성실하게 용돈을 관리했느냐를 아버지가 따져서 기본적으로 주는 용돈 금액을 늘여갔다.

30센트는 돈의 가치가 지금보다 높았던 당시로서도 상당히 적은 금액이다. 하루는 이런 일도 있었다. 막내아들 데이비드의 학교 친구가 자기

부자들의 자녀교육

아버지에게 용돈을 올려달라고 칭얼댔다. 아들의 요구에 견디다 못한 그 친구의 아버지는 "데이비드 록펠러가 얼마나 용돈을 받는 지 알아 와라. 그러면 그 수준에 맞춰 줄게"라고 말했다. 하지만 그 아버지는 자기 아들이 그 이후로 용돈을 올려달라는 얘기를 하는 것을 듣지 못했다고 한다. 그 아이는 일주일에 1달러를 용돈으로 받고 있었는데, 데이비드는 일주일치 용돈으로 30센트밖에 받지 못하고 있었던 것이다.

록펠러 2세의 용돈 교육 방법은 아버지 존 D. 록펠러에게서 배운 것이다. 용돈 기입장 검사를 할 때면 가끔씩 아이들의 할아버지가 작성했던 가계부 원장인 '장부(Ledger) A'를 펼쳐서 보여줬다. 존 D. 록펠러는 18살 때 첫 직장에 출근한 이후부터 가계부를 작성했다. '장부 A'에는 록펠러의 수입과 지출, 저축과 투자, 그리고 기부 항목이 1전 단위까지 세세하게 적혀 있다. 록펠러는 아들이 어렸을 적 자신의 '장부 A'를 펼쳐 보이며 장부 기입 요령과 복식부기 방법을 가르쳤다. 그리고 "재산이라는 것은 성실하게 관리하라고 신(神)이 잠시 맡겨놓은 것이기 때문에 낭비하지 않는 게 도리"라고 반복해서 얘기했다.

일목요연하게 자신의 씀씀이를 적다 보면 낭비하고 싶은 욕망이 사라지게 되는 것은 가계부를 써본 사람들이라면 쉽게 이해할 수 있는 일이다. 록펠러 2세는 자녀들에게 엄격한 용돈 교육을 한 이유에 대해 "나는 항상 돈 때문에 우리 아이들의 인생이 망가질까봐 걱정했다. 나는 아이들이 돈

| 존 D. 록펠러가 기입했던 가계부인 장부 A

> "나는 항상 돈 때문에 우리 아이들의 인생이 망가질까봐 걱정했다. 나는 아이들이 돈의 가치를 알기를 원했고, 쓸데없는 곳에 돈을 낭비하지 않기를 원했다."

의 가치를 알기를 원했고, 쓸데없는 곳에 돈을 낭비하지 않기를 원했다"고 말했다.

아버지 록펠러의 용돈 교육은 아들에게만 이어진 것이 아니다. 록펠러 2세의 누나들도 자녀들에게 엄격한 용돈 교육을 시키기로 유명했다. 록펠러 바로 손위 누나인 앨타의 아들인 스펠먼은 록펠러 2세의 아이들이 "아버지가 너무 엄격하다"고 투덜대면 "너희 집은 우리 집에 비하면 별것 아니야"라고 했다고 한다. 앨타는 자녀들에게 록펠러 집안 식의 엄격한 용돈 교육을 시키면서 집안의 규칙을 지킬 것을 요구했고, 조금이라도 잘못을 하면 봐주는 일 없이 용돈을 깎아버렸다.

재산은 모으는 것보다
지키기가 더 어렵다

역사상 왕이나 독재자가 아니면서 가장 많은 돈을 모았던 사람은 바로 존 D. 록펠러다. 1998년 미국의 역사 잡지인 아메리칸 헤리티지가 갑부들의 재산이 국민총생산(GNP)에서 차지하는 비중을 가지고 과거 부자들의 재산을 다시 계산한 적이 있다. 1위는 단연코 존 D. 록펠러였다. 록펠러가 전성기에 모았던 재산은 9억 달러로 1913년 당시 국민총생산의 44분의 1에 달했다. 이는 1998년 가치로 다시 계산하면 1,895억 달러에 달하며, 현재 가치로 따지면 3,000억 달러를 넘어설 것으로 추정된다. 우리 세대의 세계 최고 부자인 빌 게이츠의 재산(약 860억 달러)의 3배가 넘는다. 이렇게 부자였던 록펠러의 아들 록펠러 2세는 평생을 일하지 않고 먹고살 수 있을 만한 재산을 물려받았다. 하지만 록펠러 2세는 아버지로부터 물려받은 재산이 아니라 자신이 세상에 기여한 바를 가지고 평가받기를 원했다. 또 자신의 자녀들도 세간에서 손가락질 받는 흥청망청 돈을 허비하는 부잣집 아이들이 아니라 사회에 기여하는 사람들로 키우고 싶었다.

결과적으로 그의 노력으로 록펠러 가문은 19세기 말에서 20세기 초까지 미국의 자유방임적 자본주의 시기에 발흥했던 '부자 가문' 중에서는 거의 유일하게 재산을 지킬 수 있었고, 3대가 넘게 부자 집안을 유지할 수 있었다.

록펠러 2세의 첫째 아들인 록펠러 3세는 명문 프린스턴 대학을 나와 아버지가 세운 자선재단을 도맡아 운영했고, 장손인 록펠러 4세(제이 록펠러라고도 불린다)는 웨스트버지니아 주지사, 미국 상원의원을 지냈다. 둘째 아들 넬슨 록펠러는 자선사업을 하다 정치에 뛰어들어 뉴욕 주지사를 지냈고 1970년대 미국 포드 대통령 시절에는 부통령까지 역임했다. 셋째 아들 로런스 록펠러는 프린스턴 대학을 졸업하고 미국에서 벤처 투자라는 영역을 개척한 사람 중 하나가 됐다. 넷째 아들 윈스럽 록펠러는 아칸소 주지사를 지냈다. 막내아들 데이비드 록펠러는 하버드 대학을 나와 시카고 대학에서 경제학 박사 학위를 받았고, 12년간 체이스맨해튼 은행의 은행장을 지냈다. 록펠러 2세의 아들 중 2017년 101살로 생을 마감하기 전까지 세계 최고령 억만장자라고 불렸던 데이비드 록펠러가 생전에 지켰던 개인 재산은 33억 달러(약 3조 8,000억 원)였다. 3대까지 억만장자 지위를 지킨 것이다.

록펠러 집안과 대비해서 자주 거론되는 게 밴더빌트 집안이다. 코넬리우스 밴더빌트(Cornelius Vanderbilt)는 1810년 뉴욕 남쪽의 스태튼 섬에서 한 척의 여객선으로 증기선 운항 사업을 시작해 50년 만에 4,000만 달러를 모으고, 다시 철도 사업에 뛰어들어 그가 죽은 1877년에는 10억 달러에 가까운 재산을 자녀들에게 남겼다. 1998년 역사잡지 아메리칸 헤리티지가 당시 가치로 다시 추산한 그의 재산은 959억 달러로 역사상 록펠러, 카네기에 이어 세 번째로 많은 재산을 모은 사람이었다.

그가 10명의 자녀와 23명의 손자, 손녀에게 남긴 유언은 "함께 돈을 지켜라"였다. 하지만 그의 자손들은 그의 말을 심각하게 받아들이지 않았다. '아끼다'란 단어는 그들의 사전에 없는 듯했다. 뉴욕 5번가에 줄지어 서 있던 윌리엄 헨리 밴더빌트(장남)와 밴더빌트 2세(장손) 등 자손들의 저택에는 미국 최고의 부자 가족들과 정치인들이 모여들어 매일 밤 파티가 열렸다. 그들은 요트, 말, 보석, 미술품 등을 구입하고 저택을 꾸미는 데 아낌없이 돈을 썼다.

세상에 마르지 않는 우물은 없는 법이다. 밴더빌트가 죽은 지 48년이 되던 1925년, 그의 직계 증손자이자 가문의 관리자 역할을 이어받았던 레지널드는 고작 13만 달러를 부인에게 남기고 이승을 떠났다. 그는 아버지에게서 750만 달러를 물려받아 이자만 가지고도 충분하게 살 수 있었지만 도박과 방탕한 생활로 원금까지 까먹고 결국에는 쥐꼬리만큼 재산을 남겼다. 미망인은 사치스러웠던 생활을 갑자기 줄이지 못해 친척들의 도움으로 살아가야 했다.

5번가를 따라 줄지어 서 있던 밴더빌트 가의 저택들은 하나 둘 다른 주인을 찾아갔다. 팔려나간 저택은 해체돼 사무실 빌딩으로 바뀌었고 내부에 있던 가구와 장식품들은 경매에 부쳐졌다. 밴더빌트가 죽은 지 70년이 되던 1947년, 5번가에 마지막까지 남아 있던 저택 한 채가 해체됐다.

1973년 미국 내쉬빌의 밴더빌트 대학에서는 그가 죽은 후 처음으로 '가족 재회의 날' 행사가 열렸다. 120여 명의 후손이 모였다. 밴더빌트 가문 연구서 『부(富)의 아이들Fortune? children』의 저자이자 밴더빌트의 먼 친척인 아서 밴더빌트 2세는 "그날

| 뉴욕주 하이드 파크에 있는 밴더빌트 맨션. 코넬리우스 밴더빌트의 손자인 윌리엄 밴더빌트의 기을 별장이었다. 수십 채의 밴더빌트 가문 저택 중에서 가장 검소하다고 하는데 방이 54개나 된다.

모인 사람들 중에 백만장자는 한 명도 없었다"고 적었다. 그가 책을 쓰던 1989년 록펠러 가문은 5명을 미국의 400대 부자 순위에 올려놓고 있었고, 전 집안의 재산도 50억 달러로 불어나 있었다. 하지만 밴더빌트 가문은 부자 순위에 1명도 없었다. 막대한 재산은 책임감을 가지고 지키는 사람 없이 어디론가 사라져버렸다. 밴더빌트의 손자 윌리엄 밴더빌트는 "부는 나에게 바랄 게 아무것도 없게 해줬다. 돈이 많으니 애써서 찾거나 구해야 할 것이라고 스스로 규정할 것도 없었다. 물려받은 재산은 행복을 추구하는 것을 방해하는 방해물에 불과했다"고 말했다고 한다. 미국 매사추세츠 주에 있는 가족기업연구소(Family Firm Institute)에 따르면 미

국의 가족기업 중 창업 후 4세대까지 살아남는 경우는 3% 정도에 불과하다고 한다. 그만큼 대를 이어 재산을 지키기가 어렵다는 뜻이다.

록펠러 가문과 밴더빌트 가문의 경쟁과 관련해서 록펠러 2세가 좋아하는 일화가 하나 있었다. 록펠러 2세의 아들 친구 중 한 명이 록펠러 가문이 소유한 요트가 생각보다 작은 것을 보고서는 다음과 같이 물어봤다고 한다. "너희들 좀더 크고 좋은 요트를 사야 되는 것 아니니?" 그랬더니 록펠러 2세의 아들들은 어이가 없다는 듯이 "우리가 누구인 것 같아? 우리가 밴더빌트 집안인줄 알아?"라고 반문했다는 것이다. 록펠러 2세는 이런 얘기가 시중에 떠돈다는 걸 알고 '자식들을 제대로 교육시켰다'고 기뻐했다고 한다.

누구나 부자가 되고 싶어한다. 평범한 사람들로서는 부자만 되면 인생의 목표를 이뤘다고 자축하면서 지낼 것만 같다. 하지만 부자들은 재산을 모으는 것보다 지키는 게 더 어렵다고 말한다. 그렇기 때문에 '부자가 3대를 못 간다'는 속담이 있는 것이리라.

이것은 록펠러처럼 부자는 아닐지라도 물려줄 재산이 있는 평범한 사람들에게도 동일하게 적용되는 원리다. 지금 있는 재산을 자녀들이 더 불리게 하려면 어떻게 해야 할까? 지금 당장 자신의 자녀와 주변에 있는 아이들을 관찰해보라. 어떻게 하면 주어진 돈을 잘 관리할지, 그 돈을

> 록펠러 2세는 자신의 자녀들을 흥청망청 돈을 허비하는 부잣집 아이들이 아니라 사회에 기여하는 사람들로 키우고 싶었다. 그 노력으로 록펠러 가문은 미국에서 3대 넘게 부자로 남는 거의 유일한 부자 가문이 되었다.

불릴 수 있을지 고민하는 아이들을 찾아보기 힘들다. 우리 아이들을 부자로 만들어주려면 제대로 된 용돈 교육과 경제 교육이 필요하다는 것을 록펠러 집안에서 확인할 수 있다.

돈은 노력을 통해서
벌어야 한다

록펠러 2세의 용돈 교육은 단순히 용돈 기입장 쓰는 요령을 가르친 것은 아니었다. 자녀들은 아버지가 주는 용돈을 잘 관리하는 것뿐만 아니라 스스로 용돈을 버는 방법을 배워야 했다. 기본적으로 주는 용돈이 적었지만 '용돈은 일주일에 30센트만 준다'는 식으로 고정된 것은 아니었다. 아이들이 더 많은 용돈을 받기 원한다면 작더라도 집안일을 해야 했다. 어릴 때부터 '돈은 공짜로 남이 주는 게 아니라 노력을 해서 벌어야 하는 것'이라는 교훈을 몸으로 익히게 하기 위한 시스템이었다.

록펠러 2세의 집에는 아이들의 거의 모든 행동에 대해 마치 가격표가 붙어 있듯이 정해진 가격이 매겨져 있다. 노력을 기울여 한 일에 대한 대가로 용돈을 늘릴 수 있는 길을 만들어놓은 것이다. 예컨대 아이들이 다락방에서 쥐를 잡으면 한 마리당 5센트를 받을 수 있었다. 파리를 잡으면 100마리당 10센트의 대가가 주어졌다. 정원에서 잡초를 뽑거나 잔디를 깎아도 대가가 있었다.

록펠러 2세는 주로 용돈을 이용한 '당근' 전략을 사용해서 아이들을 정신적으로 또 육체적으로 단련시켰다. 하루는 록펠러 2세가 보기에 아이들의 운동량이 부족해 보였다. 그는 뉴욕 한복판에 있는 저택 외에도 교외에 포컨티코(pocantico)라고 이름 붙인 별장 지대를 소유하고 있었다. 포컨티코의 넓이는 여의도의 4배가 넘었다. 그는 아이들을 포컨티코에 보내면서 만약 산책 코스를 걷는다면 1마일(약 1.6km) 당 10센트씩 주겠다고 했다. 둘째 아들 넬슨과 셋째 아들 로런스는 서로 죽이 맞는 사이였다. 용돈을 벌기 위해 둘이 앞서거니 뒤서거니 걷기 운동에 나섰다. 어느새 두 아들이 받아야 할 용돈이 각각 15달러씩이나 됐다. 넬슨은 아버지에게 빨리 별장에 오라고 편지를 보내면서, "빨리 우리를 보러 오시지 않으면 아버지는 (우리에게 밀린 용돈을 주느라) 파산할지도 몰라요"라고 썼다.

아버지의 '당근' 전략의 하이라이트는 자녀들의 금연, 금주 선언이었다. 록펠러 2세는 만약 아이들이 21살까지 금연, 금주를 한다면 2,500달러의 상금을 주겠다고 했다. 집에서만 생활한다면 금연, 금주가 가능하겠지만, 학교에 다니면 친구들과 어울리면서 담배와 술을 입에 대기 쉽다. 용돈이 궁했던 그들에게 2,500달러는 상상하기 힘든 큰돈이었지만 세상의 유혹을 이기기는 힘들었다. 여섯 자녀 중 넬슨, 로런스, 데이비드 등 세 명만이 상금을 챙길 수 있었다.

포컨티코 별장 지대는 록펠러 2세 자녀들이 '노동의 가치'를 배우는 경제 교육 체험 학습장이기도 했다. 아이들은 별장 지대 한 구석에 자기들만의 정원이 있어서 채소 씨를 뿌리고 가꿀 수 있었다. 그들은 자기가 키운 채소를 거둬 인근의 채소 가게에 내다 팔기도 했다. 어린 넬슨과 로런스는 자신들이 키운 채소를 이용해서 비즈니스를 하기도 했다. 그들은 할아버지가 세운 록펠러 의학연구소에서 연구용 토끼 암놈과 수놈을 빌려왔다. 토끼가 새끼를 낳으면 의학연구소에 되팔았다. 둘은 8마리의 새끼 토끼를 팔아 13달러의 수익을 올릴 수 있었다. 그들은 나중에 커서 '토끼 비즈니스'에 대해 "우리는 아주 어릴 때부터 남에게 의존하지 않고 스스로 필요한 것을 충분히 얻을 수 있게 살아야 한다고 배웠다"고 회상했다.

록펠러 2세 부부는 자녀들이 집안의 부가 없어도 세상에 나가 경쟁력 있는 사람이 돼야 한다는 것을 가르쳤다. 그렇게 하기 위해서는 독립심을 키워주는 게 중요했다. 부부는 수요일 저녁은 남의 도움을 받지 않고 아이들끼리만 한 끼 식사를 준비하도록 했다. 그날이 되면 아이들은 식모나 급사들의 도움을 받지 않고 밀가루를 체질하고 야채를 썰어서 음식을 준비해야 했다. 록펠러 2세는 아이들에게 다림질하는 법도 손수 가르쳤다. 부잣집 아이로 태어나 평생 다림질할 일이 없을 수도 있지만 남들이 하는 일은 모두 할 수 있어야 한다는 생각이었다.

아이들에게 일을 시키는 것도 중요하지만 일을 제대로 하고 있는지 점검하는 것도 중요했다. 하루는 둘째 아들 넬슨이 포컨티코에 있는 화원에서 잡초를 솎아내는 일을 하고 있었다. 지나가던 정원사가 다가와 "도련님, 도와드릴까요"라고 했다. 넬슨은 정색을 하며 머리를 가로저었다. "그러지 마세요. 내가 일을 제대로 하는지 엄마가 점검하러 올 거예요." 실제로 조금 있다가 록펠러 2세의 아내는 아들이 농땡이를 부리고 있지는 않은지 점검하러 나타났다.

록펠러 2세 부부는 아이들에게 용돈 교육을 하고 집안일을 시키면서 아이들이 스스로 '부자가 되는 길'을 깨닫게 만든 것이다. 이미 부자인 부잣집 아이들에게 '부자가 되려면 버는 돈이 쓰는 돈보다 많게 만들

> "우리는 아주 어릴 때부터 남에게 의존하지 않고 스스로 필요한 것을 충분히 얻을 수 있게 살아야 한다고 배웠다"

고, 수입을 늘리기 위해서는 땀을 흘려 돈을 모아야 한다'고 아무리 말로 해도 알아들을 리 만무하다. 사실 이건 부잣집 아이가 아니라 평범한 집 아이들도 마찬가지다. 당장 자신의 자녀에게 물어보라. '돈은 어디서 나오는 것이냐?'고 말이다. 많은 경우 '현금인출기에서 나온다'고 대답할 것이다. 일을 해서 돈을 벌어본 경험이 없는 아이들에게 돈이란 '하늘에서 갑자기 떨어지는 것'과 다르지 않다. 비록 자수성가해서 부자가 되는 과정을 직접 경험하진 않더라도 돈을 벌고 돈을 관리할 수 있게 교육을 받았을 때 부를 누릴 수 있는 자격이 생기는 것이라는 게 록펠러 2세의 생각이었다.

록펠러 2세의 용돈 교육이 100% 성공한 것은 아니다. 딸 뱁스(큰딸 애비의 애칭)의 경우에는 실패에 가까웠다. 그녀는 용돈을 저축하거나 기부하는 것을 싫어했고, 때문에 항상 벌금을 내야 했다. 하지만 그녀는 용돈이 부족하다는 걸 느껴보지 못했다. 뱁스는 유일한 손녀딸이었기 때문에 할아버지 존 D. 록펠러한테서 언제든지 용돈을 받을 수 있었기 때문이었다. 아들의 용돈 교육에는 엄격했던 록펠러도 손녀딸의 재롱에는 쉽게 주머니를 열어줬던 것이다. 하지만 그녀도 성인이 돼서는 기부에 인색하지 않은 사람이 됐다. 아버지로부터 물려받은 재산을 이용해서는 자선 사업가로 활동했다.

허튼 데 돈을
낭비하지 마라

록펠러 2세의 생활은 사치스럽지도 않았지만 그렇다고 일반인이 보기에 검소한 것도 아니었다. 그는 뉴욕 한가

부자들의 자녀교육

| 포컨티코의 별장 정원. 록펠러 2세의 자녀들은 정원사가 있었음에도 불구하고 정원을 가꾸는 것을 도와야 했다.

운데 9층짜리 저택이 있었고, 뉴욕 근교에 포컨티코라는 별장 지대를 소유하고 있었다. 뉴욕의 저택은 화려하지 않았지만 집안에 가족용 체육관, 스쿼시 코트, 의무실과 엘리베이터 2대를 갖추고 있었다. 뉴욕 5번가에 줄지어 서 있는 다른 부자들의 호화로운 저택에 비하면 '검소'하다고 할 수 있었지만 결코 일반인들에게 그의 생활이 검소한 것은 아니었다. 그럼에도 불구하고 록펠러 2세가 자녀들에게 '아껴야 한다'는 생각을 반복해서 교육시킨 가장 중요한 이유는 '가치가 없는 곳에 돈을 낭비하지 않는다'는 원칙을 자녀에게 심어주기 위해서였다. 헤프게 사는 습관의

싹을 어릴 때부터 잘라줘야 한다는 게 그의 생각이었다.

이것은 아버지 록펠러의 원칙이기도 했다. 아버지 록펠러가 살던 19세기 미국은 전형적인 자유방임적인 자본주의 시대였다. 돈만 벌 수 있다면 온갖 부정이 난무하던 때였다. 그렇게 록펠러 시대의 부자들은 악착같이 돈을 모아서는 향락을 즐기고 사치품을 소비하는 데 돈을 허비하는 게 대부분의 경우였다. 하지만 아버지 록펠러는 달랐다. 독실한 기독교 신자인데다 술, 담배는 입에다 대지 않았다. 다른 부자들 사이엔 프랑스와 스코틀랜드의 성을 사는 게 유행이었지만 미국 최고의 부자가 된 뒤에도 그는 그런 데 관심이 없었다. 미술품, 요트, 중세의 골동품도 관심 밖이었다. 그는 일벌레에다가 사치를 혐오하는 사람이었다. 결국 넘쳐나는 돈을 광산, 철도, 보험사, 은행, 제조업체 등의 주식과 채권에 투자했다. 주식과 채권은 다시 그에게 더 큰 부(富)를 가져다주는 것으로 보답했다.

록펠러 2세는 아버지의 원칙에 충실했다. 그의 부모는 그가 어릴 때부터 허튼 데 돈을 쓰지 않는 습관을 들였다. 또한 자신의 아이들과 마찬가지로 용돈 기입장을 매일같이 기록하고 아버지에게 검사를 받았다. 그의 윗옷 주머니에는 항상 용돈 기입장이 들어 있었다. 수시로 받은 돈과 쓴 돈을 꼼꼼하게 적었다. 그는 10살 때 술, 담배를 멀리한다는 서약을 했다. 그는 누나들의 옷을 물려받아 입었으며, 자전거 한 대를 누나들과 돌아가면서 나눠 탔다.

록펠러 2세는 커서 자신의 아이들에게 "'낭비'라는 죄를 범하지 말아라"라고 가르쳤다. 집안에 쓸데없이 불이 켜져 있으면 항상 "불을 꺼라"라고 했다. 식사 시간에도 접시에 음식물을 남기지 않는 것을 원칙으로 했다.

록펠러 2세는 집안에서만 낭비하지 말라고 얘기한 게 아니라 밖에 나가서도 똑같은 원칙을 가지고 생활해야 한다는 것을 아이들에게 몸소 보여줬다. 1920년 봄, 록펠러 2세 부부는 아이들과 함께 미국 전역을 둘러보는 2개월간의 가족여행을 떠났다. 뉴욕에서 출발해서 로키 산맥을 넘어 캘리포니아까지 방문하는 일정이었다. 식당칸, 전망대 등을 갖춘 가족들만의 전용 기차를 이용하는, 역시 일반인이 보기에는 검소한 여행은 아니었다. 미국의 최대 갑부 아들과 그 가족이 여행한다는 소식은 지역신문 기자들에게 좋은 뉴스거리였다. 그들이 가는 곳마다 기자들이 몰려 사진을 찍어대고 인터뷰를 요청했다. 아이들은 아버지와 어머니가 주목받는 사실에 우쭐했을 것이다. 여행을 다니다 보면 집에서 가르쳤던 원칙이 잠시 느슨해질 수도 있었을 것이다. 하지만 아버지는 느슨해지지 않았다. 큰 아이에게 계산을 시키면 다른 아이는 짐을 지키게 하고 또다른 아이에게는 심부름을 시켰다. 그리고는 아이들이 심부름을 얼마나 잘했나를 따져 일주일치 용돈을 줬다.

여행 중에 와이오밍 주에 있는 옐로스톤 국립공원을 방문했을 때의 일이다. 공원을 둘러보는 관광차 이용요금이 록펠러 2세의 생각보다 많이 나왔다. 그러자 록펠러 2세는 아이들 앞에서 공원의 관리인과 언쟁을 벌였다. 그는 "나는 내가 록펠러 집안 사람이라고 해서 비용이 더 청구되는 것을 좋아하지 않는다"고 투덜댔다. 공원 관리인은 카운터에서 걸어 나와 록펠러 2세가 납득할 때까지 비용 항목을 설명했다. 아이들에겐 부자 아버지가 허튼 데 돈을 쓰지 않기 위해 얼마나 노력하는지 교훈을 줬다.

또 한 번은 여행 중에 호텔에서 이런 일이 있었다. 온 가족이 머무르기 위해서 방 두 개를 빌렸는데, 그들이 들어간 방은 공교롭게도 방 두 개 사이에 화장실이 하나 있는 곳이었다. 호텔은 록펠러 2세에게 각각 화장실이 있는 방 두 개를 사용한 것으로 따져서 비용을 청구했다. 그러자 록펠러 2세는 호텔 직원에게 "나는 방 둘에 화장실 둘이 아니라 방 둘에 화장실 하나를 이용했다"고 따졌다. 나중에 둘째 아들 넬슨이 아버지에게 "왜 그렇게 따지시냐"고 물었다. 아버지는 "내가 이렇게 하지 않는다면 나중에 오는 사람은 이렇게 따지면 부끄러운 것 아니냐고 생각하고 따지지 않을 것 아니냐. 그렇게 되면 호텔 사람들은 그걸 이용해서 이득을 취할 수도 있기 때문이야"라고 말했다.

록펠러 2세는 20대 중반이 넘은 성장한 자녀들에게 이자로 생활비를 받아 쓸 수 있는 펀드를 만들어줬다. 1933년 첫째 딸 뱁스, 첫째 아들 존, 둘째 아들 넬슨에게 각각 320만 달러의 펀드를 만들어줬다. 그들이 각각 사용할 수 있는 펀드 배당금은 매년 12만 달러에 달했다. 다시 1934년 아이들에게 각각 1,200만 달러의 펀드를 만들어줬다. 록펠러 2세의 자녀들은 20대 중반에 단숨에 백만장자가 됐지만 어렸을 때부터 아끼는 습관을 다져왔기 때문에 소위 말하는 '벼락부자'가 됐음에도 자신의 재산을 헤프게 쓰지 않을 수 있었다.

록펠러 2세의 경제 교육에 충실한 제자였던 첫째 아들 록펠러 3세의 절약 습관은 유명하다. 그는 아버지의 뒤를 이어 뉴욕 록펠러센터에 있는 록펠러재단 사무실에 출퇴근했다. 그는 개인 승용차로 기사가 딸린 리무진을 굴릴 수 있었지만 집에서 아파트까지 매일 걸어서 출퇴근했다. 그의 집은 록펠러센터에서 걸어서 30분 정도 거리에 있는 아파트였다. 비가 오는 날에도 택시를 타지 않고 버스를 타고 다녔다. 일찍 일어나서 걷는 게 건강에 좋다는 이유였지만 쓸데없는 데 돈을 쓰지 않겠다는 의지의 표현이기도 했다. 출장을 갈 때도 사무실에서 오전에 나와 점심때 공항에 도착하면 핫도그와 우유 한 잔으로 점심을 때우기 일쑤였다. 목적지에 도착하면 초청자가 보낸 리무진은 돌려보내고 택시를 타고 다녔다. 택시가 리무진 서비스보다 비용이 쌀 뿐만 아니라 택시 운전사들이 지리에 더 밝아 가고 싶은 곳에 더 빨리 도착할 수 있다는 이유였다.

절제하는 습관을
몸에 익히게 하다

경제 교육 전문가들에 따르면 용돈으로만 자녀의 행동을 컨트롤하려고 들면 아이들에게 스스로 절제하는 습관을 들일 수 없다고 한다. 예컨대 아침에 일찍 일어나는 것, 숙제를 하는 것, 식사 준비를 돕는 것 등은 당연히 해야 할 일들이다. 이런 일들에 용돈을 주기 시작하면 아이들이 스스로 판단해서 절제하는 습관을 들이는 게 아니라 돈을 조건부로 따져 일을 하게 되어 아이를 '돈의 노예'로 만들고 만다.

록펠러 2세는 록펠러 가족의 일원으로 당연히 해야 할 규칙을 정했다. 그리고 그 규칙을 엄격히 지키는 것에 대해서는 용돈을 조건으로 걸지 않았다.

록펠러 2세의 가족은 매일 아침 7시 45분에 식당에 모였다. 록펠러 2세가 주재하는 가족 조찬이었다. 기도를 하고 간단하게 아침 식사를 한 다음 성경 공부 시간이 이어졌다. 아이들은 돌아가면서 소리 내어 성경을 읽었다. 주로 시편을 읽었다. 성경을 낭독한 후엔 아버지가 읽은 내용이 무슨 뜻인지 아이들에게 설명했다. 그리고 아이들의 숙제 검사가 이어졌다. 토요일에는 용돈 기입장 검사가 덧붙여졌다. 일요일이면 아이들은 오전 7시에 일어나 부모와 함께 교회에 가야 했다. 매일 정확한 시간에 아침 식사를 하고 정해진 규칙에 따라 아침 시간을 보내는 원칙을 세운 것은 아이들이 절제하는 습관을 몸에 익히게 하기 위해서였다.

록펠러 2세는 자선사업가였지만 가족을 위해 많은 시간을 할애할 만큼 시간이 남는 사람도 아니었고 시간을 낭비하면서 쓰는 사람은 더더욱 아니었다. 아버지 록펠러가 물려준 5억 3,700만 달러의 재산을 각종 투자를 통해 불리는 동시에 자선사업에 써야 했고, 아버지가 나머지 재산을 가지고 세운 록펠러재단, 일반 교육재단, 록펠러 의학연구소 등 각종 재단, 연구소에서 록펠러 집안을 대표하는 역할도 해야 했다. 때문에 평일에는 오직 아침 식사 시간에만 자녀들과 함께할 수 있었다. 짧은 시간에 효율적으로 절제하는 방법을 아이들에게 가르치기 위해 엄격한 아침 식사 시간을 가졌던 것이다.

기독교 집안에서 자란 록펠러 2세는 자녀를 기독교 방식으로 엄격하게 키우면서 절제하는 방법을 가르쳤다. 다른 종교를 가진 사람들이라면 자신들의 종교의식을 이용해서 자녀에게 절제하는 방법을 가르칠 수 있을 것이다. 중요한 것은 정해진 규칙을 가지고 습관을 몸에 익히게 했다는 것이다.

한편 너무 과도하게 절제하는 것을 자녀에게 요구하면 오히려 반발을 일으킬 수 있으니 적절한 조절이 필요하다. 록펠러 2세의 부인 애비는 남편의 엄격한 교육을 중화시키는 역할을 했다. 성경 암송 시간을 위해서 종이를 잘게 잘라 성경 구절을 적은 암기 카드를 만들어 아이들과 게임을 하듯 성경을 외우게 했다. 록펠러 2세는 자랄 때 카드 게임뿐만 아니라 춤조차 집에서 추지 못하도록 교육받았지만, 애비는 아이들과 카드 게임을 즐겼다.

부자들의 자녀교육

> 록펠러 2세는 록펠러 가족의 일원으로 당연히 해야 할 규칙을 정했다. 그리고 그 규칙을 엄격히 지키는 것에 대해서는 용돈을 조건으로 걸지 않았다.

록펠러 2세의 부인, 그러니까 록펠러의 며느리 애비 올드리치 록펠러는 올드리치라는 명문 정치가 집안 출신이다. 그녀는 록펠러 가의 엄격한 분위기와는 다른 자유스러운 집안 분위기에서 컸다. 때문에 결혼해서 초기에는 절제를 중요시하는 록펠러 집안의 분위기에 적응하는 데 어려움을 겪었다. 록펠러 2세는 가계부를 한 번도 써본 적이 없는 부인에게 신혼 때 가계부를 쓰도록 요구한 적이 있다. 하지만 나이가 들어 새로운 습관을 들이기는 어려운 법이다. 비록 그녀는 가계부는 쓰지 않았지만 시간이 지나면서 어느새 록펠러 집안의 일원이 돼버렸다. 그녀는 밑단이 해어진 커튼은 다시 꿰매서 쓰도록 하녀에게 지시했고, 침대보를 사기 위해선 항상 철 지난 것을 파는 세일 기간을 이용했다. 굳이 남에게 잘 보이기 위해 돈을 쓸 필요가 없다는 생각이었다.

어릴 때 들인 절제하는 습관은 평생을 가는 습관이 됐다. 록펠러 2세의 자녀들은 좀 고지식하다는 소리를 들을 정도였다. 막내아들 데이비드의 일화다. 결혼 적령기가 된 데이비드가 약혼녀 페기를 데리고 포컨티코에 놀러왔다. 페기와 데이비드는 오렌지를 먹으면서 포컨티코 숲속을 거닐었다. 한데 페기는 오렌지 껍질을 벗겨 땅에 버리는 것이었다. 옆에 서서 같이 걷던 데이비드는 페기가 버린 오렌지 껍질을 주섬주섬 주워서는 주머니에 넣었다. 그는 약혼자에게 "우리는 쓰레기를 땅에 버리라고 배우지 않았다"고 훈계조로 얘기했다고 한다.

다양한 친구와
어울려 사는 법을 배워라

　　　　　　　　　　　　　　　　록펠러 2세는 자녀들을 당시 상류층
의 아이들이 다니던 브라우닝 등 엘리트 사립학교가 아닌 링컨 스쿨이라
는 실험적인 사립학교에 보냈다. 링컨 스쿨은 1917년 컬럼비아 대학이 록
펠러가 세운 '일반교육재단'의 자금 지원을 받아 세운 학교다. 링컨 스쿨
은 교육학자 존 듀이의 이념을 실현하기 위한 실험 학교였다. 존 듀이가
제안한 기본적인 교육 방법은 학생들이 학교 규칙을 만들고, 자신들이
배울 과목을 선택하며, 저학년 학생들에겐 성적을 매기거나 시험을 보지
않는 것이다. 성 역할 교육도 당시로선 혁신적이었다. 여자 아이들에게도
공작을 가르치고, 남자 아이들에게는 요리와 바느질을 가르치도록 제안
했다. 현대의 많은 학교 시스템이 그의 이념을 따르고 있지만 당시는 실
험의 수준이었다.

　당시 대부분의 학교들은 암기식 교육이 주류였다. 하지만 링컨 스쿨은
학생들에게 교과서를 외우도록 하지 않고 도서관 등을 이용해서 과제를
해결하도록 했다. 이런 교육 방식은 록펠러의 아이들이 부모에 의존하지
않고 독립적인 사고를 키우는 데 도움이 됐다.

　아이들을 링컨 스쿨에 보내겠다는 것은 록펠러 2세 부부의 아이디어
였다. 록펠러 가문의 재산을 유지하기 위해서는 자녀들의 삶이 부자들
의 서클에만 머물러 있어서는 안 된다는 게 그들 부부의 생각이었다. 또
집에서는 엄격한 교육을 했지만 밖에 나가서는 자유로운 분위기에서 학
교생활을 할 수 있도록 배려했던 것이다.

　링컨 스쿨의 수업료는 연간 150~200달러 정도로 당시 기준으로 아주
싼 편은 아니었지만 상류층 사립학교에 비해서는 수업료가 상당히 저렴

했기 때문에 중산층의 아이들이 많이 다녔다. 아이들 부모의 직업은 교수, 교사, 예술가 등 다양했다. 또 이민자의 자녀들도 다수 있었다. 교육 이념이나 학생 구성을 보면 현재 한국의 대안학교와 비슷했다고 보면 크게 다르지 않을 것 같다.

록펠러 2세는 자녀들이 다닐 학교로 엘리트 학교 대신에 실험적인 대안학교를 선택해서 부잣집 자녀가 아닌 아이들과 어울리게 했다. 또 친구들을 자주 집에 초대해서 놀게 했다. 자신의 아이들에게 동시대 사람들과 더불어 살아가야 한다는 사실을 일깨워주기 위해서였다.

다른 사람과 어울려 살아야 한다는 개념을 아이들에게 심어주는 가장 좋은 방법은 기부와 봉사의 습관을 들이는 것이다. 록펠러 2세는 아이들에게 용돈 교육을 시키면서 자신이 준 용돈의 3분의 1은 기부할 것을 가이드라인으로 정했다. 교회에 내는 십일조(소득의 10%를 헌금으로 내는 것)를 넘어서는 것이었다.

봉사와 관련해서는 부모가 나서서 솔선수범하는 모습을 보였다. 1차대전이 났을 때의 얘기다. 록펠러 2세의 부인 애비는 자신의 집을 전쟁터에 나가는 의료 물품을 포장하는 곳으로 이용할 수 있도록 공개했다. 자원봉사자들이 모여 붕대 등을 포장했다. 록펠러 가의 아이들도 예외는 아니었다. 당시 다섯 살이던 윈스럽(셋째 아들)조차 하얀 가운을 입고 붕

> 다른 사람과 어울려 살아야 한다는 개념을 아이들에게 심어주는 가장 좋은 방법은 기부와 봉사의 습관을 들이는 것이다. 록펠러 2세는 아이들에게 용돈 교육을 시기면서 자신이 준 용돈의 3분의 1은 기부할 것을 가이드라인으로 정했다.

대를 책상 사이로 옮기는 일을 했다고 한다.

포컨티코 별장 지대는 록펠러 2세의 사유지였지만 울타리를 두르지 않았다. 그래서 주변에 사는 사람들이 자유롭게 들어와서 산책을 할 수 있었다. 록펠러 2세는 '새장 속의 새'처럼 격리돼서 사는 것을 원하지 않았기 때문이다.

록펠러 2세의
사회적 책임을 지는 투자

1913년 9월 미국 콜로라도 주 남쪽의 러들로라는 광산 도시에서 광산 노동자들의 파업이 일어났다. 1,200여 명의 노동자들은 임금을 올려주고 광산의 안전장치를 강화할 것과 노동조합을 인정해줄 것을 요구했다. 그간 노동자들과 구사대 간에 충돌이 있었지만 가장 격렬한 충돌은 해를 넘겨 1914년 4월 20일 일어났다. 구사대가 총질을 해대자 텐트를 치고 농성을 하던 노동자들도 반격에 나섰다. 아수라장 속에서 끔찍한 일이 발생했다. 피할 곳을 찾아 텐트 밑의 동굴로 도망갔던 여자 2명과 어린이 12명이 질식해 숨진 채 발견된 것이다. 사태를 정리하기 위해 군대까지 투입됐다.

광산 주식의 40%를 소유한 최대 주주는 아버지 존 D. 록펠러였다. 그는 1896년 스탠더드 오일에서 실질적으로 은퇴한 후에 광산 등의 주식에 투자하고 있었다. 록펠러는 자신은 단지 주식을 소유하고 있을 뿐 광산 경영에 관여하고 있지 않았고, 러들로의 사태를 불러온 것은 파업을 시작한 노동자들의 잘못이라고 주장했다. 하지만 여자와 어린이의 죽음 앞에 그는 대중들의 '공동의 적'이 됐다. '러들로 학살'을 책임지라고 뉴욕의 집 앞에는 데모대가 진을 쳤고 의회에서는 조사위원회가 구성됐다.

그때 아버지를 대신해서 노동조합과 협상에 나서고 대중들에게 용서를 구한 사람이 록펠러 2세다. 록펠러 2세는 콜로라도에 가서 광산 노동자들과 며칠을 지내면서 대화를 통해 노동 조건을 개선하고 노동조합원을 차별하지 않겠다는 합의를 이끌어냈다. 그는 당시의 경험을 살려 1920년 노사관계를 컨설팅 하는 회사를 세우기도 했다.

러들로 사태는 록펠러 2세가 '부자는 사회에 기여하고 책임져야 한다'는 생각을 강하게 가지게 된 사건이다. 그는 러들로 사태가 일어나던 때만 하더라도 부자 아버지를 뒀지만 실질적인 부자는 아니었다. 록펠러 2세가 41살이었던 1915년 그의 재산은 25만 달러어치의 스탠더드 오일 주식이 전부였다. 아버지 록펠러는 1917년에야 5억 달러가 넘는 재산을 록펠러 2세에게 넘겨줬다. 막대한 부를 책임지고 관리할 수 있는 능력이 있다는 게 검증된 후에야 넘겨준 것이다. 그로부터 10여년이 지난 1928년, 록펠러 2세는 유산을 두 배로 불려 전 재산이 10억 달러에 육박했다.

록펠러 2세는 실질적인 대부호가 된 이후에도 부자의 책임감을 가지고 아버지의 재산을 관리하고 불렸고, 그랬기에 엄청난 재산을 다시 자

> 록펠러 2세는 부자는 사회에 기여하고 책임을 져야한다고 생각했다. 그
> 대표적인 예가 록펠러센터의 건립이다. 록펠러 2세는 1929년 미국의 대
> 공황의 와중에서도 록펠러센터의 건립을 추진했다. 주식 시장 폭락으로
> 개인 재산이 60% 가까이 줄어드는 그 어려운 시기에도 그는 일자리를
> 만들어 사회적 책임을 다하겠다는 생각이었다.

녀들에게 물려줄 수 있었다. 아버지 존 D. 록펠러는 '강도 귀족(robber baron)'이라는 비난을 받았지만 아들인 록펠러 2세 대에 와서는 '미국 1호 가문'이라고 불릴 정도로 존경받으면서 부를 누릴 수 있었다. 가장 대표적인 예가 뉴욕에 있는 록펠러센터의 건립이다. 록펠러 2세는 1929년 미국의 대공황의 와중에서도 록펠러센터의 건립을 추진했다. 록펠러센터는 14개의 고층 빌딩으로 구성된 사무용 오피스 단지였다. 주식 시장 폭락으로 개인 재산이 60% 가까이 줄어드는 그 어려운 시기에도 그는 일자리를 만들어 사회적 책임을 다하겠다는 생각이었다. 투자 분위기가 심하게 위축돼서 다른 투자자들을 찾기 힘든 상황에서 록펠러 2세는 거의 혼자서 센터 건립 투자 자금을 댔다.

사회적 책임을 지는 투자는 훗날 정확한 투자 판단이었다는 게 증명됐다. 1930년대 후반 주식 시장이 회복되면서 그는 재산을 다시 회복했고, 뉴욕 한복판에 세워진 록펠러센터는 경기가 회복되면서 그에게 많은 임대료 수입을 안겨줬다.

록펠러 2세가 부자로서 사회적 책임을 다하

| 록펠러센터: 뉴욕 맨해튼 중심가에 위치한 록펠러센터에 성탄절을 즈음해서 대형 트리가 세워져 있다.

부자들의 자녀교육

는 모습을 보여준 것은 깐깐한 용돈 교육이나 절제의 정신을 가르치는 것과 더불어 자녀들에게 부자 교육의 모범을 보여주기에 충분했다. 록펠러 2세의 자녀교육에 대한 생각을 한 마디로 잘 요약한 사람은 막내아들 데이비드 록펠러이다. 데이비드 록펠러는 자신의 회고록에서 아버지의 성격을 제일 잘 표현하는 문구로 '의무감' '도덕심' '예의범절' 세 가지를 들었다. 그는 록펠러 2세가 세 가지 원칙을 가지고 자신들을 말과 글로, 그리고 체험을 통해 이끌어준 것에 감사해 했다. 또 "현명한 부모가 제대로 인도해주지 않는 재산 상속은 축복이라기보다는 저주에 가깝다"고 썼다.

"현명한 부모가 세내로 인도해주지 않는 재산 상속은 축복이라기보다는 저주에 가깝다"

용돈 교육을 철저히 시켜라

뉴욕 맨해튼의 그랜드센트럴 역에서 열차를 타고 북쪽으로 30분 정도 달리면 슬리피 홀로라는 작은 동네에 도착한다. 록펠러 집안이 소유했던 포컨티코 별장 지대의 남쪽 끝자락에 해당하는 곳이다. 이곳에는 록펠러 집안이 대를 이어 별장으로 사용하고 있는 카이키트(Kykuit)가 자리 잡고 있다. 카이키트는 록펠러 2세와 그의 둘째 아들인 넬슨 록펠러가 실제로 사용하던 곳으로 일반인에게도 공개된다. 역사상 최고의 부호 집안 사람들이 어떻게 생활했는지 볼 수 있는 것이다.

저택 앞마당에는 골프 코스가 펼쳐져 있어 19세기 말 미국 갑부들의 씀씀이를 짐작하게 한다. 검소함을 신조로 삼았던 석유왕 록펠러 집안이지만 보통 사람의 눈에는 그다지 검소해 보이질 않는다. 다만 로드아일랜드 주의 프로비던스에 있는 밴더빌트 집안의 여름 별장용 대저택들을 둘러보고 나서야 록펠러가 당시 기준으로 얼마나 검소한 생활을 했는

| 록펠러 2세의 별장인 카이키트

지 가늠할 수 있을 뿐이다.

카이키트를 방문했을 때 가장 기억에 남는 것은 록펠러 2세와 넬슨 록펠러가 사무실로 사용했던 방에 걸려 있는 벤저민 프랭클린의 초상화였다. 미국의 국가 틀을 만든 사람 중 한 명인 벤저민 프랭클린은 성공한 미국인의 모델이다. 그는 성공에 있어서 근면과 절약의 정신이 중요하다는 것을 강조했다. 록펠러 2세가 처음 걸었던 초상화를 아들 넬슨 록펠러도 떼지 않고 보존했다. 록펠러 2세나 아들이나 매일같이 벤저민 프랭클린의 얼굴을 보면서 아버지가 가르쳤던 근검절약의 정신을 잊지 않으려고 했던 것이다.

석유왕 록펠러는 아들에게 근면과 절약의 정신을 가르치기 위해 어렸을 때부터 철저한 용돈 교육을 시켰다. 용돈 교육을 '수입-지출=재산'이라는 부자의 기본 공식의 관점에서 본다면 지출을 줄이는 습관을 들이

게 하는 것과 직접적으로 연결돼 있다. 또 체계적으로 용돈을 관리하는 방법을 가르쳐서 궁극적으론 자녀들이 자연스럽게 재산을 관리하는 방법을 습득하게 만드는 것이다.

록펠러 2세는 아버지인 록펠러에게서 배운 용돈 교육을 잊지 않고 그대로 여섯 자녀에게 전수했다. 그리고 자녀들은 다시 록펠러 2세의 가르침을 따라 자녀에게 같은 방식으로 용돈 교육을 시켰다.

록펠러 집안의 용돈 교육은 단순하게 '용돈을 얼마나 자주 어느 정도 줄까'라는 수준의 단순한 내용이 아니었다. 용돈의 사용처에 대한 가이드라인을 정한 후에 그것을 달성했을 때는 상을 주고 어겼을 때는 벌을 주는 식의 철저한 사후 관리가 뒤따랐다. 또 일주일에 한 번씩 용돈을 주면서 용돈 기입장을 검사하는 등 장부 관리 요령까지 가르쳤다.

반면 한국 부모들의 용돈 교육은 어떠한가? 아직 '부모들이 필요할 때마다 다 사주는데 용돈이 왜 필요한가'라는 기초적인 질문에 머물러 있는 경우가 많다.

국내의 한 용돈 관련 설문 조사에 따르면 용돈을 정기적으로 주는 가정은 51.2%인 반면 필요할 때마다 수시로 준다는 대답은 35.8%나 되었다. 정기적으로 용돈을 주더라도 용돈을 관리하는 요령을 가르쳐주는 부모는 그다지 많지 않았다. 청소년들의 60%는 다음 용돈을 받기 전에 용돈을 모두 써버린다고 대답했고, 이들 대다수는 용돈이 떨어지면 스스로 벌충을 하기보다는 부모를 졸라서 용돈을 미리 타 쓰거나 빌려 쓴다고 대답했다. 시간이 좀 지난 조사지만 한국 부모들의 용돈을 주는 행태는 현재도 그다지 바뀌지 않았다고 생각한다.

역사상 최고의 부자 집안의 용돈 교육이 그렇게 철저했다면 우리네 보통 사람들의 용돈 교육도 업그레이드돼야 할 필요성이 있다. 용돈 교육의 내용은 용돈을 얼마를 줄 것인가가 아니라 어떻게 자녀들이 효율적으로 용돈을 관리하도록 할 것인가에 초점이 맞춰져야 한다.

록펠러 집안의 용돈 교육에서 얻을 수 있는 현대적인 용돈 교육의 팁을 몇 가지 소개해보도록 하겠다. 첫째, 용돈 사용처에 대한 대략적인 가이드라인을 제시해야 한다. 록펠러 2세는 매주 주는 용돈을 삼등분해서 각각 개인적인 용도, 저축, 기부에 사용하도록 사용처에 제한을 뒀다. 그리고 그것을 달성했을 경우 상금을 주고 어겼을 경우에는 벌금을 매겼다. 이것은 커서도 돈을 단순하게 자신의 소비에만 쓰지 않고 미래를 위한 저축과 다른 사람을 배려하는 기부에 쓸 수 있도록 교육하는 효과를 준다. 현대적인 용돈 교육 전문가들은 용돈의 사용처에 투자 항목을 추가하라고 권하기도 한다. 저축이 이자는 낮을지언정 안전한 자금 운용처를 의미한다면 투자는 수익률이 높은 대신 원금도 잃을 수 있는 자금 운용처를 의미한다. 2000년대 들어 한국에선 저금리 시대가 도래하면서 '투자' 개념이 있느냐 없느냐에 따라 개인들의 재테크 수익률이 큰 차이를 보이고 있다. 어려서부터 투자 개념을 심어주는 게 중요하다는 것이다.

둘째, 용돈을 마냥 주기보다는 스스로 벌 수 있는 방법도 만들어줘야 한다. 그래야 '돈을 쓰려면 일을 해서 벌어야 한다'는 인식을 심어줄 수 있다. 록펠러 2세는 자녀들에게 다른 부잣집 아이들처럼 넉넉한 용돈을 주지 않았다. 때문에 자녀들은 집안일을 해서 추가적인 용돈을 벌어야 했다.

이때 용돈을 모으는 것에 대한 목표 의식을 심어주는 것도 중요하다. 목표 의식 없이 강제로 용돈을 저축하게 한다면 자녀들은 곧 흥미를 잃게 될 것이다. 만약 자녀가 용돈을 모아 자전거를 사려고 한다면 자전거

그림을 그려 방에다 붙여놓거나 용돈이 모이는 현황을 그래프로 그리게 하는 등 눈에 보이는 목표를 달성하는 기쁨을 맞보게 하는 게 좋다.

셋째, 부모 스스로 역할 모델이 돼야 한다. 록펠러 2세가 자녀들에게 용돈 교육을 시킬 때 항상 모델로 언급한 사람은 아이들의 할아버지인 석유왕 록펠러였다. 실제 록펠러가 작성했던 가계부 원장인 '장부 A'를 보여주면서 자녀들에게 용돈 기입장을 정성들여 작성하라고 했다. 록펠러 2세도 어릴 때 아버지로부터 직접 용돈 기입장을 기입하는 방법을 배웠다. 아이들의 가장 좋은 역할 모델은 부모이다. 그렇기 때문에 부모 자신이 아이들에게 생활 속에서 자신의 수입과 지출을 잘 관리하는 모습을 보여주는 게 용돈 교육의 가장 기본이 될 것이다. 자신이 가계를 규모 있게 관리하지 못하면서 자녀에게 제대로 된 용돈 관리를 기대해서는 안 될 것이다.

부자들의 자녀교육

'부자론'을 가르친 미국 최초의
억만장자 폴 게티

폴 게티의 부자 공식

일하는 것의 중요성을 가르쳐라

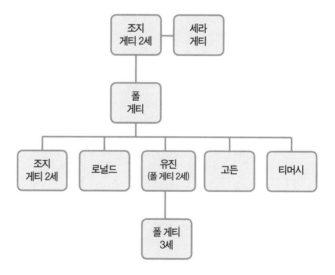

'부자론'을 가르친 미국 최초의 억만장자 폴 게티

'부자 되는 법'을 대중에게 가르치다

부자들에게서 부자가 된 비결을 직접 생생하게 듣기는 매우 어렵다. 부자들이 자신만의 부자 되는 법에 대한 노하우(know-how)를 잘 정리해서 기록으로 남겨놓는 일은 드물기 때문이다. 만약에 내가 부자라도 내가 돈 번 비결을 남들이 알도록 기록으로 남기지는 않을 것 같다. 함께 부자가 돼보자고 나만의 요령을 널리 알리지는 않을 것 같기 때문이다.

그렇기 때문에 일반인들이라면 부자들의 자서전이나 부자 연구가들이 해석해놓은 부자에 관한 책들을 구해 읽는 게 '부자 되는 법'에 대한 제한된 정보에 접근할 수 있는 길이라고 할 수 있다. 하지만 미국 부자 중에 부자가 됐던 길과 비결을 정리해놓은 사람이 있다. 다름 아닌 미국에서 최초의 빌리언에어(billionaire. 10억 달러, 즉 약 1조 원의 재산을 모은 사람)라고 불렸던 폴 게티(Paul Getty)다. 부자가 아닌 사람이 돈 버는 방법에

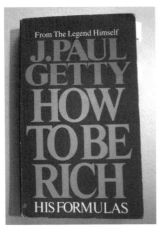

폴 게티가 지은 책 『부자 되는 법』의 표지

대해 쓴 책은 시중에 넘쳐난다. 하지만 폴 게티처럼 최고의 갑부가 부자에 대해 쓴 책은 찾아보기가 힘들다.

폴 게티가 쓴 『부자 되는 법How to be rich』이라는 책은 제목부터 눈길을 끈다. 그는 이 책에서 자신이 생각하는 사업 성공 비결과 성공한 사업가가 가져야 할 덕목 그리고 주식, 부동산, 미술품 투자 방법까지 정리해놨다. 그는 10대 때부터 일기를 써왔기 때문에 자신이 생각하는 성공 요인을 꼼꼼하게 되새기면서 글을 쓸 수가 있었다. 또 일기를 쓰면서 글 솜씨도 연마했기 때문에 독자가 쉽게 이해할 수 있는 글을 썼다.

『부자 되는 법』은 일흔 살이 넘은 폴 게티가 1960년대에 미국의 대중 잡지인 플레이보이에 연재한 글을 모은 것이다. 플레이보이라면 한국에선 도색 잡지 정도로 여기지만 '표현의 자유'를 중시하는 미국에서는 워낙 심한 도색 잡지가 많기 때문에 남성 전문 잡지로 분류된다. 성(性)에 관련된 내용도 많지만 비즈니스, 패션, 유명 인사에 대한 기사도 게재된다. 현재도 매달 300만 부 정도 팔리는 미국 최대의 남성 잡지다. 전성기를 누렸던 1970년대에는 남성 대학생의 25%가 정기 구독했으며 한 달에 700만 부 이상이 팔려나가기도 했다. 세계 최고의 부자 빌 게이츠도 이 잡지와 1994년도에 인터뷰를 했으며, 2004년엔 세계적 주목을 받던 인터넷기업 구글의 상장 직전, 인터뷰를 꺼리던 구글 창업자들의 단독 인터뷰를 실어 화제가 되기도 했다.

1950년대부터 미국 최고의 갑부로 화제를 불러일으켰던 폴 게티는 1960년쯤 '오늘날의 남성, 돈, 가치'라는 주제로 글을 써보지 않겠느냐는 플레이보이 편집진의 제의를 받게 된다. 주제를 제대로 소화할 수 있을지, 시간을 낼 수 있을지 다소 망설이던 폴 게티는 어쩌면 대중적인 잡지에 기고하는 일이 당시 일반적인 젊은이들에게 정말 필요한 메시지를 전달할 수 있는 기회라는 생각을 하게 됐다. 그가 보기에 당시 미국 사회는 너무도 심하게 단순하게 '부자가 되는 것'에만 집착하고 있었다. 하루 아침에 부자가 되고 비즈니스에서 성공하기 위한 지름길만 찾는 젊은이들이 대부분이었다. '부(富)'로 인해서 창출된 책임감을 느끼면서 부자로 사는 법은 간과하고 있는 것처럼 보였다. 성공을 위해서 필요한 덕목을 갖추고 열심히 일을 해야 한다는 사실도 잊고 있는 듯했다.

　　폴 게티는 플레이보이 편집진에게 만약 자신에게 '백지수표'를 주듯이 자유롭게 쓸 수 있도록 해준다면 글을 쓰겠다고 역제안을 했다. 또 기존의 관점과는 달리 아주 새로운 관점에서 글을 써보겠다고 말했다. 그렇게 해서 탄생한 글을 모은 책이 『부자 되는 법』이란 책이다. 그의 책은 잘 쓰인 성공학 교과서 중의 하나로 꼽힌다. 1960년대에 처음으로 대중에게 소개됐지만 40년이 지난 현재의 관점에서 봤을 때도 시대에 뒤떨어지지 않는 생각들을 담고 있어 꾸준하게 팔리는 스테디셀러다.

폴 게티는
누구인가

　　　　　　　　　　　　그렇다면 폴 게티는 누구인가? 한국인에게는 많이 알려지지 않은 이름이지만 미국인에게는 친숙한 이름이다. 폴 게티는 20세기 초반에 미국에서 유전 개발 붐이 일어났을 때 유전 개발로 큰돈을 번 사람이다. 미국에서 유전 개발에 뛰어들었던 사람은 폴 게티뿐만이 아니었다. 그리고 유전 개발로 적지 않은 돈을 번 사람도 그뿐만이 아니었다. 그런데도 폴 게티와 같이 '초대박' 성공을 거둔 사람은 많지 않았다.

폴 게티가 '미국 최고의 부자'로 알려지게 된 것은 1957년 경제 잡지인 포천이 미국의 400대 부자 순위를 처음으로 집계해서 발표하면서 1위로 폴 게티를 올렸을 때였다. 당시 그는 최초로 빌리언에어, 즉 억만장자란 호칭으로 불렸다. 미국에서는 1930년대 경제를 파국으로 몰고 갔던 대공황 이후에 한동안 빌리언에어라고 부를 만한 부자가 나타나지 않았다. 역사상 최고의 부자인 록펠러도 전성기 때 9억 달러의 재산이 있었고, 록펠러의 아들도 한때 10억 달러에 육박하는 재산이 있었으나 빌리언에어라고 불리지는 않았다. 폴 게티는 록펠러처럼 석유 산업에서 두각을 나타냈고, 개인 사업가로서 당대에 록펠러 이상의 재산을 모았기 때문에 록펠러와 자주 비교가 됐다. 현재 세계 최고의 부자라고 하면 누구나 빌 게이츠를 떠올리지만, 1970년대까지 최고의 부자라고 하면 폴 게티를 가리켰다.

이 사람이 얼마나 부자였는지를 조금이나마 체험하려면 캘리포니아 말리부에 있는 '게티 빌라'와 로스앤젤레스의 '게티 센터'에 가보면 된다. 말리부는 로스앤젤레스에서 북쪽으로 해안을 따라 나 있는 '태평양 연안 고속도로'를 20분 정도 달리면 나오는 부자 동네다. 폴 게티는 1950년대에 예순이 넘어 말년을 보내기 위해 영국으로 이사를 갔는데, 그때 자신이 가지고 있던 말리부의 별장을 개조해서 박물관으로 만들어 일반인에게 공개했다. 그것이 게티 빌라다. 건물 규모도 규모지만 그리스로마 시

로스앤젤레스에 있는 게티 센터

대의 조각, 도자기 등 4만 4,000여점의 유물을 소장하고 있고 그 중에서 공간이 허용하는 1,200점만 전시해놓고 있다. 한편 폴 게티의 사후에 게티 빌라에 소장됐던 유물 중 일부인 유럽과 미국의 회화, 사진 등은 1997년 로스앤젤레스 서북쪽 언덕에 게티 센터를 세워 옮겨놓았다. 말리부에 있는 부자 이웃들이 게티 빌라의 관람객이 너무 많아 길이 막히고 시끄럽다고 항의했기 때문이다. 게티 센터는 폴 게티의 유산으로 세워진 게티 재단, 게티 박물관, 미술관, 연구소 등이 들어서 있는 대규모 학술단지다. 로스앤젤레스를 방문하는 여행객은 '꼭 들려야 하는 명소(must-see place)'이기도 하다. 게티 빌라와 게티 센터 소장품의 예술적 가치도 높지만 방문객들이 놀라는 것은 무엇보다 입장료가 무료라는 것이다. 폴 게티는 입장료를 받지 않아도 박물관을 운영할 수 있을 만큼의 큰 재산을 남겼기 때문이다. 폴 게티가 세상을 떠난 1976년에는 매주 100만 달러를 박물관 운영과 미술품 구입에 사용할 수 있을 정도였다.

폴 게티를 사업에
입문하게 이끌어준 아버지

폴 게티를 유전 개발 사업에 입문하게 한 사람은 다름 아닌 그의 아버지 조지 게티였다. 아버지가 이끌지 않았으면 그는 외교관의 삶을 살았을지도 모른다.

폴 게티는 1892년 미국 미네소타 미니애폴리스에서 성공한 변호사였던 조지 게티의 외아들로 태어났다. 아버지 조지 게티는 유전 개발 붐이 일어나던 때였던 1903년 잘나가던 변호사를 때려치우고 오클라호마에서 석유 유정 개발에 뛰어들었다. 그는 43개의 시추공을 뚫어 42개에서 석유가 나오는 큰 행운을 얻었고 또 성공을 거머쥐었다. 폴 게티의 아버지는 몇 년이 되지 않아 큰돈을 벌 수 있었다. 외아들인 폴 게티를 남부럽지 않게 키울 수 있는 부도 쌓았다.

폴 게티는 대학에서 공부를 마친 후에 유전 개발 사업에 뛰어들게 된다. 폴 게티는 캘리포니아의 명문 대학인 남캘리포니아 대학(USC)과 캘리포니아주립대 버클리 캠퍼스(UC Berkeley)를 다니다가 영국으로 유학 가서 옥스퍼드 대학에서 경제학과 정치학을 전공했다. 그는 자신이 배운 지식을 활용해서 졸업 후에는 외교관이 되기를 원했다. 하지만 아버지의 생각은 달랐다. 아버지 조지 게티는 1914년 아들 폴 게티에게 1년간만 석유 개발 사업을 해보고 마음에 들지 않으면 외교관이 되라고 권했다. 폴 게티는 아버지의 권유에 따라 아버지의 사업 본거지인 오클라호마에서 유전 개발 사업에 뛰어들게 된다.

폴 게티의 아버지는 아들에게 사업을 해보라고 권했지만 자신의 회사에서 일하게 하거나 넉넉한 자본을 대준 것은 아니었다. 대신 그는 자신이 그랬듯이 아들이 스스로 '성공의 단맛'을 맛보기를 원했다.

아버지 조지 게티는 1년을 기한으로 주고 마치 벤처 투자가가 투자를 하듯 필요한 자금을 투자 자금의 형태로 지원하기로 했다. 투자금은 매달 100달러의 생활비와 석유 시추권을 딸 수 있는 예산이었다. 폴 게티는 사업을 자기의 의지대로 할 수 있는 경영권을 가졌다. 이익이 나면 아들과 아버지가 3대7로 나누기로 했다.

폴 게티의 첫 번째 유정 개발은 평생 그를 사업에 매진하게 만들 만큼 잊지 못할 '성공의 맛'을 보여줬다. 폴 게티는 아버지의 투자금을 이용해서 낙찰 예상가가 1만 5,000달러 정도 되는 석유 시추권 경매에 참가하려고 했다. 하지만 아버지가 준 투자금만으로는 그 같은 큰 경매에 참가할 수 없었다. 그때 폴 게티는 사업가적 기지를 발휘했다. 그는 은행가였던 친구에게 자신의 경매 대리인으로 참가해줄 것을 부탁했다. 폴 게티의 경쟁자들은 은행가가 경매에 참가한 것을 보고 대형 석유회사의 대리인으로 은행가가 경매에 참가했다고 생각하고 아예 입찰에 참여하는 것을 포기했다. 홀로 경매에 참가한 폴 게티의 은행가 친구는 시추권 가격으로 500달러를 써 넣었다. 결국 폴 게티는 1만 5,000달러의 가치가 나가는 시추권을 500달러에 낙찰 받을 수 있었다.

그렇게 낙찰 받은 곳에서 폴 게티는 하루 500배럴 정도 나오는 유정을 개발했다. 당시 원유값은 배럴당 25센트였으므로 폴 게티는 하루 125달러를 벌 수 있는 유전의 주인이 된 것이었다. 나흘만 석유를 뽑으면 투자금을 회수할 수 있었던 것이다. 그는 첫 유정 개발을 통해 태어나서 처음으로 성공을 맛보게 됐다. 그는 외교관의 꿈을 포기하고 석유 개발 사업에서 인생의 승부를 걸기로 했다.

첫 번째 유정의 시추에 성공하고 폴 게티는 그 유정을 4만 달러에 대형 석유회사에 팔았다. 폴 게티의 몫은 정확히 30%인 1만 2,000달러였다. 아들과 아버지가 이익을 3대7로 나누기로 한 조건을 그대로 지킨 것이다. 아버지와 아들은 이후에도 같은 조건으로 사업을 계속했다. 1916년 폴 게티는 아버지와 합작 회사인 게티 오일을 세우면서 이같은 비즈니스 관계를 지속하기로 하고 전체 주식의 30%만 받았다. 이익은 3대7로 나누는 조건이었다. 폴 게티는 사업을 시작한 지 2년 만에 100만 달러를 벌었는데, 첫 100만 달러는 이런 조건 아래에서 벌어들인 것이다.

폴 게티는 24살에 '백만장자'가 됐다. 백만장자가 된 후에 평생 쓸 돈을 다 벌었다고 생각해서 사업에서 은퇴해서 방랑 생활을 잠시 하기도 했다. 하지만 2년 후에 '성공의 단맛'이 그리워서 유전 개발 사업에 복귀했다.

폴 게티는 빌리언에어라고 불릴 때까지 승부사의 기질을 발휘해서 사업의 확장을 거듭했다. 1929년 닥친 대공황 때는 남들과 반대 방향으로 투자해서 대성공을 거뒀다. 그간 모았던 300만 달러의 재산으로 값싼 우량 주식을 매집했다. 몇 년 후 다시 경제가 안정되자 주가는 회복돼 그는 돈방석에 앉게 됐다. 폴 게티는 1949년 자신의 회사인 게티 오일을 통해서 사우디아라비아와 쿠웨이트가 맞닿은 대규모 미개발 지대를 60년간 개발할 수 있는 권리를 취득하는 모험을 하기도 했다. 그는 4년간 거

부자들의 자녀교육

의 3,000만 달러를 쏟아 붓고 나서야 그곳에서 대형 유전을 발견했다. 게티 오일의 사우디아라비아 유전에서는 한 해 1,600만 배럴 이상을 생산했다. 당시 가격인 배럴당 2달러씩으로 따지면 한 해 매출액으로 투자 자금을 회수할 수 있었다.

1976년 폴 게티가 세상을 떴을 때 그의 개인 재산은 약 30억 달러로 추정됐다. 그는 게티 오일 등 200여 개의 회사에 투자를 하고 있었다. 게티 오일은 그의 사후에 미국 대형 석유회사인 텍사코가 100억 달러(약 11조 6,000억 원)에 인수했다.

돈은 스스로 일해서
버는 것이다

폴 게티는 '부잣집 아들'이었다. 미니애폴리스의 잘나가던 변호사였던 조지 게티는 폴 게티가 11살이 되던 1903년 사업을 시작했다. 그는 사업 수완이 좋아서 변호사를 할 때보다 더 많은 돈을 벌었다. 집도 당시 서부에서 가장 살기 좋다는 로스앤젤레스로 1906년 이사했다. 게티 가족은 로스앤젤레스 윌셔 대로에 영국의 튜더 왕조 시대 스타일의 큰 집을 짓고 살았다. 폴 게티는 아버지의 고급 승용차도 몰고 해변에 데이트를 다닐 수도 있었다. 멋진 경치를 자랑하는 캘리포니아의 해변은 지금보다 훨씬 한가했다. 폴 게티 스스로도 "차를 몰고 다니면서 많은 아가씨들과 '더블 데이트'를 즐겼다"고 자서전에서 적고 있다. 생각해보라. 당시 한국과 비교해보면 그가 어릴 적 누렸던 부가 얼마나 큰 것인지 상상해볼 수 있다. 자동차가 한국에 처음 상륙한 게 1903년 고종의 즉위 40년을 기념해서 미국에서 포드 자동차를 들여

온 것이라고 하고, 1911년 우리나라의 자동차 보유 대수는 황실용 2대, 총독부용 1대 등 모두 3대였다고 한다. 미국에서도 1903년에 전국에 겨우 3만 대의 자동차가 있었다고 한다.

하지만 폴 게티의 부모는 폴 게티를 '부잣집 아들'로 키우지 않았다. 돈은 스스로 일해서 버는 것이라는 관념을 심어주기를 원했다. 폴 게티는 자서전『내가 본 것들As I See It』에서 "부모님에게 노동 윤리(work ethic)를 배웠다. 부모님은 아들이 '돈은 버는 것(Money is something to be earned)'이라는 걸 배우기를 원했다"라고 적었다.

그러면서 각종 심부름을 하면서 용돈을 벌었다는 걸 증명하기 위해 자신의 일기의 일부를 소개했다. 12살 때 폴 게티의 일기는 다음과 같다.

"1904년 1월 17일, 우체국에 가서 편지를 부치는 심부름을 하고 10센트를 받았다."

"1904년 6월 17일, 나는 아버지의 책들을 청소하고 35센트를 받았다." (그의 아버지는 수백 권의 법률 서적을 소장하고 있었다. 서재 청소는 쉬운 일 같지만 그렇지 않았다. 두껍고 먼지가 많이 낀 법률 서적을 깨끗하게 하느라 폴 게티는 많은 시간을 써야 했다.)

폴 게티는 아버지가 주는 용돈 외에도 저녁에 신문을 돌리는 아르바이트를 해서 용돈을 벌었다. 그의 일기장에는 신문 판매에 관한 내용도 등장한다.

"1904년 12월 15일, 나는 집집마다 돌면서 이브닝포스트라는 신문을 팔고 50센트를 벌었다."

그는 이렇게 번 돈과 아버지가 주는 용돈을 모아 은행에 저축하는 습관을 들였다.

"1904년 6월 23일, 자전거 장식품을 사라고 아버지가 50센트를 주셨

부자들의 자녀교육

다. 나는 장식품을 사고 남은 돈을 합쳐서 1달러 10센트를 은행에 저금했다. 이제 은행에 15달러 58센트가 모였다."

아버지 조지 게티는 10대였던 폴 게티를 자신의 사업 현장에 데리고 가기를 좋아했다. 노동자들과 어울려 유정을 시추하는 현장을 보는 것은 아들에게 일을 하고 싶다는 생각을 갖게 한 생생한 경험이었다. 근육질의 육체노동자들이 유정을 시추하기 위해 바위를 뚫는 장면은 오래도록 그의 기억에 남아 있었다. 그는 노동자들과 어울리며 그들이 들려주는 유정 개발 뒷얘기에 푹 빠져들었다.

1909년 17살이던 폴 게티는 고등학교를 졸업하자마자 아버지에게 "아버지 회사의 유전 지대에 가서 일해보고 싶다"고 말했다. 폴 게티의 아버지는 "만약 네가 바닥에서부터 일하고 싶다면 나는 상관없다"고 했다. 아버지는 아들에게 특별 대우는 없을 것이라고 말했고 아들은 그래도 일하겠다고 했다. 그래서 얻은 게 유정을 뚫는 일을 보조하는 일이었다. 폴 게티는 하루에 12시간을 일하고 3달러를 받았다. 이는 유정을 시추하는 다른 노동자들이 받는 것과 동일한 임금이었다. 아버지는 회사의 노동자들에게 폴 게티를 사장 아들로 대하지 말도록 지시했다. 노동자들은 그를 이름이 아닌 "어이(Hey)"라고 불렀다. 폴 게티는 다른 노동자와 같이 합숙소에서 지내면서 그들과 같은 밥을 먹었다. 피곤해서 몸을 가누지도 못한 채 숙소에 돌아오거나 손바닥에 온통 물집이 잡혔지만 불평 한 마디 하지 않았다. 그는 금세 노동자들의 신뢰를 얻는 법을 배웠다.

USC와 UC 버클리를 다니면서도 폴 게티는 여름방학이면 오클라호마의 아버지 유전에서 육체노동을 했다. 1912년에는 여름방학 때 중국과 일본을 여행했는데 여행을 마치고는 바로 오클라호마로 돌아와 유전에서 일했다. 여름방학을 이용한 육체노동 아르바이트는 1913년 옥스퍼드 대학에 단기 유학을 떠나면서 중단했다.

1930년 폴 게티의 아버지는 세상을 떠나면서 아들에게 자신의 재산의 극히 일부인 50만 달러를 유산으로 남겨줬다. 아버지의 전체 재산은 대부분 게티 오일의 주식이었는데 1,000만 달러 정도로 추산됐다. 하지만 20대 초반에 백만장자가 됐던 아들에게 50만 달러를 유산으로 남겨주다니 '자린고비' 아버지가 따로 없다. 나머지 유산은 대부분 부인에게 남겼다. 아버지 조지 게티는 돈은 스스로 노력해서 벌어야 부자가 된다는 진리를 50대의 부자 아들에게 다시 일깨워주고 싶었던 것 같다.

백만장자의
사고방식을 심어주다

폴 게티는 『부자 되는 법』이란 책에서 부자가 되기 위해서는 행운, 지식, 노력 그리고 '백만장자의 사고방식'이 필요하다고 하면서 그 중에서 가장 중요한 것은 '백만장자식의 사고방식'이라고 적었다. 폴 게티의 정의에 따르면, '백만장자의 사고방식'이란 주인의식에 바탕을 두면서 비용에 민감하고 이익을 내는 것을 끊임없이 고민하는 것을 말한다.

아버지 조지 게티는 폴 게티가 어릴 때 사업에서 주인의식이 얼마나 중요한지 심어주기 위해 노력했다. 폴 게티가 열한 살이던 1903년 말 조지 게티는 투자자를 모아 미네호마(미니애폴리스와 오클라호마의 합성어) 오일이라는 석유 시추 회사를 오클라호마에 세웠다. 미니애폴리스의 한 초등학교를 다니던 폴 게티는 아버지가 새로운 사업을 시작한다는 사실보다 아버지가 인디언 지역에서 사업을 하면 인디언과 카우보이를 볼 수 있을 것이라는 기대감에 더 흥분했다.

아버지는 폴 게티의 저축 중에서 5달러를 꺼내 자신의 회사 주식을 사도록 했다. 주당 5센트씩 주식을 발행했으므로 폴 게티는 100주의 주식을 살 수 있었다. 아버지는 주식증서에 사인을 해주면서 "자, 봐라. 이제 너는 아버지가 일하는 회사의 주인이 된 거야. 너는 아버지의 보스 중의 한 사람인 거야"라고 말했다. 사업을 하는 데 있어 '내 회사' '내 사업'이라는 주인의식을 갖는 게 중요하다는 것을 일깨워주기 위한 노력이었다.

폴 게티는『부자 되는 법』에서 '백만장자의 사고방식'을 설명하면서 자신의 경험을 소개했다. 회사 간부 중에 능력은 뛰어나지만 주어진 과제 이외에는 노력하지 않는 사람이 한 명 있었다고 한다. 폴 게티는 그에게 넌지시 "나는 한 번에 여러 가지 일을 신경 쓰기 때문에 더 비용을 절약할 수 있고 이익을 더 많이 남길 수 있다"며 간접적으로 그 회사 간부를 질책했다. 그랬더니 그 간부는 "그야 사장님이 오너니까 그렇지요. 회사에서 일어나는 모든 일에 직접적인 이해관계가 있잖아요. 때문에 비용을 절감하고 돈을 버는 데 사장님의 눈이 밝아지는 거예요"라고 대답했다. 그때 폴 게티는 '백만장자의 사고방식'을 갖기 위해 주인의식이 얼마나 중요한지 깨달았다고 한다. 그래서 그는 그 간부에게 회사의 성과를 일정 비율로 나누는 계약을 맺자고 했다. 그러자 그 간부는 탁월한 능력을 발휘해서 회사로서는 더 많은 이익을 낼 수 있었고 간부 개인으로서도 더 많은 소득을 올릴 수 있어 윈-윈의 관계가 형성됐다고 폴 게티는 회고했다.

폴 게티의 '백만장자식 사고방식'을 갖추기 위해서는 주인의식 외에도 철저한 비용 개념을 확립하고 절약하는 습관을 들이는 게 중요하다고 설명하고 있다. 집에서 절약하는 사람은 회사에 나와 비용을 절감하고 생산비를 줄일 수 있는 아이디어를 쉽게 낼 수 있다는 것이다. 비용을 줄여 소비자에게 싼 가격으로 제품을 공급하면 시장도 확대되고 이익도 늘 것이고 결국 회사가 커지면서 그 회사를 소유한 개인의 재산도 불어날 것이라는 게 그의 생각이다.

절약하는 습관을 들여야 한다는 것은 자신의 부모에게서 배운 것이다. 폴 게티의 부모는 많은 재산을 벌었음에도 과시하는 걸 안 좋게 생각하고 항상 절약해야 한다는 생각을 갖고 있었다. 아들에게도 과다한 돈을 주지 않았다. 폴 게티가 17살 때 회사에서 견습공으로 일할 때는 하루에 3달러를 일의 대가로 줬다. 하루에 3달러는 보통 노동자들이 받는 돈과 같았다. 대학을 다닐 때도 폴 게티는 충분한 용돈을 받지 못한 것으로 기억했다. 22살의 나이로 사업을 시작할 때도 폴 게티는 아버지에게서 한 달에 100달러를 생활비로 받았다. 그는 당시 일주일에 6달러 하는 싸구려 호텔에 머무르면서 판자로 만든 식당에서 끼니를 때웠다.

> 부자가 되기 위해서는 행운, 지식, 노력 그리고 '백만장자의 사고방식'이 필요하다. 그 중에서 가장 중요한 것은 '백만장자식의 사고방식'이다. '백만장자의 사고방식'이란 주인의식에 바탕을 두면서 비용에 민감하고 이익을 내는 것을 끊임없이 고민하는 것을 말한다.

부자들의 자녀교육

폴 게티는 나이가 들어서도 철저한 비용 개념을 유지했다. 비록 부자로 살면서 좋은 집에 살고 좋은 음식을 먹었지만 옷은 해어질 때까지 입었다. 그는 말년을 '서튼 플레이스'라는 회사 소유의 영국의 성에서 보냈는데 그곳을 찾는 손님들이 회사 전화를 이용해서 국제전화를 해대는 게 마음에 걸렸다. 그는 회사 전화에는 잠금장치를 해놓고, 대신 성 안에 공중전화를 설치하는 해법을 생각해냈다.

하지만 폴 게티는 절약이 자린고비처럼 돈을 무조건 쓰지 않는 것은 아니라고 했다. 필요하지 않은 곳에 지출을 하지 않거나 낭비 요소를 막아 비용 절감에까지 이르게 하는 게 '진정한 절약'이라는 것이다.

인생의 밑바닥부터
시작하라

폴 게티는 자식들에게도 자기가 부모에게 배웠듯이 '돈은 버는 것'이라는 개념을 심어주려고 노력했던 것 같다. '것 같다'고 한 이유는 게티는 다섯 번 결혼해서 다섯 명의 아들을 두었는데 폴 게티가 실제로 가까이 두면서 가르친 아들은 한 명도 없기 때문이다. 게티의 결혼 생활은 각각 2~3년 내외로 길지 않았다. 다섯 번 결혼 후엔 다섯 번의 이혼을 했다. 마지막까지 그의 옆 자리를 지킨 부인이 없었다는 말이다. 다섯 아들들은 이혼 후에 모두 어머니들이 데리고 키웠다.

폴 게티는 다섯 번씩 결혼의 실패가 이어진 데 대해 부인들의 잘못이라기보다는 '일벌레'처럼 일했던 자신의 잘못이라고 반성했다. 결혼 생활에 불만이 많아 이혼을 요구한 쪽은 오히려 부인들이었다. 억만장자이지만 일벌레인 남편과 사는 게 쉽지 않았던 것 같다. 폴 게티는 하루에 16~18시간을 회사 일에 매달려 있을 정도의 '일 중독자'였다. 가정생활에는 거의 시간을 쓰지 않았다. 부인에게도 충분한 시간을 낼 수 없을 정도였으니 아들들의 가정교육을 위해서 시간을 충분히 냈을 리 없다.

폴 게티가 아들들을 가르칠 수 있는 유일한 방법은 아들들이 다 큰 다음에 회사에 나와서 일을 하게 하는 것이었다. 그는 아들들에게 자신이 아버지에게 배웠던 것처럼 밑바닥부터 시작하면서 교훈을 얻기를 원했다. 폴 게티의 장성한 아들들이 아버지의 회사에서 처음 시작한 일은 주유소에서 기름을 팔고 오일을 갈고 배터리나 타이어를 교체하는 일이었다.

폴 게티는 게티 오일의 주식을 80% 정도 소유하고 있었기 때문에 외부인들은 그가 게티 오일의 작은 일도 좌지우지할 수 있는 것으로 생각했다. 그래서 인사 청탁이 많았다. 그럴 때마다 그는 "내가 마음대로 고용할 수 있는 자리는 내 비서 한 자리에 불과하다. 그러나 그 자리는 이미 찼으니 인사 담당 부서에 가서 물어보라"며 거절했다. 그러면서 그는 자기의 아들들을 회사에서 어떻게 다루는지 보라고 했다. 폴 게티는 자기의 장성한 아들들을 회사의 말단 직원으로 채용했다. 그리고 수습 기간에는 주유소에서 일하는 것과 같은 육체노동을 하도록 했다. 월급도 처음에는 수습사원이 받는 것과 똑같이 줬다. 이는 자기 마음대로 친인척을 편한 자리에 채용할 수 없다는 것을 보여주는 한편, 아버지가 자신을 유정 시추 현장에서 육체노동자로 일하게 했던 것과 같은 교훈을 자신의 아들들에게 주기 위해서였다.

하지만 그의 자녀교육은 실패로 판명나게 된다. 아버지의 부자 교육철학이 아이들이 어렸을 때부터 충분히 반영되지 못했던 것이다. 이미 장성한 아들들을 아버지가 가르치는 데에는 한계가 있었다. 폴 게티는 그의 아들들 중에서 사업을 이어갈 만한 인재를 발견하지 못한 채 죽음을 맞이한다. 아들들은 일을 하는 것에 흥미를 느끼지 못했고 회사에 나온 지 얼마 안 돼 그만둔 경우도 있다. 그가 아끼던 첫째 아들 조지 게티 2세는 사업에 탁월한 능력을 발휘했으나 불행하게도 폴 게티가 세상을 떠나기 3년 전에 자살했다. 막내아들인 티머시는 뇌종양으로 12살 때 세상을 떠났다. 남은 아들들인 로널드, 유진(폴 게티 2세), 고든은 각각 아버지의 회사에서 말단 직원으로 일을 한 적이 있으나 사업에 흥미를 느끼지 못하고 모두 아버지 생전에 회사를 그만뒀다.

로널드 게티는 잠시 아버지 회사에서 일하다가 그만두고 영화 제작에 손을 댔다가 실패하고 결국 파산에 이른다. 현재 그는 형제들의 돈으로 생활하면서 은둔하고 있다. 셋째 아들인 유진 게티는 나중에 폴 게티 2세라고 이름을 바꾸게 된다. 폴 게티 2세가 아버지 회사인 게티 오일에서 처음 맡은 일은 월 100달러를 받고 석유 펌프질을 하는 일이었다. 폴 게티 2세는 1959년 게티 오일의 로마 지사를 맡아서 운영하기도 했다. 하지만 자신의 아들 납치 사건을 스스로 해결하지 못하면서 아버지의 신임을 잃고 재산 관리의 책임을 맡지 못했다.

결국 넷째 아들인 고든 게티가 아버지의 사업을 책임지고 가족의 재산을 관리하는 임무를 맡았다. 하지만 그는 사업보다는 작곡과 노래 부르는 일에 관심이 더 많았다. 매일같이 회사에 가야 한다는 사실을 싫어했다. 고든 게티가 회사 일을 싫어했기 때문에 게티 오일의 간부들은 오너들의 간섭 없이 자유롭게 일을 할 수 있다고 말할 정도였다. 결국 고든 게티는 아버지가 사망한 지 10년 만인 1986년 게티 오일을 대형 석유회사인 텍사코에 팔아버린다.

> 폴 게티의 자녀교육은 실패로 끝났다. 아버지의 부자 교육 철학이 아이들이 어렸을 때부터 충분히 반영되지 못했던 것이다. 이미 장성한 아들들을 아버지가 가르치는 데에는 한계가 있었다.

고든 게티는 현재 작곡에 전념하면서 벤처 투자와 자선사업에 관여하고 있다. 고든 게티를 둘러싸고 폴 게티의 사후에 가족들끼리 각종 소송에 휘말리기도 했다. 집안의 재산관리인으로 적절하지 못하다는 소송부터 시작해서 유산을 더 나눠달라는 소송까지 이어졌다. 현재 게티 집안에서 가장 많은 재산을 가지고 있으면서 아버지가 남겨준 재산을 그래도 지키고 있는 사람은 고든 게티다. 포브스에 따르면 고든 게티의 재산은 21억 달러(약 2조 4,000억 원)로 2017년 현재 미국 부자 순위 300위권에 올라 있다.

폴 게티는 자신의 부모가 자신을 가르쳤듯이 자신의 자녀들을 가르치지 못해서 아쉽다고 토로하곤 했다. 돈은 일해서 버는 것이라는 관념을 심어주지 못했다는 것이다. 자녀에게 올바른 개념을 심어주기 위해서는 부모가 자녀를 위해 얼마나 많은 시간을 내고 얼마나 많은 노력을 기울여야 하는지 폴 게티의 실패 사례가 일깨워주고 있다.

납치된 손자의
몸값까지 깎았던 폴 게티

폴 게티와 자식들과의 관계가 대중에게 널리 알려진 사건은 1973년 일어난 손자인 폴 게티 3세의 납치 사건

부자들의 자녀교육

이다. 폴 게티 3세는 폴 게티의 네 번째 부인인 앤 로크와 사이에서 태어난 폴 게티 2세의 장남이다.

1956년 게일 해리스와 결혼했던 폴 게티 2세는 1964년 이혼을 했다. 한데 이혼 후에 이탈리아에서 어머니와 살던 그의 아들인 폴 게티 3세가 1973년 납치됐다. 폴 게티 3세가 17살이던 때였다. 당시 이탈리아는 부자 납치가 기승을 부리고 있었다. 1960년에서 1973년 사이 이탈리아에서는 320건의 납치 사례가 보고되었다. 그중 많은 수가 부잣집 아들 딸이었다. 통상 이탈리아의 부자들은 경찰을 제쳐두고 납치범과 직접 협상을 통해서 돈을 주고 유괴된 자녀를 집으로 데려왔다. 하지만 폴 게티 2세는 납치범에게 줄 돈도 충분하지 않았다. 부잣집 아들이기는 했지만 아버지의 도움 이외에는 마땅한 벌이가 없었기 때문이다. 납치범들은 처음에 1,700만 달러를 달라고 했던 것으로 알려져 있다.

폴 게티 2세는 아버지인 폴 게티에게 도움을 청했다. 그러나 게티의 대답은 이러했다.

"내가 납치범 한 명에게 돈을 준다면 나는 14명의 납치된 손자 손녀를 갖게 될 것이다."

폴 게티는 아들의 요청을 거절한 것이다. 14명의 손자 손녀가 있는데 한 명이 납치됐다고 돈을 준다면 나머지 13명의 손자 손녀도 납치의 대상이 될 우려가 있다는 게 게티의 이유였다.

시간이 흐르자 납치범들은 폴 게티 3세의 귀를 잘라 우편으로 보내면서 몸값을 320만 달러로 낮춰서 요구했다. 만약 열흘 안에 돈을 보내지 않으면 폴 게티 3세의 몸 어느 곳을 더 자를지 모른다는 최후통첩성의 협박 편지도 도착했다.

다급해진 폴 게티 2세는 아버지 폴 게티에게 아들 몸값을 내기 위한 돈을 빌려주면 연 4%의 이자를 쳐서 나중에 돌려주겠다고까지 했다. 주저하던 폴 게티는 아들의 읍소 작전에 직접 몸값 교섭에 나섰고 결국 가족 재산으로 280만 달러의 몸값을 주고 손자를 풀려나도록 했다. 몸값 중에 폴 게티의 개인 돈이 얼마나 들어갔는지는 공개되지 않았다.

폴 게티 3세는 살아 돌아오기는 했으나 납치 후유증으로 마약 중독에 빠졌고 1981년엔 약물 과용으로 눈이 멀고 말을 못하게 됐다. 폴 게티 3세는 말을 할 수 있을 때 기자들에게 "내가 만약 부잣집에 태어나지 않았다면 이런 불행이 없었을 것"이라며 "모든 게티 집안사람들이 억만장자가 되는 데 관심이 있는 것은 아니다"고 날카롭게 말하기도 했다.

폴 게티는 1976년 폴 게티 2세에게 500달러와 게티 오일의 주식을 유산으로 남겼다고 한다. 그의 돈 관리 능력을 전혀 신뢰하지 않았기 때문이다. 폴 게티는 재산 처분권도 폴 게티 2세의 동생인 고든 게티에게 맡겼다. 고든이 게티 오일의 주식을 텍사코 사에 팔기로 한 1986년 이후에야 폴 게티 2세는 주식을 돈으로 바꿔 현금을 손에 쥘 수 있었다.

폴 게티 2세는 나이가 들어서는 아버지 회사의 주식을 팔아 마련한 돈을 영국에서 자선사업에 쓰면서 자선사업가로 이름을 알렸다. 미국 국적이었던 폴 게티 2세는 영국에 많은 기부를 하면서 기사 작위도 받고 영국 국적까지 얻었다. 9억 파운드(약 1조 3,000억 원)로 추정되는 재산을 영국으로 가져온 폴 게티 2세는 영국 국립박물관에 5,000만 파운드, 각종 박물관 및 연구소 등에 1억 4,000만 파운드를 기부했다. 그리고 2003년 런던에서 사망했다.

폴 게티의 아버지는 이성과 합리성에 바탕을 둬야 한다는 가정 아래 아들을 훈련시켰고, 이성과 합리성을 세상에 널리 퍼지게 하려면 특권을 제한해야 한다고 가르쳤다. 폴 게티는 손자의 몸값 문제도 이성에 따라

> "내가 납치범 한 명에게 돈을 준다면 나는 14명의 납치된 손자 손녀를 갖게 될 것이다."

서 해결하려고 했다. 납치범에게 막대한 몸값을 주는 것은 사회에 납치를 확산시키는 것이라는 게 폴 게티가 이성적으로 추론한 끝에 내린 결론이었다. 폴 게티가 아닌 다른 사람이었다면 손자가 납치됐을 때 이성적인 추론을 할 수 있을지는 의문이다. 결국 그는 재산과 나머지 가족을 지키기는 했지만 한 아들과 납치됐던 손자의 인생을 구해내지는 못했다.

폴 게티의
부자가 되는 방법

폴 게티가 한번은 "부자가 되려면 어떻게 해야 합니까?"라는 질문에 "매일 아침 일찍 일어나십시오. 하루 종일 열심히 일하십시오. 석유를 찾으십시오."라고 대답했다고 한다. '석유를 찾으라'는 말을 돈을 벌 수 있는 사업 영역을 찾으라는 말로 대치하면 그의 말은 현재도 유효한 다음과 같은 격언이 될 수 있을 것이다.

"부자가 되려면 매일 아침 일어나 하루 종일 열심히 일하십시오. 그리고 돈 버는 사업 아이템을 찾으십시오."

이것이 일 중독자였던 폴 게티가 말한 부자가 되는 방법이다.

폴 게티는 또 부자기 되기 위해서는 행운, 지식, 노력, 백만장자의 사고방식이라는 네 가지 요소가 있어야 한다고 제시하기도 했다. 이 중에서 행운은 개인의 노력을 통해 얻을 수 있는 것은 아니다. 나머지 세 가지는 개인이 어떤 생각을 갖고 있고 어떤 습관을 들이느냐에 따라서 가질 수도 있고 가질 수 없는 것이기도 하다. 그렇기 때문에 지식, 노력, 백만장자의 사고방식을 가지도록 애쓰는 게 중요하다는 결론을 내릴 수가 있다. 폴 게티의 부모는 폴 게티가 스스로 노력하는 성인으로 자랄 수 있도록 했고, 또 주인의식과 절약하는 습관을 들이도록 해서 백만장자의 사고방식을 형성할 수 있도록 가르쳤다.

이밖에도 폴 게티는 『부자 되는 법』이란 책에서 사업가로 성공해서 부자가 되는 비결을 10가지로 정리해놨다. 어떻게 보면 누구나 알고 있는 사실을 정리해놓은 것 같지만 결국 진리는 멀지 않은 곳에 있다는 것을 깨닫게 만드는 내용이다. 그의 10계명은 다음과 같다.

첫째, 사업을 시작할 때는 자신이 잘 아는 분야에서 사업을 시작하라. 둘째, 현재 시장에 있는 상품보다 더 싼값에 더 좋은 제품과 서비스를 생산하라. 셋째, 절약의 정신이 필요하다. 넷째, 사업 확장의 기회를 놓치지 마라. 다섯째, '내 사업'이라는 주인의식을 가져라. 여섯째, 자신의 제품이나 서비스의 생산과 판매를 향상시킬 수 있는 방법에 대한 정보가 수시로 들어오도록 하라. 일곱째, 위험을 감수할 준비가 돼 있어야 한다. 여덟째, 항상 개척되지 않은 시장을 찾아야 한다. 아홉째, 자신의 노력과 상품에 대한 평판을 유지해야 한다. 열째, 자신이 부를 축적하는 것을 돈을 버는 수단으로만 삼는 게 아니라 세상 사람들의 생활 조건을 향상시키는 수단으로 여겨야 한다.

> "부자가 되려면 매일 아침 일어나 하루 종일 열심히 일하십시오. 그리고 돈 버는 사업 아이템을 찾으십시오."

부자들의 자녀교육

폴 게티는 이와 같은 10가지의 원칙으로 무장한 후에 열심히 노력해서 일을 한다면 누구나 부자가 될 수 있다고 주장했다. 야망이 있고 능력이 있는 젊은이라면 부자가 되는 길에 도전할 것을 권유했다. 폴 게티에게 아쉬운 점이 있다면 자신의 아들들에게는 이런 생각을 심어줄 시간이 없었다는 것이다.

일하는 것의 중요성을 가르쳐라

폴 게티의 아버지는 성공한 변호사이자 유전 개발 사업자였지만 아들에게 '노동 윤리'를 가르쳐주기 위해 애썼다. 10대 때 아버지 회사에서 일하고 싶다는 아들에게 직접 유정을 뚫는 작업을 보조하도록 했다. 폴 게티는 다른 노동자들과 같이 하루 12시간을 일하고 3달러를 받았다. 사장 아들이라고 농땡이 치는 것이 용납되지 않았다. 매일 육체노동에 지쳐 숙소에 돌아와서는 쓰러져 자는 게 일이었다. 하지만 폴 게티는 일을 하겠다고 스스로 선택했기 때문에 힘든 일을 시킨 아버지에게 불평하지 않았다.

폴 게티의 아버지는 아들이 부잣집에서 태어났다고 해서 흥청망청 돈을 쓰고 다니는 아이로 자라기를 원하지 않았다. 아버지는 아들에게 일하는 것의 소중함을 가르쳤다. 동시에 미래의 유전 개발자로 클 수 있도록 노하우를 현장에서 직접 익히게 한 것이다.

폴 게티의 아버지가 어린 게티에게 일하는 것의 중요성을 가르치려고 노력했던 것은 방식은 좀 바뀌었지만 최근의 미국 부자들이 자녀에게 '노동 윤리'를 심어주려고 애쓰는 것과 그다지 다르지 않다.

최근 미국에서는 인터넷 검색을 하는 것을 '구글링(googling)'이라고 표현한다. 인터넷 검색 사이트인 구글의 검색 능력이 다른 검색 사이트를 압도하여 대부분의 미국인들이 구글을 사용하기 때문에 아예 검색한다는 동사를 대체한 것이다.

그런데 구글의 검색 능력이 너무 뛰어나서 부자 아빠들에게 새로운 걱정거리가 생겼다. 자녀들이 구글 검색을 통해서 부모 재산의 규모를 쉽게 파악할 수 있게 됐다는 것이다. 실제로 인터넷을 조금만 뒤져보면 부자들의 연봉, 스톡옵션의 가치, 집값 등을 쉽게 찾아볼 수 있다. 그들의 고민은 부모의 재산이 엄청나다는 걸 안 자녀들이 쉽게 부모에게 손을 벌리게 된다는 점이다. 더욱더 문제인 것은 부모가 돈이 많다는 걸 알아버린 어린 자녀들은 일을 해서 돈을 벌어야 한다는 생각을 갖기 힘들게 되고 학교에서도 열심히 공부해야 할 이유를 찾지 못하게 된다는 것이다.

미국의 유력 경제지 월스트리트저널은 2007년 2월 이렇게 '구글링'하는 부잣집 자녀들에 대한 기사를 다루면서 부잣집 부모들이 어떻게 대처해야 할지 조언했다. 자녀들이 인터넷을 통해 부모의 재산에 대해서 조사하는 것을 막을 수 있는 방법은 없다. 다만 아이들이 '노동의 중요성', 다시 말하자면 일해서 돈을 벌어야 한다는 사실을 깨닫게 해주는 것이 중요하다는 게 조언이 내용이다. 자녀와의 문답 요령도 소개했다. 예컨대 구글링으로 부모의 재산을 파악하게 된 아이가 "내가 재산을 물려받게 되나요?"라고 물어보면 다음과 같이 대답하라는 것이다. "너는 네가 필요한 교육을 받을 수 있는 정도의 돈을 물려받게 될 거야. 그리고 아마도 집을 사거나 비즈니스를 시작하는 데 보탬을 줄 수도 있을 거야. 하지만 너는 열심히 일해야 하고, 네 스스로 직업을 가져야 해. 그리고 쇼핑은 네가 돈을 벌어서 해야 한다."

노동의 중요성을 깨닫는 것은 '수입-지출=재산'이라는 부자의 공식의 관점에서 본다면 수입을 늘리는 것과 직접적으로 관련이 돼 있다. 자영업자가 되든지 월급쟁이가 되든지 수입을 늘리기 위해서는 열심히 일하는 게 바탕이 돼야 한다.

하지만 많은 한국 사람들이 '대박' 신화에 사로잡혀 가장 기본적인 노동의 중요성을 잊고 있는 것은 아닌지 반문하게 된다. 물론 부자가 되는 길에는 한순간의 대박도 있다. 로또에 당첨되는 것도 부자가 되는 길 중 하나이고, 주식이나 부동산에 투자해서 몇 달 사이에 두 배 치기 장사를 하는 것도 부자가 되는 길 중 하나이다. 하지만 '지속 가능한 부자가 되는 길'이 무엇이냐는 관점에서 본다면 '노동 윤리'가 바탕이 돼야 한다. 일을 해서 꾸준한 수입을 만들어내야 한다는 생각이 없다면 어느 순간 가난의 나락에 빠져버릴 가능성이 충분하다. 꾸준한 수입이 없이 지출을 통제하지 못하면 '수입-지출=재산'이라는 기본 공식에 따라 재산은 쉽게 줄어들어버리기 때문이다. 대박이 엄청나게 커서 지출을 영원히 상쇄하거나 연속적으로 대박을 맞아 수입을 메울 수 있다고 주장할 수도 있겠으나 그런 경우는 보통 사람들에게 쉽게 찾아오지 않는다. 자녀들을 부자로 만들기 위해서는 꾸준한 수입을 만들어낼 수 있는 노동의 중요성을 가르치는 게 기본이다.

폴 게티는 노동의 중요성을 강조한 아버지의 가르침을 제대로 흡수했다. 그는 '아침형 인간'으로 하루를 일찍 시작해서 하루 16~18시간씩 일했다. 그는 '어떻게 하면 부자가 되냐'는 질문을 받을 때면 '아침에 일찍 일어나 하루 종일 열심히 일하라'고 조언했다.

'노동의 중요성'은 폴 게티가 아들들에게도 가장 중요하게 전해주려고 했던 메시지다. 그는 아들들이 장성한 후에 자신의 회사 주유소에서 일하게 하는 등 육체노동부터 시킨 후에 사무실 일을 보도록 했다. 하지만 폴 게티의 교육은 성공적이지 못했다. 그 이유는 무엇일까? 아이들이 '어릴 때' 폴 게티의 철학에 맞춘 가정교육을 시키지 못했다는 게 가장 큰 이유다. 폴 게티는 다섯 번의 결혼과 다섯 번의 이혼을 겪었고, 이혼 후에는 아이들을 모두 전 부인이 맡아서 키웠다. 그러다보니 자녀들이 어렸을 때 아버지에게서 노동의 중요성을 제대로 배울 기회가 많지 않았던 것이다. 장성해서 아버지 회사에 온 아들들은 육체노동부터 했다고 해도 일을 해서 돈을 벌어야 한다는 사실을 쉽게 깨닫지 못했다.

| 로스앤젤레스 시내에 있는 게티하우스, 현재 로스앤젤레스 시장 관사로 쓰이고 있다.

'부자론'을 가르친 미국 최초의 억만장자 폴 게티

폴 게티가 1970년대 미국 최고의 부자임에도 불구하고 그의 삶의 흔적을 찾기는 어려웠다. 그의 흔적을 찾기 위해 로스앤젤레스 시내를 돌아다닌 적이 있다. 로스앤젤레스는 폴 게티가 10대 이후에 살았던 곳이다. 물론 로스앤젤레스 서쪽 언덕에 세워져 있는 게티 센터에 그의 이름이 남아 있기는 하다. 그렇지만 게티 센터는 그의 사후에 세워진 곳으로 그림과 조각품을 감상할 수 있는 미술관이지 폴 게티의 삶에 대해서 알 수 있는 곳은 아니다.

로스앤젤레스의 윌셔 대로와 킹슬리 가가 만나는 곳에 있었다는 10대 때 살던 집은 오래전에 사라져버렸다. 대신 로스앤젤레스 시장 관사의 별명이 '게티 하우스'라는 사실을 알게 됐다. 폴 게티가 자살한 첫째 아들을 기리기 위해 자신이 어릴 적 살던 집과 같은 튜더 왕조 시대 스타일의 집을 구입해서 시에 기부했기 때문에 게티 하우스라고 불리게 됐다. 게티가 운영했던 게티 오일은 아들들이 팔아버렸고, 로스앤젤레스에 있던 본사 건물은 현재 상가 건물로 쓰이고 있다.

사후에 삶의 흔적을 찾아보기 힘든 폴 게티의 사례는 부모의 철학이 제대로 자녀들에게 전해지지 않았을 때 어떤 모습으로 남게 되는지의 방증이기도 하다. 그렇기 때문에 현재 미국의 부자 부모들이 자녀들에게 '부자의 윤리'가 아닌 '노동 윤리'를 가르치기 위해 고민하는 것이 아닐까?

기부 가족을 만든 워런 버핏의 자녀교육

독립적으로 사는 법을 가르쳐라

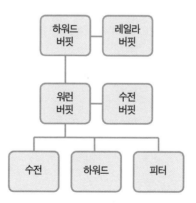

기부 가족을 만든
워런 버핏의 자녀교육

"부모의 돈은
자녀의 돈이 아니다"

"아버지는 남을 돕는 데 열심인 세 아이(수전, 하워드, 피터)를 둔 걸 행운이라고 생각한다. 너희는 많은 시간과 열정을 다른 사람을 돕는 프로젝트를 진행하는 데 쓰고 있다. 아버지는 너희가 하는 일이 자랑스럽다. 네 어머니도 자랑스럽게 생각할 거다. 너희를 사랑하는 아버지 워런 버핏."

2006년 6월 26일 세계 2위의 부자 아버지 워런 버핏은 세 자녀에게 위와 같이 끝맺음하는 편지를 각각 한 통씩 썼다. 편지 내용의 골자는 세 자녀가 각각 운영하고 있는 자선재단들에 자신이 살아 있는 동안 매년 5,000만 달러(약 580억 원) 상당의 주식을 기부하겠다는 것이었다. 당시 일흔다섯 살이었던 워런 버핏이 아흔다섯까지 살 수 있다면 10억 달러(약 1조 1,600억 원)어치의 주식이 각 재단에 흘러들어가게 된다는 얘기였다. 워런 버핏은 1999년 40대의 자녀들에게 각자의 이름을 딴 자선 재단을 만들도록 했다. 아버지의 재산을 개인적으론 물려주지 않고 남을 위해 쓰도록 하겠다는 취지였다. 자선재단의 돈은 개인적인 용도로 사용할 수 없다. 큰딸 수전은 조기 교육을 지원하는 '수전 A. 버핏 재단'을, 큰아들 하워드는 저개발국과 깨끗한 수자원 개발을 지원하는 '하워드 G. 버핏 재단'을, 작은아들 피터는 개방과 인권 향상을 지원하는 '노보(NoVo, 라틴어로 '나는 변화시킨다'라는 뜻이다) 재단'을 각각 운영하고 있다.

워런 버핏은 자신이 죽을 때 많은 재산을 자녀에게 남기지 않겠다고 공언하고 있는 부자 중의 한 명이다. 하지만 그가 많은 재산을 남기지 않겠다는 것은 자녀들을 거지처럼 만들겠다는 뜻은 아니다. 자녀들이 아버지 재산에 기대지 않고 독립적인 삶을 영유할 수 있는 사람으로 키우겠다는 의지의 표현인 것이다. 그는 1986년 포천 지와의 인터뷰에서 "진짜 부자는 자녀에게 무언가 일을 해야 할 정도의 재산을 남기지, 아무것도 하지 않아도 충분할 재산을 남기지는 않는다"고 말했다. 워런 버핏이 이날 자녀들의 자선재단에 많은 돈을 기부하겠다고 한 것은 자녀들이 재단 설립 이후 5년간 아버지에게 신뢰를 줄 정도로 재단 운영을 잘 했기 때문이다. 아버지는 5년간 지켜본 후에야 자선사업을 운영할 충분한 재원을 준 것이다.

자녀들은 아버지의 돈을 맡아서 기부하는 데 쓸 수 있다는 사실에 더 큰 의미를 두고 있었다. 개인적으로 쓸 수 있는 유산을 많이 받지 못해 섭섭하다는 생각은 없었다. 큰아들 하워드 버핏은 뉴욕타임스와의 인터뷰에서 "만약 아버지가

| 워런 버핏

부자들의 자녀교육

'매년 5,000만 달러를 개인적으로 쓸 수 있게 줄까, 아니면 네가 만든 자선단체를 위해 줄까'라고 물어봤다면 내가 먼저 '재단에 쓸 수 있게 해주세요'라고 말했을 것이다"라고 말했다. 5,000만 달러가 갑자기 주어진다면 기부하는 것 외에 할 수 있는 일이 있겠냐는 게 이유였다.

이야기는 여기서 끝나지 않는다. 세 자녀에게 기부 계획을 알리는 편지를 쓰던 그날 워런 버핏은 세상을 깜짝 놀라게 할 편지 한 통을 더 썼다. 그 편지의 수신자는 세계 최고의 부자 빌 게이츠였다. 빌 게이츠가 세운 세계 최대의 자선단체인 '빌 앤드 멜린다 게이츠 재단'에 자신이 살아 있는 동안 매년 소유한 주식의 5%를 기부하겠다는 내용이었다. 액수로 따지면 연간 15억 달러로, 20년간 기부한다고 가정하면 300억 달러에 해당한다. 자녀들의 재단과 자신이 세운 재단에 기부하겠다고 한 것까지 따지면 이날 기부를 약정한 재산은 당시 워런 버핏의 전체 재산(440억 달러)의 85%인 370억 달러에 달한다. 기부 약정 액수로 보면 빌 게이츠가 당시까지 약정한 돈(약 280억 달러)을 넘어서는 것으로 역사상으로 따져도 가장 많은 기부액이다. 게다가 주식을 기부하겠다고 약정했기 때문에 주식 가격이 올라가면서 기부 약정액도 따라서 올라가고 있다. 워런 버핏이 기부를 약정한 액수도 액수지만 보통 부자들은 자신이 세운 자선단체나 재단에 기부하는 데 반해 워런 버핏은 기부 약정액의 80% 이상을 빌 게이츠가 세운 재단에 보내기로 했다는 사실에 사람들은 더 놀랐다.

"흠, 우리도 자선사업을 잘 할 수 있는데 빌 게이츠에게 돈을 맡기다니." 만약 우리가 워런 버핏의 자녀들이라면 이런 생각이 들 수도 있을 것이다. 게다가 빌 게이츠는 자신들과 동년배다. '아버지 돈이 내 돈이다'란 생각을 가지고 있었다면 아버지의 계획에 반발했을 것도 같다.

하지만 워런 버핏 자녀들은 담담한 반응을 보였다. 워런 버핏의 세 자

| 워런 버핏의 기부 계획 발표 후에 텔레비전 프로그램에 출연한 워런 버핏의 자녀들.

녀는 아버지가 재산 기부 계획을 세상에 알린 지 사흘이 지난 6월 29일 텔레비전 아침 뉴스쇼에 얼굴을 내밀었다. 미국 3대 공중파 방송의 하나인 ABC의 '굿모닝 아메리카'라는 프로그램이었다. 화면에 비쳐진 큰딸 수잔 버핏, 큰아들 하워드 버핏,

작은아들 피터 버핏은 전혀 놀라거나 실망한 얼굴이 아니었다. 오히려 미소를 띠며 농담까지 섞어가며 아버지의 계획을 지지한다고 말했다.

진행자가 "내 돈은 어디 있냐고 아버지에게 물어보지 않았느냐"고 묻자 오히려 큰딸 수잔 버핏은 자녀들을 대표해서 "정말로 그렇게 많은 돈(워런 버핏의 전 재산)을 우리에게 남겨준다면 그것이야말로 정신 나간 행동일 것"이라고 말했다. 막내아들 피터 버핏은 "아버지는 돈으로 사람이 만들어지거나 행복을 살 수 있는 것은 아니라고 말해왔다"며 "아버지는 돈이 아니라 자신이 하는 일을 가지고 세상 사람들이 평가해주기를 원했고, 우리에게도 돈이 아니라 우리가 좋아할 수 있는 일을 찾으라고 항상 이야기했다"고 말했다.

특히 기부액의 80% 이상을 빌 게이츠에게 맡기기로 한 계획을 지지한다고 말했다. 큰아들 하워드 버핏은 "빌 게이츠는 전 세계를 대상으로

"만약 아버지가 '매년 5,000만 달러를 개인적으로 쓸 수 있게 줄까, 아니면 네가 만든 자선단체를 위해 줄까'라고 물어봤다면 내가 먼저 '재단에 쓸 수 있게 해주세요'라고 말했을 것이다."

부자들의 자녀교육

여러 가지 사업을 하면서 이미 준비된 사람이다. 그는 막대한 재산을 다룰 준비가 돼 있다"고 말했다.

부모의 도움 없이도
살 수 있어야 한다

워런 버핏의 자녀들은 이미 50대 후반에서 60대 초반으로 중년의 나이에 들어섰고 스스로 자신의 생활을 꾸려나갈 수 있다. 그들에게 있어 아버지의 기부 계획은 놀랍거나 이상한 것이 아니었다. 워런 버핏은 오래 전부터 자녀들에게 많은 재산을 남기지 않겠다고 공언했고, 이번 기부 계획도 자녀들과 오래 전부터 얘기해왔기 때문이다. 워런 버핏의 자녀들은 아버지가 막대한 재산을 어떻게 할지 알고 있었기 때문에 그에 맞춰서 자신의 삶을 구상하고 만들어왔다.

워런 버핏의 세 자녀 중 맏이이자 큰딸인 수전 버핏은 부모가 세운 '수전 톰슨 버핏 재단'과 자신이 세운 '셔우드 재단'을 운영하는 일에 대부분의 시간을 보내고 있다. 그녀는 UC 어바인에서 가정경제학을 전공하다가 학교를 그만뒀다. 수전 버핏은 단순 사무직으로 일하기를 원했는데, 그렇게 하기 위해서는 대학 학위가 필요 없다고 생각했기 때문이다. 그녀는 젊은 시절 수도 워싱턴에 있는 뉴리퍼블릭, 유에스뉴스 등의 잡지사에서 행정 보조직으로 일했다. 첫 직장에서는 월급으로 525달러를 받았다. 그녀는 잡지사에서 일하던 중 변호사인 앨런 그린버그를 만나 결혼했고, 고향으로 돌아오라는 아버지의 말에 부부는 '수전 톰슨 버핏 재단'에서 일하게 됐다. 수전 버핏은 10년 전 이혼하고 재단 일에 집중하고 있다. 앨런 그린버그는 아직도 수전 톰슨 버핏 재단의 실제 운영을 도

맡아 하고 있고, 수전 버핏은 이사 중 한 명으로 일하고 있다.

자선재단 운영도 부모에게 기대지 않고 하려면 쉬운 일은 아니다. 수전 버핏은 재단을 위해 기부를 받으러 다니면 "아버지께 수표를 써달라고 하지 왜 기부는 받으러 다니느냐"는 질문을 받을 때가 많다고 토로한다. 또 돈을 원하는 곳이 많아 우선순위를 정하는 것도 여간 어려운 게 아니라고 한다.

수전 버핏이 기억하는 아버지 워런 버핏의 이미지는 '부자 아빠'지만 쓸데없는 도움은 주지 않는다는 것이다. 한 번은 워싱턴 DC에 있는 공항 주차장에서 주차비로 현금 20달러를 내야 했다. 하지만 수전 버핏의 주머니에는 현찰이 없었다. 차에 같이 탄 아버지 워런 버핏에게 "20달러만 주세요"라고 했다. 아버지의 대답은 "수표를 써주렴"이었다. 얼마 안 되는 돈이지만 그냥 주지는 않겠다는 것이다. 미국에서 20달러짜리 가계수표를 은행에 가져가면 현금 20달러로 바꿀 수 있다. 수전 버핏은 20달러짜리 가계수표를 써주고서야 아버지에게 20달러를 받을 수 있었다.

또 한 번은 수전 버핏이 딸이 태어나자 식당이 비좁아 확장 공사를 해야 했다. 그녀는 식당 개수에 필요한 4만 1,000달러(약 4,700만원)를 아버지에게 빌리려고 했다. 아버지의 대답은 "남들처럼 은행에 가서 빌려라"였다. 세계 2위 부자의 딸이었지만 아버지는 '공짜 점심(대가 없는 이익)'을 줄 생각이 없었다.

수전 버핏과 한 살 터울인 하워드 버핏도 역시 UC 어바인에 입학했다가 1년 만에 학교를 그만두고 자신이 돈을 벌 길을 찾았다. 부모는 공부하기를 원했지만 그는 공부가 싫었다고 한다. 하워드 버핏은 중장비와 농업에 관심이 많았다. 대학을 그만두고 고향인 네브래스카 오마하에 돌아와서는 처음엔 불도저 한 대를 구입해서 굴착 사업을 했다. 그러다가 일리노이 디카터로 이사를 가서 인근에 농장을 경영하고 있다. 농장 면적은 800에이커로 여의도만 한 면적이다. 주로 옥수수와 콩을 재배하고 있다. 또 취미생활인 사진을 살려 사업으로 발전시켰다. 하워드 버핏의 공식 직함은 버핏 팜즈(Buffett Farms)의 사장이자 사진 전문 출판 기업인 버핏이미지즈(BuffettImages)의 사장이다. 버핏이미지즈는 하워드 버핏이 세계 각지를 다니며 찍은 자연과 야생동물 사진들을 박물관에 팔거나 책으로 만들어 판매하고 있다. 그는 1992년부터 아버지 회사인 버크셔 해서웨이의 이사도 맡고 있다.

하워드 버핏에게도 아버지는 무한정 도움을 주는 존재는 아니었다. 그는 1973년 고등학교를 졸업하고 다른 미국 아이들이 그렇듯이 아버지에게 새 차를 사달라고 했다. 아버지 워런 버핏이 차를 사라고 5,000달러를 주기는 했다. 하지만 그 대가는 3년 동안의 생일 선물, 크리스마스 선물, 그리고 졸업 선물을 못 받는 것이었다. 게다가 그동안 모은 용돈으로 차 값의 부족분 2,500달러를 메워야 했다.

하워드 버핏이 일리노이의 디카터에 농장을 운영하기 위해 큰돈이 필요할 때도 아버지 워런 버핏의 무조건적인 지원은 없었다. 땅은 아버지가 사는 대신 농작물을 팔아 남는 수익은 일정 비율로 아버지와 아들이 나누는 계약을 했다. 아버지는 아들 사업에 투자를 한 것이었다. 하워드 버핏은 잡지 포브스와의 인터뷰에서 "아버지는 엄격한 사람이다. 그는 밖에 나가서 돈을 벌어라 라는 식으로 말하는 분이다. 만약 무엇이든 사람들에게 공짜로 준다면 그 사람들은 돈을 버는 법을 배우지 못하게 된다고 생각하는 분이다"라고 말했다. 그는 또 "아버지는 우리에게 우리 자신의 길을 가라고 했다"고 말했다.

막내아들 피터 버핏은 작곡가다. 가수였던 어머니의 영향을 받았다.

미국 서부의 명문대인 스탠퍼드에 입학했다가 2년 만에 학교를 그만뒀다. 그는 영화 〈늑대와 춤을〉의 배경음악을 작곡해서 유명해졌다. 주로 영화, 광고의 배경음악을 작곡하며, 위스콘신의 밀워키에서 활동하다 최근 뉴욕으로 활동 무대를 옮겼다. 그는 자신의 음악 활동으로 충분한 명성과 돈을 얻고 있다.

"한번은 아버지가 영화 배경음악 작곡을 하면 돈을 받느냐고 물어본 적이 있어요. 그때 나는 이런 일 저런 일을 한다고 얘기했지요. 그랬더니 아버지는 '와우, 정말 돈을 많이 벌 수 있겠구나'라는 표정을 지으셨지요."

피터 버핏도 단 한번 아버지에게 돈을 빌려달라고 요청한 적이 있다. 밀워키로 이사 가기 위해 돈이 필요했을 때였다. 아버지 워런 버핏은 그에게 "나는 우리의 관계가 말끔하기를 원한다. 한번 돈으로 얽히게 되면 부자 관계도 복잡해지기 나름이야"라고 말했다. 피터 버핏은 "아버지가 돈을 빌려주지 않았기 때문에 나는 은행에 가서 대출을 받고 은행 업무를 다루는 요령을 배울 수 있었다"라고 말했다.

워런 버핏의 자녀들은 부모에게 기대지 말고 독립적으로 살아야 한다는 것을 계속해서 배워왔던 것이다. 워런 버핏은 자녀에게 많은 것을 주면서 통제하는 대신 그들이 자유롭게 자신의 인생을 개척할 수 있게 했다. 세 자녀 모두 대학을 중도에 그만뒀지만 그들의 선택을 존중해줬다. 그들은 각자 자선사업(수전 버핏), 농업과 사진(하워드 버핏), 음악(피터 버핏) 부문에서 자신의 영역을 개척하고 있는 것이다.

큰아들 하워드 버핏이 기억하는 또다른 아버지 워런 버핏의 모습은 전문 투자가의 모습이다. "나는 아버지가 집에 있는 서재에서 무디스의 평가보고서와 같은 것을 읽고 있던 걸 기억한다. 아버지는 정말 열심히 일하셨다. 아마도 하루에 18시간을 일했던 것 같다."

그는 또 어릴 적 아버지 워런 버핏이 투자한 '버펄로뉴스'라는 지역 신문사의 파업 문제를 해결하기 위해 사흘 동안 전화통을 붙잡고 씨름하던 모습을 기억하고 있다. "나는 아버지가 순전히 사실(fact)에 근거한 계산을 해서 결론을 내리는 과정을 지켜봤다. 아버지는 차라리 신문사 문을 닫는 게 낫다는 결론을 내렸다. 아버지는 투자 결정을 내릴 때 모든 감정을 배제한 채 판단을 내릴 수 있는 근본적인 이유를 찾았다. 그리고 한번 결정을 내리면 흔들리지 않았다." 워런 버핏은 사실에 기초해서 합리적인 판단 과정을 거쳐서만 투자 결정을 내렸다.

아버지 워런 버핏은 자신의 투자 결정 과정을 어릴 때부터 지켜본 하워드 버핏이 자신의 투자 철학을 잘 계승할 것으로 믿고 있다. 하워드 버핏은 자신의 회사와 재단 운영 외에도 1992년부터 아버지 투자회사인 버크셔 해서웨이의 이사도 맡고 있다. 버크셔 해서웨이를 대표해서 잠시 코카콜라 등 버크셔 해서웨이가 투자한 회사의 이사를 맡기도 했다. 그는 아버지가 세상을 떠나면 버크셔 해서웨이에 보수를 받지 않는 회장으로 취임해서 회사 이사회에서 버핏 집안의 투자 철학을 대표하는 역할을 맡기로 예정돼 있다.

워런 버핏은 그가 살고 있는 네브래스카 오마하의 이름을 따서 '오마하의 마법사' '오마하의 현인' 등으로 불릴 정도로 투자의 선구안이 뛰어난 사람이다. 워런 버핏의 투자 회사인 버크셔 해서웨이의 연차보고서에 따르면 1965년 이후 2016년까지 연평균수익률은 20.8%에 달한다. 같은 기간 미국의 주가지수인 S&P500의 연평균 상승률은 9.7%였으니, 버크셔 해서웨이에 투자했다면 일반 주식 투자자보다 매년 배의 수익을 올릴 수 있었던 것이다. 같은 기간 버크셔 해서웨이의 총 수익률은 197만 2,595%로 1965년에 100달러를 버크셔 해서웨이에 투자했다면 50여년이 지난 2016년 197만 2,695달러를 손에 쥘 수 있다는 뜻이다.

워런 버핏에게 투자 방법을 터득하게 한 사람은 그의 아버지인 하워드 버핏(워런 버핏의 큰아들과 이름이 같다)이다.

워런 버핏의 아버지는 네브래스카 오마하의 주식 중개인이었다. 워런 버핏이 태어나던 해는 1930년으로 미국에서 대공황이 몰아닥쳐 주식시장이 붕괴되던 때였다. 은행에서 주식 중개인으로 일하던 그의 아버지는 하루아침에 일자리를 잃고 길거리로 나앉게 됐다. 은행에 모아놨던 예금도 날렸다. 어려운 와중에도 주식 거래를 성사시켜주고 거래수수료를 받는 주식중개회사를 창업했다. 하지만 아버지는 몇 년간 거의 수입이 없었다. 워런 버핏이 여섯 살이 됐을 때야 사정이 조금 나아져서 집을 늘려 이사를 할 수 있었다.

워런 버핏이 10살이 됐을 때 아버지는 그를 뉴욕에 데리고 갔다. 주

식 중개인이었으므로 방
문지로 빼놓지 않았던 곳
이 월스트리트에 있는 증
권거래소였다. 주식 거래
부스 사이를 거래인들이
왔다 갔다 하며 주식 거
래 용지를 서로 건네는
모습은 어린 워런 버핏의
머리에 깊은 인상을 남겼
다. 그는 장난감 비행기보
다 주식을 더 좋아하는
어린이로 변했다.

아버지는 워런 버핏을
자주 사무실로 불렀다.
아버지의 사무실에선 주

| 워런 버핏의 아버지 회사가 있던 오마하 내셔널 뱅크 건물. 워런 버핏은 아버지 회사에 놀러 다니며 주식 투자를 배웠다.

식과 채권 원본을 구경할 수 있었다. 게다가 아버지 사무실과 같은 건물
에 있는 '해리스 업햄'이라는 중개 회사에 가면 칠판에 주식 가격을 적어
놓은 걸 구경할 수 있었다. 해리스 업햄의 주식 중개인들은 어린 워런 버
핏이 찾아오면 분필로 칠판에 주가를 적는 것을 돕도록 했다. 주가의 움
직임은 어린 그의 투자 욕구를 자극했다. 그는 여덟 살 때부터 아버지가
집에 두고 간 주식시장에 관련된 책을 읽기 시작했다.

워런 버핏은 11살 때 실세로 주식을 구입하게 된다. 씨티즈 서비스 우
선주를 주당 38달러에 3주를 구입했다. 씨티즈 서비스의 주가가 주당
27달러까지 떨어졌다가 40달러로 회복됐다. 워런 버핏은 주식을 팔아

수수료를 제하고 5달러의 이익을 남겼다. 하지만 그가 팔고 나자 곧 씨티즈 서비스의 주식은 주당 200달러까지 치솟았다. 워런 버핏은 주식 첫 거래에서 투자에는 '참을성'이 필요하다는 교훈을 얻었다.

워런 버핏은 그 이후에도 꾸준히 주식 공부를 했다. 친구들이 운동장에서 뛰어놀 때 그는 경제 전문지인 월스트리트저널을 읽고 주가 차트를 연구했다. 고등학교 때는 교사들이 그에게 어떤 종목을 사야 되는지 물어볼 정도였다. 하지만 주식에 대해 공부한 것에 비해서 투자 성과는 별로였다.

그런 워런 버핏을 진정한 투자의 길로 이끌어준 스승이 컬럼비아 경영대학원의 벤저민 그레이엄 교수다. 그는 은사를 잊지 못해 큰아들 미들네임에 '그레이엄'을 집어넣어 큰아들 이름을 '하워드 그레이엄 버핏'이라고 지었다. 벤저민 그레이엄 교수의 투자 철학을 단순화시켜 말하면 주식의 가치가 가격보다 낮을 때 투자를 해야 한다는 것이다. 당시만 해도 미국의 월스트리트도 분석보다는 '감(感)'에 의존하는 투기적인 분위기가 만연했다. 하지만 그레이엄은 주식의 가치를 분석하고 그에 따라 투자 결정을 내려야 한다는 주장을 했다. 주식의 가치는 곧 회사의 가치를 말하는 것으로 이를 계산하는 기법은 전문가마다 다르겠지만 '가치에 비해 싼 주식을 사라'는 투자 기법은 현재도 가장 강력한 힘을 발휘하고 있다. 워런 버핏은 벤저민 그레이엄 교수의 수업에서 유일하게 전 과목 A+를 받은 학생이었다.

워런 버핏은 스승의 가르침에 더해 기업의 성장성이 있는지 없는지도 투자 판단의 기준으로 삼았다. 주식 가치에 비해 값이 싸더라도 미래에 성장성이 없다면 투자하지 않는다는 원칙이다. 그는 자신의 투자 철학을 확립한 후에 직접 적용해 대성공을 거뒀다. 워런 버핏이 1950년 컬럼비아 경영대학원에 입학했을 때 수중에 9,800달러가 있었지만, 그 돈은 1956년 고향인 오마하에 자신의 투자회사를 세우기 위해 돌아갈 때 14만 달러로 불어나 있었다.

돈 버는 '액션 플랜'을
세우고 실천하라

　　　　　　　　　　워런 버핏의 다섯 살 때 꿈은 '돈을 많이 벌어 부자가 되는 것'이었다. 대공황으로 거리에는 실업자가 즐비한 시절에 아버지마저 돈을 벌어오지 못하는 상황에서 어린 아이 때부터 '돈을 벌어야 한다'는 의지를 키웠다. 물론 당시에 많은 어린이들이 워런 버핏과 같은 꿈을 가졌을 것이다. 하지만 자라면서 실제 꿈을 현실화시킨 사람은 그다지 많지 않다. 워런 버핏을 다른 아이들과 구별짓게 한 가장 큰 차이는 '실행 계획(액션 플랜)'이 있느냐 없느냐 였다.

워런 버핏이 자신의 손으로 돈을 벌어본 것은 다섯 살 때가 처음이다. 집 앞에 판매대를 세워놓고 껌과 레모네이드를 팔았다. 처음엔 자신의 집 앞에 판매대를 세웠지만 곧이어 행인과 지나다니는 자동차가 많은 친구 러셀의 집 앞으로 판매대를 옮겼다.

여섯 살 때는 가족 여행으로 아이오와의 오코보지 호수에 놀러간 적이 있었다. 그때 워런 버핏은 콜라 여섯 병 들이 상자를 25센트에 사서는 호수 주변을 돌아다니면서 병당 5센트에 팔았다. 여섯 병을 모두 팔고 나니 30센트를 벌 수 있었다. 수익은 5센트가 났다. 수익률은 20%로 판매량을 늘려간다면 엄청난 수익을 올릴 수 있는 장사였다. '장사가 되겠구나'라고 판단한 워런 버핏은 그후 장사를 하는 친할아버지 가게에서 여섯 병 들이 콜라 상자를 사다가 친구들과 이웃집을 돌아다니면서 한 병씩 팔았다.

아홉 살 때는 친구 러셀과 같이 주유소에 있는 음료수 자동판매기 옆 쓰레기통을 뒤져 사람들이 버리고 간 병 뚜껑을 세기도 했다. 사람들이 어떤 브랜드의 음료수를 좋아하는지 파악하여 팔기 위해서였다.

'싸게 사서 비싸게 팔아라' '객관적이 자료를 가지고 판단하라' '경쟁력 있는 상품을 팔아라' '브랜드의 가치를 파악하라' 등 훗날 자신의 투자 원칙이 될 것들을 어렸을 때부터 몸으로 익힌 것이다.

10대의 워런 버핏이 음료수 판매 다음으로 시작한 사업은 중고 골프 공 판매와 신문 배달이었다. 그는 오마하 컨트리클럽에서 하루 3달러씩 받으며 캐디로 일하면서 손님들이 버리고 간 골프공을 수집하는 일을 시작했다. 골프공의 상태에 따라 분류를 해서 중고 골프공으로 팔 수 있는 것은 팔았다. 이웃집 친구들까지 끌어들여 골프공을 주어다가 팔았다.

신문 배달은 워런 버핏의 아버지가 미국 하원의원에 당선돼서 그가 13살 때 워싱턴 D.C.로 이사 가면서 시작했다. 낯선 워싱턴에서 마땅한 친구도 없었던 그는 새로이 돈을 벌 방법을 궁리했다. 워런 버핏의 신문 배달은 10대 소년들이 용돈을 벌기 위해 잠시 하는 것과는 차원이 달랐다. 13살 때 이미 '기업형 신문 배달'을 시작했다. 우선 경쟁지인 워싱턴 포스트와 타임즈-헤럴드를 동시에 배달했다. 같은 거리를 배달하더라도 구독자의 입맛에 맞춰 두 신문을 번갈아 넣을 수 있기 때문에 효율적으로 시간을 활용할 수 있었다. 또 배달 지역은 주로 아파트 단지를 타깃으로 해서 짧은 거리를 배달하더라도 배달 부수는 많았다. 워런 버핏은 다섯 개의 신문 배달 루트를 확보해서 하루 500여 부를 돌려야 했지만 배달 시간은 1시간 15분 정도에 마무리할 정도로 효율적으로 시간을 활용했다.

신문 배달을 잡지 구독 마케팅의 통로로 활용하기도 했다. 주민들이 보고 난 잡지를 버릴 때 잡지에 적혀 있는 구독 만료일을 적어놨다가 만료일 직전에 같은 잡지의 재구독을 권하거나 다른 잡지 구독을 권유해서 구독 권유 수수료를 챙길 수 있었다.

워런 버핏은 당시 한 달에 175달러를 벌었는데 이는 당시 사회 초년병들이 정규직 일자리를 가졌을 때 받을 수 있는 정도의 돈이었다. 당시 신문 배달원들은 통상 시간당 75센트를 받았을 뿐이었다. 그는 일을 해서 번 돈을 차곡차곡 모았다. 어머니조차 그가 돈을 모아 둔 서랍에 손을 대지 못했다.

워런 버핏은 13살 때 처음으로 정식으로 국세청에 소득 보고를 해 세금을 정산했다. 비용을 제하고 1,000달러를 벌었다고 신고했다. 수입의 대부분은 신문 배달에서 나온 것이고 중고 골프공을 팔아 올린 수입도 일부 있었다. 비용으로 신고한 것 중에는 자신이 번 돈으로 자전거를 구입한 게 가장 큰 것이었다.

워런 버핏은 부자가 되기 위한 계획을 세우기 위해 관련 서적을 어릴 적부터 많이 읽었다. 동네에서는 책벌레로 소문이 나 있을 정도였다. 주로 비즈니스 관련 서적을 중점적으로 읽었다. 『1,000달러를 만드는 1,000가지 방법』『맥두걸 부인은 38달러로 백만 달러를 벌었다』등이 그가 읽은 책이었다. 그의 책 읽는 습관은 정독을 하는 것이었다. 한 페이지 한 페이지 자세히 읽고 필요한 정보를 정리하는 습관을 가지고 있었다. 그는 고등학교 졸업 전까지 약 100권의 비즈니스 관련 서적을 읽었는데, 대학에 들어가서는 비즈니스에 관한 한 교수들보다 아는 것이 더 많았다.

> 워런 버핏을 다른 아이들과 구별짓게 한 가장 큰 차이는 '실행 계획(액션 플랜)'이 있느냐 없느냐 였다.

　워런 버핏은 '부자가 되겠다'는 막연한 꿈을 꾼 것이 아니라 어릴 적부터 구체적인 실천 계획을 세우고 실행에 나섰다. 결국 대학 졸업 때까지 1만 달러 가까운 돈을 모았고 그것을 종자돈으로 해서 투자 전문가로서의 인생을 살아갈 수 있었다.

유산 한 푼 안 남긴
워런 버핏 아버지

　　　　　　워런 버핏의 아버지 하워드 버핏은 아들에게 유산으로 투자와 비즈니스의 개념을 심어준 것 이외에 물질적인 것은 아무것도 남기지 않았다. 1964년 아버지가 세상을 떠났을 때 그의 재산은 56만 달러였다. 그 중 60% 가까이가 아들이 운영하는 펀드에 투자해서 불린 돈이었다. 그럼에도 불구하고 그는 아들 워런 버핏에게 한 푼도 남기지 않았다. 아버지 하워드 버핏의 재산은 병원 등에 기부한 3만 5,000달러를 제외하고는 부인과 딸들 그리고 외손자, 외손녀에게 돌아가도록 했다.

　아버지 하워드 버핏은 유언장에 아들 워런 버핏에게 재산을 한 푼도 남기지 않은 이유는 그가 아들을 사랑하지 않기 때문이 아니라 아들이 원했기 때문이라고 적었다. 아들 워런 버핏은 이미 31살이던 1961년에 백만장자가 됐을 정도로 충분한 재산을 갖고 있었다. 그는 아버지에게 유산을 남겨주지 말 것을 요구했고, 아버지는 아들이 자신을 닮아 독립적으로 살겠다는 생각을 갖고 있다는 걸 알았기 때문에 실제로 한 푼도 남기지 않았던 것이다.

아버지 하워드 버핏은 강직하면서도 남에게 의존하지 않는 성격의 사람이었다. 그는 잘나가던 은행의 주식 중개인이었다. 하지만 27살이던 1930년 미국을 강타한 경제 대공황 와중에 하루아침에 직장이던 유니온 스트리트 은행이 문을 닫고 그동안 모아뒀던 저축을 모두 잃는 경험을 했다. 먹고살 길이 막막했기 때문에 식료품점을 운영하던 그의 아버지, 그러니까 버핏의 할아버지는 아들에게 외상으로 물건을 줬다. 하지만 그는 외상으로 먹는 것을 부끄러워했다. 재정적으로 독립해서 사는 것을 중시하는 버핏 집안에선 돈을 빌리는 것을 경멸했기 때문이다.

하지만 곧 그는 실망하지 않고 다시 도전했다. 주식시장이 폭락하면서 주식 투자에 대한 신뢰가 땅에 떨어졌지만 자신의 이름을 딴 증권회사를 차렸다. 주식 거래를 중개해주고 수수료를 받아야 했지만 투자자들은 주식을 사는 것을 꺼렸다. 사무실을 열긴 했지만 수입은 거의 없었다. 때문에 가족들은 끼니를 거르기 일쑤였다. 하지만 그는 주저앉지 않았고 비즈니스를 이어가 결국 주식시장이 회복되자 적지 않은 돈을 모을 수 있었다.

아버지 하워드 버핏의 도전은 여기서 끝나지 않았다. 그는 1942년 하원의원 선거에 출마하게 된다. 당시는 민주당 출신의 루즈벨트 대통령이 인기를 누리고 있던 때로 공화당을 선택한 하워드 버핏의 당선을 점치는 사람은 많지 않았다. 하지만 그는 단지 2,361달러를 선거 비용으로 쓰고 당선됐다. 고향 오마하에서는 그가 강직한 사람이라는 소문이 널리 퍼져 있었기 때문이었다.

그는 임기 중간에 하원의원 보수가 연 1만 달러에서 연 1만 2,500달러로 오르자 2,500달러를 반납하기도 했다. 보수를 1만 달러를 받겠다고 약속하고 당선이 된 것인데 임기 중간에 보수가 올랐다고 자신을 뽑아준 사람들의 의사를 묻지도 않고 돈을 더 받을 수는 없다는 이유였다.

아버지 하워드 버핏은 그 후에도 2번의 하원의원 선거에서 당선돼 정치인의 길을 잠시 걷게 된다. 하지만 1952년 하원의원을 그만둔 다음에는 다시 평범한 투자가로 돌아왔다. 그는 고향 오마하로 돌아와 직원 5명에 불과했던 증권회사를 죽기 전까지 계속 운영했다. 한때 아들 워런 버핏을 직원으로 채용하기도 했다.

아버지는 공화당원이었지만 아들 워런 버핏에게 자신의 정치적인 생각을 강요하지 않았다. 워런 버핏은 민주당 지지자다. 하지만 워런 버핏의 큰아들 하워드 버핏은 형제 중에선 유일한 공화당 지지자로 지방선거에 출마해 군수에 당선되기도 했다. 그만큼 독립적인 사고와 행동을 중시하는 전통은 버핏 집안에서 계속 이어지고 있다.

워런 버핏이
부자로 사는 방법

워런 버핏은 세계 2위의 부자이지만 낭비하지 않는 습관을 갖고 있는 것으로 유명하다. 1958년 3만 1,500달러에 구입한 네브래스카 오마하의 집에서 여전히 살고 있고 자신이 직접 차를 몰고 가서 단골집인 동네 맥도널드에서 햄버거를 사 먹는다. 음료수로는 체리 코크를 마시는데 그는 항상 12개 들이 상자를 50개씩 산다. 대량으로 살 때 큰 폭의 할인을 받을 수 있기 때문이다. 또 상점까지 여

부자들의 자녀교육

러 번 가지 않아도 되기 때문
에 기름 값도 아낄 수 있다는
게 그의 설명이다.

워런 버핏의 절약 습관을
가장 쉽게 확인할 수 있는 방
법이 있다. 그의 투자 회사인
버크셔 해서웨이의 홈페이지
(www.berkshirehathaway.com)
를 방문해보는 일이다. 2017년
2월 현재 버크셔 해서웨이의

| 버크셔 해서웨이의 홈페이지. 세계적인 투자회사의 것이
라고는 믿기지 않을 만큼 단순하다.

주가는 주당 25만 달러를 상회하고 있다. 1965년 워런 버핏이 회사를 인
수했을 때 주가는 주당 4달러에 불과했다. 그렇게 성장한 기업임에도 불
구하고 다른 기업의 홈페이지와는 달리 화려한 디자인을 찾아 볼 수 없
다. 단순함의 극치다.

워런 버핏의 경영 스타일도 낭비를 최대한 줄이는 것을 기본 바탕으
로 깔고 있다. 버크셔 해서웨이가 전액 투자한 세계 각지의 자회사에서
36만 7,000명을 고용하고 있고, 연간 매출만 해도 2,100억 달러가 넘지
만 본사에는 고작 25명이 근무하면서 거대 그룹을 움직이고 있다. 연차
보고서에서 워런 버핏은 "우리는 아주 주의해서 주주들의 돈을 사용하
고 있다"고 적고 있다. 워런 버핏이 회사에서 받는 연봉은 10만 달러(약
1억1600만원)에 불과하다. 미국 500대 기업의 최고경영자들의 평균 연봉
이 1,200만 달러(약 140억 원)를 넘는 것과 비교하면 정말 '새 발의 피'다.

워런 버핏은 워싱턴 대학에서 강연을 할 때 "만약 지금 가진 것을 모
두 잃고 처음부터 시작해야 하는데, 지금까지 삶에서 단 세 가지만 고를

수 있다면 무엇을 고르겠는가?"라는 질문을 받은 적이 있다. 워런 버핏은 돈은 포기할 수 있지만 '지식'과 무슨 일이든 '계속 할 일' 그리고 새로운 일을 시작하는 데 필요한 '자금'을 빌릴 수만 있다면 다시 시작할 수 있을 것이라고 말했다. 부자가 되는 데 필요했던 것이 무엇인지를 스스로 평가한 것이다. 즉, 자신이 투자 결정을 내릴 수 있도록 도와준 지식과 생계를 유지할 수 있는 일만 있다면 현재와 다름없이 살 수 있을 것이고 거기에 더해 자금만 빌릴 수 있다면 다시 부자가 될 수 있을 것이라는 가정이다. 돈에 대해서는 기꺼이 포기할 수 있다고 했다. 이제까지 자신의 생활은 돈에 구애받지 않는 삶을 살아왔기 때문이라는 이유다. 워런 버핏은 "(돈이 없다면) 뭐, 비행기를 타는 정도는 포기해야겠지만"이라며 먹고사는 것은 평범한 사람과 마찬가지로 살아왔기 때문에 어려움이 없을 것이라는 취지로 대답했다.

워런 버핏은 스스로에게 절약하는 습관을 들였을 뿐만 아니라 자녀들에게도 이웃의 자녀들과 다른 특별대우를 해주지 않았다. 큰아들 하워드 버핏이 기억하는 자신의 어릴 적 일주일 용돈은 78센트였다. 그의 용돈은 현재 가치로 따지면 6~7달러에 해당하는 것으로 미국 어린이들이 받는 일주일 용돈 평균이 14달러인 것과 비교하면 적은 것이다. 워런 버핏은 하워드 버핏이 7살이 되던 31살 때 이미 백만장자가 된 '부자 아빠'였지만 말이다.

"그렇게 절약하면서 살려면 왜 돈을 버는가?"라는 질문을 할 수 있다. 워런 버핏은 12살 때 30살이 될 때까지 백만장자가 되겠다는 포부를 밝힌 적이 있다. 그 말을 듣고 이웃집 사람이 "워런, 도대체 많은 돈을 벌어서 무엇을 하려고 하는 거니?"라고 묻자 "제가 원하는 것은 돈 자체가 아니에요. 돈을 벌고 돈이 불어나는 것을 보는 것 자체가 즐거움인걸요"

라고 말한 적이 있다.

워런 버핏은 커서도 돈을 버는 이유에 관해서는 어릴 적 그가 한 말에서 크게 바뀌지 않았다. 그는 자신의 일을 '자본을 배분하는 것'이라고 정의한다. 다시 말해서 그는 자신의 직업이 '어떤 비즈니스에 얼마의 가격으로 누구와 함께 투자해야 하는지 결정하는 것'이라고 정의한다. 그 과정에서 벌게 된 돈은 단지 사회가 잠시 그에게 맡긴 돈일뿐이고 결국은 사회에 환원하고 세상을 떠나야 한다는 생각을 갖고 있는 것이다.

때문에 자녀들에게 막대한 재산을 남기지 않겠다는 생각을 하게 된 것이고 자녀들을 부모에게 기대지 않는 독립적인 인격체로 키우려고 노력한 것이다. 결국 자녀들은 '자신이 좋아하는 일을 찾으라'는 아버지의 말대로 자신들이 먹고 살 길을 스스로 찾아나섰다. 덤으로 아버지의 돈을 기부 받아 자선사업에까지 나서게 됐다.

워런 버핏의 원래 기부 계획은 자신이 죽으면 재산을 부인에게 남겨서 부인이 자선사업을 벌인다는 것이었다. 하지만 부인인 수전 버핏(큰딸과 이름이 같다)이 남편보다 먼저 2004년 세상을 떠나면서 계획이 틀어졌다. 사후가 아닌 생전에 재산을 기부하기로 결정했고 대부분의 재산을 빌 게이츠에게 맡겨 자선사업을 하기로 한 것이다.

워런 버핏은 절약의 습관을 가져야 한다는 교훈 외에 투자의 습관을 가져야 한다는 교훈도 주고 있다.

사실 투자도 습관이 필요하다. 머리로만 아무리 생각해봤자 거창한 투자 철학을 구현하기는 어렵다. 워런 버핏이 '오마하의 현인'이라는 별명을 가질 정도로 존경받는 이유는 단순히 투자 철학을 만들었다는 데 있는 게 아니라 남들이 실천하기 힘든 투자 원칙을 실천했다는 데 있다.

주식 투자를 한 번이라도 해본 사람은 이것을 쉽게 이해할 수 있다.

누구나 쉽게 주식을 살 수는 있다. 증권회사에 가서 계좌를 열고 주식을 주문하면 되는 것이다. 하지만 대부분의 사람은 주식을 사는 순간부터 쉴 새 없이 주가를 확인해야만 직성이 풀린다. 가치가 있는 주식을 사야 한다는 생각은 머릿속에만 있지 습관으로 형성돼 있지 못한 것이다. 그렇게 때문에 주가가 올라가면 사고 주가가 떨어지면 파는 식의 실패의 길에 쉽게 접어드는 것이다.

투자에 성공하기 위해서는 투자 습관을 몸에 익혀야 하고 투자 습관을 몸에 익히기 위해서는 원칙을 정하고 끊임없이 연마해서 습관으로 만들어야 한다.

워런 버핏의 첫 번째 투자 원칙은 절대로 돈을 잃지 않는 것이다. 두 번째 투자 원칙은 절대로 첫 번째 원칙을 잊지 않는 것이다. 돈을 잃지 않기 위해서는 사는 것도 중요하지만 파는 게 더 중요할지 모른다. 워런 버핏은 가치와 성장성을 고려해서 주식을 고르고 한 번 산 주식은 보유 기준에 합당한 이상 계속 보유하는 것을 원칙으로 하고 있다. 또 주식은 자신이 이해할 수 있는 비즈니스만 사는 것을 원칙으로 하고 있다. 때문에 코카콜라나 아메리칸 익스프레스 등 자신의 삶에서 쉽게 접하는 비즈니스의 주식만 산다. 마이크로소프트의 빌 게이츠 회장과 친하고 마이크로소프트의 주가가 상승세를 타도 소프트웨어 비즈니스에는 문외한

그는 자신의 직업이 '어떤 비즈니스에 얼마의 가격으로 누구와 함께 투자해야 하는지 결정하는 것'이라고 정의한다. 그 과정에서 벌게 된 돈은 단지 사회가 잠시 그에게 맡긴 돈일뿐이고 결국은 사회에 환원하고 세상을 떠나야 한다는 생각을 갖고 있는 것이다.

이기 때문에 그 주식은 사지 않는다.

꼭 워런 버핏의 원칙일 필요는 없다. 자신만의 투자 원칙을 정하고 습관으로 만들기를 바란다.

독립적으로 사는 법을 가르쳐라

네브래스카 주 오마하 시내 중심가에서 서쪽으로 10여분 자동차로 달리면 나타나는 던디(Dun-dee)란 동네에는 워런 버핏의 할아버지가 경영하던 식료품점 자리가 있다. 단층짜리 건물인 할아버지의 가게 자리에 현재 은행이 자리잡고 있다. 은행 로비에는 워런 버핏의 할아버지가 쓰던 금고가 그대로 놓여 있다. 금고의 설명서에는 다음과 같은 글귀가 적혀 있다.

'워런 버핏은 여섯 살에 이곳에서 여섯 병 들이 콜라 상자를 25센트에 사다가 한 병에 5센트에 팔았다. 그리고는 상자당 5센트의 이윤을 남겼다.'

워런 버핏의 용돈 벌이는 콜라 장사에서 그치지 않았다. 중고 골프공 판매와 신문 배달 등도 그의 주요한 '사업'이었다. 10대 중반에는 당시 사회 초년병들이 정규직 일자리를 가졌을 때 받는 월급 정도를 벌었다. 부모의 도움이 전혀 없이도 생활을 유지해갈 수 있는 수준이다. 더구나 워런 버핏은 그 수입에 대해서 10대 때부터 국세청에 세금 정산 보고까지도 혼자서 했다.

워런 버핏이 어릴 때부터 용돈 벌이에 나선 것은 재정적으로 부모에 의지하지 않고 살아야 한다는 부모의 가르침이 있었기 때문이다. 워런 버핏의 아버지 하워드 버핏은 대공황으로 일자리

| 워런 버핏 할아버지 가게의 금고가 은행 안에 그대로 보관돼 있다.

를 잃었을 때에도 식료품점을 운영하는 아버지(워런 버핏의 할아버지)에게 손을 벌리지 않았다. 가족들은 끼니를 거르기 일쑤였다. 부모의 도움을 받는 것을 싫어했던 하워드 버핏이 아버지의 가게에서 공짜로 먹을 것을 받아오지는 않았기 때문이다. 그리고 아들 워런 버핏이 그런 정신을 이어받도록 어릴 적부터 용돈을 스스로 벌어서 쓰도록 했다.

부모의 수입에 의존하지 않고 독립적으로 사는 법을 가르치는 것은 '수입-지출=재산'이라는 부자의 공식과는 직접적인 연관이 없어 보인다. 독립적으로 산다는 게 수입을 늘리는 방법도 아니고 지출을 줄이는 방법도 아니다. 하지만 '스스로 재산을 관리할 수 있는 능력'을 키우는 좋은 방법 중의 하나이다.

남에게 재정적으로 의존하지 않고 산다는 것은 무엇을 의미하는가? 스스로 버는 것 외에는 별도의 수입이 없다는 것이다. 그 수입은 노동을 통해서 버는 것이 기본으로 있을 것이고, 저축을 통해서 얻는 이자 수입

| 워런 버핏 할아버지가 경영하던 잡화점 건물. 현재는 은행 건물로 쓰이고 있다.

과 투자를 통한 투자 이익 등이 더해질 것이다. 이런 상황이라면 지출은 내가 버는 수입의 규모 안에서 이루어져야 한다. 그렇지 않다면 재산을 모아서 부자가 될 수 없는 것이다.

부모의 '보조금'이 있다고 생각을 해보자. 수입은 보조금만큼 늘어난다. 통상적으로 보조금이 있으면 지출 규모도 늘어나게 된다. 사실 소비가 많기 때문에 부모에게 손을 벌리는 경우가 많다. 이 경우에 노력을 하지 않더라도 자신이 버는 수입보다 많은 소비를 할 수 있기 때문에 지출을 줄이려는 노력도 재산을 모으려는 노력도 덜 하게 된다. 하지만 부모의 보조금이 평생 나오는 것은 아니다. 부모님이 나이가 들어 더이상 보조금을 줄 수 없게 되거나 거꾸로 부모님을 봉양해야 하는 상황이 된다면 얼마 되지 않아 지출은 수입을 초과하고 재산을 까먹는 일이 닥치게 될 것이다.

때문에 남의 보조금이 없이 스스로 재산을 관리하는 훈련을 하는 게

부자들의 자녀교육

중요하다. 이런 훈련은 어릴 때부터 스스로 돈을 버는 방법을 깨닫게 만드는 데서 시작한다.

미국에서 자녀의 경제 교육에 있어 가장 중요한 항목으로 따지는 것 중의 하나가 부모의 경제적인 도움이 없이 스스로 재정적으로 독립적인 생활을 할 수 있게 만드는 것이다. 아이들에게 자기 생활비는 스스로 벌어야 한다는 걸 깨우치게 만드는 것이 중요하다. 생활비를 스스로 충당할 때 자기 만족감도 갖게 되고, 일하는 데서 성취감도 얻을 수 있다. 또 스스로 돈을 벌어보면서 세상이 어떻게 구성돼 있는지 파악할 수 있다.

미국에서 생활을 하다 보면 스스로 용돈을 벌기 위해 노력하는 아이들을 마주치게 된다. 자동차를 운전하면서 로스앤젤레스 시내를 지나가다가 레모네이드 판매 가판을 집 앞에 펼쳐놓은 아이들을 발견하기도 했고, 축제를 구경하러 갔다가 해변에서 모은 아름다운 조개 조각을 파는 아이를 만나기도 했다. 워런 버핏의 고향인 오마하를 방문했을 때는 토요일마다 열리는 주말 시장에서 '대학 학자금을 마련한다'는 팻말을 붙여놓고 바이올린 연주를 하는 초등학생을 만나기도 했다. 이렇게 용돈을 벌기 위해 나선 아이들도 가난한 집의 아이들은 아닌 듯 말끔한 옷을 입고 있었다.

미국의 초등학생들은 좀더 현대적인 방법으로 용돈을 벌기도 한다. DVD 등을 인터넷으로 팔아서 돈 버는 초등학생들의 이야기가 뉴욕타임스의 지면을 장식하기도 한다. 미국에서는 연말이면 물건을 50% 이상 대폭 할인 판매하는 상점들이 많다. 연초가 되기 전에 재고를 처리하기 때문이다. 이 기회를 이용해서 많은 초등학생들이 영화 DVD, 게임 DVD, 만화책 등을 샀다가 다음 해에 인터넷을 통해 판매하는 것이다.

사실 한국에서는 자녀들을 돈벌이에 몰아붙이는 것 같아 밖에 나가 용돈을 벌어오라고 하는 것이 부담스럽다. 그렇다면 록펠러 집안에서 했듯이 집안일에 가격을 매겨 스스로 용돈을 벌게 하는 것은 어떨까? 핵심은 부모에게 의존하지 않고 경제적으로 독립해서 사는 법을 가르치는 데 있다.

워런 버핏은 아버지의 가르침을 따라서 자신의 자녀들에게도 똑같이 독립적인 경제 관념을 가르쳤다. 2006년 6월 워런 버핏이 재산의 80%를 기부하겠다는 계획을 발표했을 때 그의 자녀들은 아버지의 기부 계획에 전적으로 공감하는 분위기였다. 우리네 보통 사람들이라면 아버지가 전 재산을 남에게 기부하겠다는 계획을 듣게 됐을 때 '아버지가 왜 저러시나' '저 돈이 내 돈인데'라는 생각에 잠을 못 이루지 않을까? 하지만 워런 버핏의 세 자녀들은 그런 것에 개의치 않고 각각 자선, 농업과 사진, 음악이라는 분야에서 스스로의 영역을 개척하며 잘 살아가고 있다.

일벌레 부자의 근성을 길러준
잭 웰치의 부모

일벌레 근성을 키워라

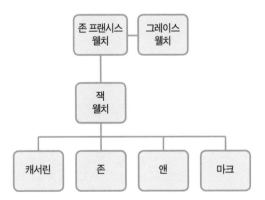

일벌레 부자의 근성을 길러준
잭 웰치의 부모

여든에도 쉬지 않는 일벌레
부자 잭 웰치

'20세기 최고의 경영자' '주식회사 아메리카의 살아 있는 경영 교과서' '경영 리더십의 거장' 등으로 묘사되는 잭 웰치(Jack Welch)는 여든이 넘은 나이지만 일을 쉬지 않고 있다. 그는 2001년 GE의 최고경영자(CEO) 자리에서 은퇴한 이후에도 일벌레처럼 일하고 있다. 2017년으로 81세를 맞는 잭 웰치는 여전히 자신이 회사에서 일할 때의 경험과 노하우를 이용해서 책을 쓰고, 강연을 하고, 컨설팅을 하고 있다. 통상 엄청난 퇴직금을 챙긴 미국 대기업 CEO들이 퇴임 후에 골프를 즐기면서 자선 행사에나 얼굴을 비치는 것과는 다른 모습이다.

퇴임 후 보스턴의 부자 동네인 비콘힐에 살고 있는 잭 웰치는 집 꼭대기 층에 개인 사무실을 마련해놓고 있다. 그곳에서 잡지 하버드 비즈니스 리뷰 편집장 출신인 부인 수지 웰치와 공동으로 자신의 경영 경험을 엮은 책과 잡지에 나갈 칼럼을 쓰고 있다. 이미 그는 경영 부문의 베

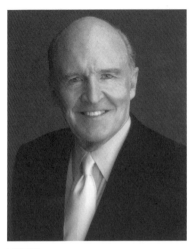
| 잭 웰치

스트셀러 작가이기도 하다. 퇴임
직후 펴낸『끝없는 도전과 용기
Straight from the Gut』나 2005년 부인
과 공동으로 저술한『위대한 승리
Winning』는 뉴욕타임스가 집계한
베스트셀러 반열에 올랐었다. 그
는 이후에도 다양한 책을 부인과
함께 준비하면서 여러 매체에 칼
럼을 쓰고 있다. 저술 작업은 회
사에서 퇴임한 그에게 새로운 소
득원이 되기도 한다.『끝없는 도
전과 용기』는 당시로서는 역사상 가장 높은 710만 달러(약 82억 원)의 인
세를 받고 출판사와 계약을 맺기도 했다.

잭 웰치가 퇴임 후 진행하는 개인 비즈니스에는 강연도 중요한 비중
을 차지한다. 그는 빌 클린턴 전 미국 대통령과 마찬가지로 누구나 모셔
가려고 하는 유명한 강연자이기도 하다. 가전제품이나 생산한다는 이미
지를 갖고 있던 GE를 세계 최고의 금융 엔터테인먼트 그룹으로 변화시
킨 그의 경영 경험을 듣고자 많은 사람들이 줄을 서 있다. 그는 세계 곳
곳을 누비며 한 달에 평균 네 번의 대중 강연을 한다. 또 중요한 행사로
'G100'라는 CEO를 대상으로 하는 포럼에 나가 일 년에 두 번씩 강연을
한다. MIT 경영대학원 등 여러 대학에 강의도 나가고 있다.

잭 웰치의 컨설팅 사업도 성업 중이다. 그는 자신의 이름을 딴 잭 웰
치 L.L.C.(유한책임회사)라는 컨설팅 회사를 운영하고 있다. 미국의 인터넷
유통기업인 IAC나 대형 사모펀드인 '클레이턴 더블리어 앤드 라이스' 등

부자들의 자녀교육

의 CEO에게 일대일로 조언을 해주는 대가로 컨설팅 수수료를 받고 있다. 바둑의 훈수를 두듯이 심심풀이로 하는 무료 자문이 아닌, 돈을 받고 하는 상당한 수준의 유료 자문인 것이다.

잭 웰치는 2009년 온라인 MBA(경영학 석사) 강의 프로그램을 제공하는 '잭 웰치 경영연구소'를 미국 오하이오주의 챈슬러대학에 세웠다. 이 과정은 2011년 미국의 사이버 대학인 스트레이어 대학으로 옮겨 개설되게 된다. 잭 웰치는 이 과정에 열정적으로 관여하고 있다고 한다. 잭 웰치 경영 연구 과정은 아직 오프라인과 어깨를 겨눌만한 과정은 아니지만, 비즈니스 인맥 관련 소셜 미디어인 링크드인에서 선정한 가장 영향력 있는 교육 브랜드 중 최고로 꼽혔으며 2016년 주목해야 할 비즈니스 스쿨 중 하나로 선정되기도 했다. 스트레이어 대학은 잭 웰치에 대해 "현재 최상의 대기업 35개 이상의 CEO들이 잭 웰치에게 훈련 받았다"고 선전하고 있다.

잭 웰치는 외부에 강연을 나갈 때를 제외하고는 대부분 재택근무지만 저술 활동, 강연 준비, 컨설팅 준비, 거기에다 자신의 이름을 딴 온라인 MBA 과정까지 챙기려면 하루 24시간이 부족할 듯하다. 게다가 최근 재혼한 부인 수지 웰치가 데려온 그녀의 어린 자녀들을 학교에 차로 데려다주는 것까지 잭 웰치가 맡아서 하고 있다.

일흔 살이 넘었고 이미 CEO에서 퇴임해서 은퇴 생활을 즐겨도 좋으련만 잭 웰치는 지금도 일벌레처럼 일하고 있다. 그의 일에 대한 열정은 24살이나 어린 부인 수지 웰치에도 뒤지지 않는다고 한다. 수지 웰치는 하버드 대학을 졸업하고 기자로서, 컨설턴트로서 일하면서 세 권의 소설을 썼고 네 아이의 엄마인 동시에 하버드 경영대학원을 상위 5% 성적으로 졸업한 여걸로서 일에 있어서만은 누구에게도 지지 않는 사람이다.

하지만 그녀조차 잭 웰치와 공동 작업을 진행하면서 오히려 잭 웰치의 일에 대한 열정에 놀라고 있다. 수지 웰치는 미국 3대 TV 방송 중 하나인 CBS와의 인터뷰에서 "우리는 둘 다 완벽주의자다. 우리는 항상 일에 굶주려 있다. 그와 함께 진행하는 비즈니스의 모든 면이 다 재미있다. 우리는 일을 멈추지 않을 것이다"라고 말했다.

아버지가 가르쳐준
일벌레 근성

잭 웰치가 퇴임 후에도 일벌레처럼 일하는 습관을 유지하고 있는 것은 어린 시절 아버지에게서 배운 습관 때문이라고 해도 과언이 아니다.

잭 웰치의 아버지 존 프랜시스 웰치는 보스턴과 보스턴 근교를 오가는 열차의 차장이었다. 그는 조용한 성격이고 집에서는 말이 없는 편이었지만 '노동 윤리'가 무엇인가를 직접 행동으로 아들에게 보여줬다. 새벽 5시면 어김없이 집을 나가 출근을 했고, 하루 종일 열차의 좁은 통로를 걸어다니면서 승객들의 차표를 검사하는 일을 했었다. 잭 웰치의 어머니는 아버지가 나가면 잭 웰치를 깨워서 성당의 새벽 미사에 나가게 했다. 집안이 모두 '아침형 인간'처럼 살았던 것이다.

잭 웰치는 저녁 7시 30분이면 어머니와 함께 아버지를 마중하러 세일럼 역까지 나갔다. 열차가 연착할 때면 몇 시간이고 역 앞에서 아버지를 기다렸다. 아들의 기억 속 아버지는 오랜 시간 일했지만 하루도 일을 쉬는 날이 없었다. 잭 웰치는 아버지에 관한 일화를 다음과 같이 회상하고 있다.

"아버지는 다음날 날씨가 나쁠 것이라는 일기예보를 본 날이면 어김없이 그날 밤 어머니에게 부탁해서 역까지 태워달라고 했다. 그러고는 통근 열차 한쪽 구석에서 잠을 잤다. 다음날 아무리 날씨가 나빠도 일할 수 있게 하기 위해서였다."

아들은 아버지가 하루도 일을 쉬지 않는 모습, 날씨가 나쁜 날이면 하루 전에 준비하

| 잭 웰치와 어머니가 열차 차장이었던 아버지를 마중 나갔던 세일럼역.

는 모습 등을 보면서 회사에서 자신이 하기로 약속한 일은 반드시 끝내야 한다는 생각을 커서도 가질 수 있었다. 잭 웰치의 아버지는 스스로 모범을 보이면서 아들에게 열심히 사는 것이 무엇인지를 가르쳐준 것이다.

잭 웰치가 아홉 살이 되던 해에 그의 아버지는 차장 일을 하면서 모은 돈으로 태어나서 처음으로 집을 샀다. 노동자들이 모여 사는 동네에 있는 이층집이었다. 아버지는 비록 가난한 노동자였지만 노력하면 재산을 모을 수 있다는 평범한 신리를 아들에게 보여줬다.

아버지는 또 어린 잭 웰치에게 일을 해서 돈을 벌어야 한다는 사실도

가르쳐줬다. 잭 웰치가 아홉 살 때 아버지는 집 근처에 있는 골프장에 데리고 가 골프장 캐디로 일하게 했다. 보통 주변의 아이들은 십대 중반이 돼야 용돈을 벌기 위해 골프장 캐디를 하지만 아버지는 아들이 한 살이라도 어릴 때 골프를 접하게 하고 싶었다. 골프장 캐디로 일하면 하루 3달러의 용돈을 벌 수 있었다.

잭 웰치의 집은 넉넉한 편이 아니었기 때문에 용돈을 벌기 위해 골프장 캐디 외에 다른 아르바이트도 해야 했다. 새벽에는 신문 배달을 했고, 방학 때는 우체국에서 일하기도 했다. 또 시내의 신발 가게에서 점원으로 아르바이트를 하기도 했다. 신발 가게 점원 일은 켤레당 얼마 식으로 수수료를 받는 아르바이트였는데, 그는 항상 수수료가 많이 떨어지는 신발만 골라 팔았다. 대학을 다니면서도 화학공학 전공이었던 그는 방학 때마다 각종 화학회사에서 아르바이트를 했다.

잭 웰치는 열심히 일하는 아버지의 모습을 보면서, 그리고 아버지의 손에 이끌려 어릴 때부터 골프장 캐디 등으로 일하면서 일벌레와 같이 일하는 습관을 들이게 됐다. 잭 웰치는 아버지를 회상하면서 "좋은 분이면서 열심히 일하던 분, 하지만 소극적인 분"이라고 표현했다. 그만큼 아버지가 열심히 일하던 모습이 잭 웰치에게는 소중한 기억으로 남아 있었다.

한번 틀이 잡힌 일하는 습관은 쉽게 없어지지 않는 법이다. 잭 웰치는 회사 생활을 하면서도 일에 대한 열정이 남달랐다. 주 5일 근무제가 확실한 미국이었지만 그는 토요일에도 회사에 나와서 일을 했다. CEO로 재임할 때도 '일 중독자'로 불릴 정도로 일을 했다. 그는 한 공장을 방문하고 비행기를 잡아타고는 비행기 안에서 몇 시간 잠을 잔 뒤에 다시 다른 공장을 방문하는 일정을 소화하면서 하루하루를 보냈다. 그는 일정 중간 중간 끊임없이 신문과 잡지를 읽으면서 정보를 습득했다. 또 연설을 하고 글을 썼다. 30만 명이 넘는 직원이 일하는 대기업인 GE를 움직이기 위해서 잭 웰치는 쉼 없이 일을 해야 했다.

잭 웰치의 아버지는 일벌레의 근성을 가르쳐준 것 외에도 정보를 수집하는 것의 중요성을 가르쳐줬다. 퇴근하는 아버지는 항상 아들에게 줄 신문 뭉치를 선물 꾸러미처럼 들고 역에서 나왔다. 승객들이 버리고 간 신문을 아들을 위해서 챙겨 나온 것이었다. 보스턴글로브, 헤럴드 등 모든 종류의 신문을 챙겼다. 잭 웰치는 여섯 살 때부터 매일 일어나는 사건과 스포츠 경기 소식을 동네의 다른 친구들보다 더 자세히 알 수 있었다. 잭 웰치는 지금도 자신을 '뉴스 중독자'라고 부를 정도로 정보를 수집하는 데 민감하다. 그는 하루에 다섯 개의 신문을 읽고 케이블 텔레비전의 뉴스 채널을 꼭 챙겨서 본다.

잭 웰치의 아버지가 아들을 골프장 캐디로 일하게 한 것도 정보의 중요성을 아들에게 일깨우기 위해서였다. 말수가 적은 아버지였지만 그는 아들에게 골프장 캐디로 일하게 한 이유를 이렇게 말했다고 한다. "내가 열차 차장으로 일하면서 기차를 타고 다니는 유명한 사업가들이 무슨 얘기를 하는지 유심히 봤더니 그 사람들은 골프 얘기만 하더구나."

아버지가 사업가들을 유심히 관찰하고 그들의 대화로부터 정보를 얻지 않았다면 아들에게 어렸을 때부터 골프를 가르치지는 않았을 것이다.

아버지는 한 번도 아들에게 무엇이 되라고 말한 적이 없었지만 아마도 아들이 사업가로 성공하기를 바란 것 같다. 그렇기에 잭 웰치가 골프장 캐디로 일하면서 미래의 CEO가 되기 위한 필수 덕목인 골프를 익힐 수 있게 해줬다. 캐디들은 골프장을 정돈하는 월요일 새벽 시간을 이용해서 공짜로 골프 연습을 할 수 있었다. 잭 웰치는 8년이나 캐디로 일했다.

골프는 훗날 잭 웰치가 CEO로서 사람을 사귀고 정보를 수집하는 데 중요한 역할을 했다. 그는 1998년 골프다이제스트 지가 선정한 골프를 잘 치는 CEO 2위에 올랐을 정도로 골프를 잘 쳤다. 그리고 골프를 사업을 위해 사람을 사귀는 데 사용했다. 잭 웰치가 빌 게이츠나 워런 버핏을 알게 된 것도 골프를 치면서였다고 한다.

어머니가 길러준
자신감과 리더십

잭 웰치는 현재 세계에서 가장 인기 있는 강연자 중의 한 사람이다. 세계적인 기업인 GE의 CEO로 20년간 일하고 2001년 퇴임한 후에도 그는 세계 각국을 돌아다니면서 일주일에 한 번 이상 대중 강연에 나서고 있다.

잭 웰치는 CEO로 있으면서 업무에 바쁜 와중에도 1만 8,000여 명에 달하는 GE의 핵심 간부들을 크로톤빌에 있는 회사 연수원에서 돌아가면서 만나 한 달에 한두 번, 최소 네 시간 이상 강연을 했다.

지금은 대중 앞에서 거침없는 말솜씨를 자랑하는 잭 웰치이지만 실상 그는 어릴 적에 말을 더듬는 버릇이 있었다. 말 더듬는 버릇 때문에 때로 엉뚱한 상황에 처하기도 했다. 학교 식당에서 참치 샌드위치 한 개를 주문하면 종업원은 항상 참치 샌드위치 두 개를 줬다고 한다. 영어로 참치를 뜻하는 튜나(tuna)를 잭 웰치는 '튜-튜나'라고 발음해서 종업원이 '투 튜나(two tuna)'로 알아들었기 때문이었다. 잭 웰치가 말 더듬는 버릇에 크게 신경을 썼더라면 GE라는 거대한 회사에서 CEO가 되기도 어려웠을 것이고 지금처럼 세계를 돌아다니는 강연자가 되기도 어려웠을 것이다.

그는 어린 시절에 말을 더듬는다고 남들에게 놀림감이 됐을지도 모른다. 그 때문에 자신감을 잃고 인생에 성공을 거두지 못했을지도 모른다. 하지만 잭 웰치의 어머니는 아들이 자신의 단점을 장점으로 여기도록 만들었다. 어머니는 그가 말을 더듬을 때면 그에게 "너는 너무 똑똑하기 때문에 그런 거야. 너처럼 똑똑한 아이의 머리를 너의 혀가 따라오지 못해서 그런 거야"라고 말해줬다. 너무 생각이 빠르기 때문에 말이 쫓아오지 못한다는 설명이었다. 때문에 웰치는 자신이 말을 더듬는 것을 창피하게 생각하지 않았고 자신감을 가질 수 있었다. 심지어 그의 고등학교 때 친구들은 잭 웰치를 학교에서 가장 말이 많고 시끄러웠던 친구로 기억하고 있다.

잭 웰치는 키가 작았음에도 불구하고 어릴 적 야구팀에서 투수로 활동했고, 고등학교 때는 아이스하키 팀과 골프 팀에서 주장을 맡을 정도로 왕성하게 활동했다. 또 말단 월급쟁이로 사회생활을 시작해서 CEO까지 올랐다. 어머니가 불어넣어준 자신감이 없었다면 중간에 좌절하기 쉬웠을 것이다. 잭 웰치가 인생에서 끊임없이 도전할 수 있었던 것은 그의 어머니가 어릴 적 키워준 자신감 덕분이라고 해도 과언이 아니다.

어머니는 잭 웰치에게 리너십의 비밀도 가르쳐줬다. 잭 웰치의 경영 리더십의 많은 부분은 어머니가 가르쳐준 것이다. 실제로 잭 웰치는 "어머

니는 내 인생에 가장 큰 영향을 주신 분이다. 어머니는 '경쟁의 가치'와
'승리의 기쁨' 그리고 '실패도 받아들여야 한다는 것'을 가르쳐주셨다. 나
의 리더십 스타일은 어머니에게 빚진 것이다"라고 했다.

　잭 웰치는 CEO에 취임하자마자 회사 직원들에게 '경쟁의 가치'를 주입
하고 열심히 일을 한 사람들에게는 '승리의 기쁨'을 알려줬다. 하지만 뒤
떨어진 사람들에게는 해고라는 '채찍'을 휘둘렀다. 어머니가 그를 키울
때 사용한 '채찍과 당근'의 전략을 사용한 것이었다.

　잭 웰치는 1981년 GE의 CEO에 취임하자마자 매년 성과를 바탕으로
직원들을 세 가지 부류로 나눴다. 하위 10%에 드는 직원들은 가차 없
이 해고했다. 소위 '10% 퇴출제'를 시행한 것이다. 상위 20%에 드는 직
원들에 대해서는 성과급과 스톡옵션을 주고 격려했다. 잭 웰치는 회사
고위 경영자들만 받던 스톡옵션을 일반 직원에게까지 확대했다. 나머지
70%의 직원에 대해서는 각종 교육 훈련 기회를 통해서 성과를 높이도
록 했다.

　잭 웰치는 이 과정에서 1980년 41만 1,000명에 달하던 GE 직원 숫자
를 1985년 29만 9,000명까지 줄였다. 그는 '중성자탄 잭(Neutron Jack)'이
라는 별명까지 얻었다. 많은 직원을 해고한 것을 마치 건물은 그대로 두
고 사람만 살상하는 '중성자탄'에 비유한 것이다. 그가 '10% 퇴출제'를 통

해서 회사 직원들에게 전달하고 싶었던 메시지는 열심히 일해서 성과를 내는 사람만이 승리의 기쁨을 맛보고 금전적인 보상을 받을 수 있다는 생각이었다.

잭 웰치의 경영 전략 중 핵심의 하나인 '1등주의'도 어머니가 심어준 것이다. 그의 경영 전략 중 가장 중요한 것은 '항상 시장에서 1등이 되고 시장을 지배하라'는 것이다. 1등이 못 된다면 1등에 근접한 2등이 될 수는 있지만, 1, 2등을 못한다면 그 시장에서 사업을 철수하는 게 낫다는 것이 그의 경영 신념이다. 또 1등을 유지하기 위해서 항상 변화를 추구해야 한다는 게 그의 경영 전략 중의 핵심이다. 모두 A를 받아오지 않는 한 만족하지 않았던 어머니에게서 배운 것이라 볼 수 있다.

잭 웰치가 어릴 적에 한번은 성적표를 받아 왔는데 5과목 중에서 A가 4개, B가 1개 있었다. 그런데 어머니는 'A를 4개나 받았구나'라고 칭찬하기보다는 잭 웰치에게 '왜 한 과목에서 B를 받았냐'며 캐물었다. 모두 A를 받지 않는 한 어머니는 만족하지 않았던 것이다.

이런 어머니의 엄격함을 잭 웰치는 직원들에게 그대로 적용했다. 한번은 잭 웰치가 구매 담당 직원에게 일주일 안에 어떤 문제에 대한 개선 방안을 만들어오라고 지시한 적이 있었다. 일주일이 지나서 회의를 열었는데 그 구매 담당 직원은 문제점에 대한 두꺼운 분석 리포트와 여러 부서에 대한 협조 공문을 보낸 것을 들고 왔을 뿐이었다. 개선 방안에 대해서는 진척된 게 없다는 것이 직원의 말이었다. 잭 웰치는 불같이 화를 내면서 그 자리에서 회의를 중단시켰다. 그리고는 네 시간의 여유를 줄테니까 진척 상황을 보고하라고 했다. 네 시간 후에 직원은 지난 일주일 동안 그가 했던 일보다 더 많이 진척된 개선 방안을 보고했다.

"어머니는 내 인생에 가장 큰 영향을 주신 분이다. 어머니는 '경쟁의 가치'와 '승리의 기쁨' 그리고 '실패도 받아들여야 한다는 것'을 가르쳐주셨다. 나의 리더십 스타일은 어머니에게 빚진 것이다."

이기기 위해선 경쟁하면서
승부욕을 배워라

잭 웰치의 어머니는 그에게 항상 친구나 동료들보다 뛰어나야 한다는 걸 강조했다. 어머니는 아들이 남들보다 뛰어나게 되기 위해서는 우선 '승리의 기쁨'을 알아야 한다고 생각했다. 그래서 아들의 승부욕을 불러일으키는 것을 즐거워했다.

어머니는 아들과 카드 게임을 하는 것을 즐겼다. 초등학교 1학년 때부터 어머니는 적지만 돈을 걸고 아들과 카드 게임을 했다. 어머니가 카드 게임에서 '이겼다'고 소리치는 걸 이웃이 들을 정도였다고 한다. 잭 웰치의 학교는 걸어다닐 정도의 거리였는데 아침에 어머니가 카드 게임에서 이기면 잭 웰치는 점심시간에도 어머니와 카드 게임을 하려고 달려왔다고 한다. 어머니는 아들에게 승부욕을 심어준 것이다. 잭 웰치는 어머니와의 카드 게임을 "그것은 나중에 야구, 아이스하키, 골프 그리고 비즈니스에서 발휘된 나의 경쟁심의 시작이었다"고 회고했다. 잭 웰치는 어머니에게서 배운 승부욕과 경쟁심을 가지고 회사 일을 했을 뿐만 아니라 직원들에게까지 '10% 퇴출제' 등을 도입하면서 승부욕과 경쟁심을 요구했던 것이다.

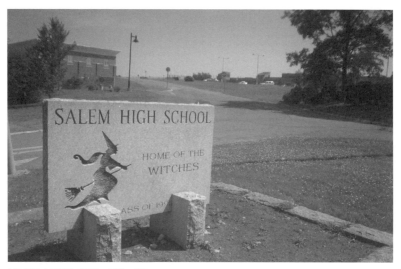

| 잭 웰치가 졸업한 세일럼 고등학교 입구.

    잭 웰치의 어머니는 경쟁에서 이겨야 한다는 걸 끊임없이 아들에게 주
입시켰지만 실패를 인정하는 것의 중요성도 가르쳐줬다. 잭 웰치가 세일
럼 고등학교 시절 아이스하키 팀 주장이었던 때의 일화이다. 세일럼 고
등학교는 베벌리 고등학교와 6전 6패를 기록하고 있었다. 베벌리 고등
학교는 세일럼의 북쪽과 바로 붙어 있는 도시인 베벌리에 위치하고 있어
세일럼 고등학교의 영원한 적수였다. 6연패 후에 일곱 번째로 붙은 게임
에서 먼저 주장인 잭 웰치가 두 골을 넣었다. 그는 "이번에는 이길 수 있
겠구나"라고 생각했다. 하지만 곧 베벌리 고등학교 선수들이 두 골을 만
회했고, 다시 한 골을 더 넣어 세일럼을 일곱 번 연속 패배의 늪에 빠뜨
렸다. 분에 겨웠던 잭 웰치는 씩씩거리며 경기장에 아이스하키 스틱을
내던지며 라커룸에 들어갔다. 그때 놀랍게도 잭 웰치의 어머니가 라커룸
에 서 있었다. 어머니는 동료 선수들 앞에서 큰 소리로 "멍청한 녀석"이

라며 "지는 법을 알아야 이길 수도 있는 거야. 네가 이런 사실도 모른다면 너는 운동할 자격이 없어"라고 말했다.

잭 웰치는 이 날의 경험을 나이 들어서도 잊을 수 없었다고 한다. 잭 웰치가 비즈니스에서 항상 승승장구한 것은 아니다. 그는 실패의 나락에 빠질 때마다 라커룸에서 외치던 어머니의 목소리를 기억했을 것이다.

GE의 플라스틱 사업부를 맡아 잘나가던 잭 웰치는 1970년대 초 오일쇼크 때 판매 부진으로 위기에 처했다. 다른 사업부도 마찬가지였지만 재료를 사겠다는 회사가 없었다. 잭 웰치는 위기를 맞아 '그래도 열심히 일하라'며 직원들을 격려하는 메시지를 보냈다. 천하의 잭 웰치도 이제는 회복하지 못하는 것 아니냐는 위기감이 직원들에게 퍼졌지만 그는 흐트러짐이 없었다. 결국 오일쇼크는 플라스틱 사업부에 장기적인 충격이 되지 못했다. 오히려 소비자들의 선호가 바뀌면서 잭 웰치에게는 위기가 기회가 됐다. 미국에서 에너지를 절약해야겠다는 생각이 퍼지면서 철강에 비해서 생산하는 데 에너지가 적게 드는 플라스틱으로 소비자들의 수요가 이동하게 된 것이다. 때문에 플라스틱 사업부가 오일쇼크의 충격으로부터 회복하는 속도가 다른 부문에 비해 빨랐다. 플라스틱 사업부의 성공을 바탕으로 잭 웰치는 금융 부문 등 다른 부문에서도 비즈니스 경험을 쌓게 됐고 CEO로 올라가는 발판을 삼게 된다.

잭 웰치에게는 그 후에도 여러 번의 비즈니스상의 실패가 있었다. 1990년대에는 아이빌리지, 프로모션닷컴 등 닷컴 기업에 투자했다가 90%의 투자금을 날리면서 비난을 받기도 했다. 퇴임하던 해인 2001년에는 항공기 부품 기업인 하니웰의 인수가 좌절되면서 마지막 피날레를 멋있게 장식하는 데 실패하기도 했다. 하지만 그때마다 잭 웰치는 오뚝이처럼 일어섰다. 어머니가 실패하는 방법도 알아야 한다고 가르쳤던 때문이었다.

이밖에도 잭 웰치의 어머니는 아들에게 꾀를 부리지 말고 항상 성실하게 일을 하고 공부를 하라고 강조했다. 아버지가 스스로 열심히 일을 하는 모범을 보였다면 어머니는 말로 아들에게 열심히 일하는 것이 왜 중요한지 가르쳤다. 잭 웰치가 가장 좋아하는 어머니의 경구는 "자신을 속이지 마라(Don't kid yourself). 열심히 하지 않는다면 너는 커서 아무것도 되지 못할 것이다. 지름길은 없다"라는 것이다.

잭 웰치는 어떻게 부자가 됐나:
회사를 키우니 부자가 됐다

잭 웰치는 미국에서는 월급쟁이의 신화와 같은 사람이다. 가난한 아일랜드 이민자의 집에서 태어나 공립학교를 다녔지만 그는 세계적인 기업인 GE에서 가장 어린 나이에 CEO의 자리에 올랐다. 그리고 CEO 자리를 20년 동안 지켰다. 10년이 넘은 CEO만 해도 대단하다고 여기는 미국에서 말이다.

잭 웰치의 부모는 그가 성직자와 같이 안정된 직업이나 의사와 같이 돈 많이 버는 직업을 가질 것으로 기대했다. 잭 웰치는 아버지가 마흔한 살, 어머니가 서른여섯 살에 태어난 늦둥이 외아들이었다. 부모는 고등학교도 안 나왔지만 늦둥이 아들은 대학 공부까지 시키면서 큰 기대를 걸었다. 하지만 그는 부모의 바람과는 달리 화학을 전공으로 선택했다. 집안에서 유일하게 대학을 나온 외삼촌과 같이 엔지니어가 되겠다는 생각이었다. 그에게는 외삼촌 외에는 집안에 참고할 역할 모델이 없었다.

고등학교를 졸업하고 명문 대학에 늘어갈 수 있는 성적이었지만 학비가 없어 매사추세츠주립대학(Umass) 앰허스트 캠퍼스를 다녔다. 주립대학이라 학비는 학기당 50달러에 불과했다. 4년 동안 생활비와 학비로 1,000달러 정도만 쓰고도 졸업할 수 있었다. '인생사 새옹지마'라고 했던가. 조금 수준이 낮은 주립대학에 들어간 게 잭 웰치에게는 행운이었다. 고등학교 때 공부를 잘해서 명문대학인 MIT에 들어간 친구들은 대학에서의 경쟁을 견디지 못하고 중도에 학업을 그만두기도 했지만 잭 웰치는 유매스(Umass) 앰허스트 화학과를 가장 우수한 성적으로 졸업할 수 있었다. '군계일학'처럼 유매스 앰허스트에서 공부도 잘하고 운동도 열심히 하는 그를 모르는 교수가 없을 정도였다. 게다가 공학의 명문인 일리노이 공대에서 장학금을 주면서 박사 과정에 들어오라는 제안까지 받을 수 있었다.

잭 웰치는 박사 학위를 받은 후에 홀로 사업을 시작할 것도 고민했지만 대기업의 자원을 활용하는 게 좋겠다는 생각에서 GE를 첫 직장으로 선택했다. 25살이던 1960년 GE에 입사했을 때 잭 웰치의 연봉은 1만 500달러였다. 당시 그의 꿈은 서른 살에 3만 달러의 연봉을 받는 일자리를 갖는 것이었다. 월급쟁이로서는 소박한 꿈이었다. 하지만 젊은 잭 웰치는 부모님이 물려준 정신인 '일벌레 근성' '자신감' '승부욕' 등으로 무장하고 회사 일에 매진하게 된다.

잭 웰치가 CEO가 되겠다는 계획을 세우게 된 것은 회사 입사 후 13년이 지난 1973년이 되어서였다. 당시 잭 웰치는 연간업무평가서에 처음으로 자신의 장기 계획은 '회사의 CEO가 되는 것'이라고 적었다.

미국에서 월급쟁이가 부자가 되려면 CEO가 되는 길을 선택하는 게 가장 현명한 방법일 것이다. 기업 세계에서 CEO와 일반 직원의 대우는 하늘과 땅 차이다. 게다가 CEO와 평직원의 연봉 차이는 날이 갈수록 심해지고 있다.

미국 최대 노동조합인 AFL-CIO 조사에 따르면 2015년 500대 미국 대기업의 CEO 평균 보수는 1,240만 달러(약 140억 원)였다. CEO가 많은 연봉을 받아가면서 CEO와 일반 직원의 연봉 차이는 확대됐다. 글로벌 금융위기 이후 한 때 500대 1을 넘었던 차이가 줄기는 했지만, CEO와 일반 직원의 평균 연봉의 비율은 1980년의 42대 1에서 2015년 340대 1로 확대됐다.

잭 웰치는 부자가 되는 길로 CEO가 되는 길을 선택했다. 잭 웰치는 회사 내에서 '떠오르는 별'이었다. 그가 플라스틱 사업부를 회사의 핵심 사업부로 키우는 데 큰 공헌을 했기 때문이었다. 그는 산업용으로 쓰이던 플라스틱을 가정용 제품을 만드는 소재로 판매하는 아이디어를 냈다. 이를 실현하기 위해 플라스틱으로 만든 병따개를 들고 다니면서 강화 플라스틱의 용도가 얼마나 많은지 설명하고 다녔다.

그는 1963년 최연소로 부장이 됐고, 1968년에는 플라스틱 사업부를 책임지게 됐다. 산업용으로만 여겼던 플라스틱은 자동차 범퍼, 플라스틱 병, 헬멧 등의 재료로 팔려나갔다. 1969년 달에 착륙한 우주인들도 GE의 플라스틱으로 만든 헬멧을 썼다. GE의 플라스틱 사업부는 초창기에는 중소기업 수준이었지만 잭 웰치의 리더십 아래 경쟁 대기업인 듀폰이나 다우케미컬을 위협할 정도로 성장했다.

GE의 플라스틱 사업부는 산업용 재료를 생산했지만 일반 소비자를 대상으로 한 광고도 대량으로 제작했다. 화제가 됐던 것 중에는 메이저 리그에서 활동하는 투수를 불러 GE가 생산한 플라스틱으로 만든 투명한 벽을 앞에 두고 서 있는 사람을 향해 공을 던지게 했던 광고가 있다. 플라스틱 벽 뒤에는 잭 웰치기 직접 서 있었나. 투수가 공을 던졌지만 GE의 플라스틱 벽은 잭 웰치를 안전하게 보호했다. '철로 만든 제품 대신 플라스틱 제품을 써도 안전할까'라고 생각하는 일반 소비자에게 '깨지지 않는 플라스틱을 사용해도 되겠다'는 이미지를 심는 광고였다.

1972년 그는 부사장으로 승진했고, 플라스틱 사업뿐만이 아니라 의료기기와 다이아몬드 사업부문도 관장했다. 오일쇼크의 위기를 거쳐 금융 등 다른 사업부에서도 잭 웰치는 지속적인 성과를 보였다.

회사 최고경영진과 주주들은 잭 웰치의 놀라운 성과에 주목할 수밖에 없었다. 결국 잭 웰치는 1981년 GE 역사상 최연소의 나이인 45살에 GE의 CEO에 오르게 된다. CEO가 되면서 그의 연봉은 확 달라졌다. CEO가 되기 직전 부회장 시절 그의 연봉은 57만 2,000달러였다. CEO가 되자 한 해 사이에 그의 연봉은 90만 4,000달러로 뛰어 올랐다. 그의 연봉은 회사가 성장하면서 꾸준히 오르게 된다. 1982년 97만 5,000달러, 1989년 260만 달러, 1991년 320만 달러, 그리고 퇴임하기 직전에는 최고 400만 달러까지 올랐다. 연봉뿐만 아니라 성과급까지 합치면 천문학적인 보수를 받았다. 퇴임 직전 해인 2000년의 경우 그가 받은 보수는 절정에 올랐는데 연봉 400만 달러에 보너스 1,270만 달러, 스톡옵션 5,700만 달러, 주식 4,870만 달러어치 등 1억 2,500만 달러를 회사에서 받았다.

잭 웰치가 개인적인 성공을 거두고 있는 사이에 회사도 잭 웰치의 인도 아래 수익성 없는 사업은 과감히 정리하고 전망 있는 새로운 사업을 인수하면서 성장 가도를 달렸다.

1980년 잭 웰치가 CEO로 취임하기 직전 GE의 매출은 268억 달러였지만 2000년 그가 퇴임하기 직전의 연간 매출은 1,300억 달러로 385%나 성장했다. 1981년 주식시장에서 GE의 시장 가치는 140억 달러로 미국 10위의 기업이었지만 2004년의 시장 가치는 4,100억 달러로 미국 1위의 기업이 됐다. 잭 웰치는 회사에 다니는 동안 주식은 GE의 것만 보유했고, 소득도 회사에서 받는 게 전부였다. 잭 웰치에게는 회사의 가치를 높이는 게 부자가 되는 길이었다.

일벌레가 부자가 된다는
잭 웰치의 생각

"만약 당신이 16명의 직원을 고용했다면 적어도 2명은 멍청이일 거예요."

2006년 MIT 경영대학원의 강단에 선 잭 웰치는 벤처기업을 시작한 한 학생에게 충고라며 위와 같은 말을 했다. '10% 퇴출론'의 연장선상에 있는 얘기다. "당신의 시간을 회사에서 성과가 안 좋은 바닥권의 10%에 해당하는 직원들의 성과를 올리기 위해 쓰는 것은 낭비일 겁니다. 그 사람들에게 '당신들은 지금 자리에 맞지 않습니다. 늦기 전에 당신에게 맞는 일자리를 찾으세요'라고 얘기하세요."

잭 웰치의 원칙은 어떻게 들으면 너무하는 것 아니냐는 느낌이 들 정도다. 그의 말은 거침이 없다. 다음과 같은 말도 했다. "멍청이들에게 멍청이라고 당신이 얘기를 해주지 않는다면 그들은 그 자리에 있는 것에 대해 미안한 생각이 없을 것입니다. 당신이 언젠가는 그들에게 얘기해야 한다면 좀더 일찍 얘기하는 게 그들에게 더 도움이 될 것입니다." "성과가 낮은 직원을 찾아내는 데 있어 관리자인 당신이야 말로 누가 멍청한 사람인지 가장 나중에 알게 되는 사람입니다. 왜냐하면 모두 아닌 척하고 있기 때문입니다." "성실성이 가치 있는 것이라고 나는 믿지 않습니다. 어떻게 성실성을 측정할 수 있습니까? 만약 당신이 측정할 수 없는 것에 가치를 두고 있다면 가치를 갖고 있다고 말하기 어렵습니다."

잭 웰치의 부자에 대한 생각은 어떤 것일까? 잭 웰치는 직접적으로 부에 대해서 얘기하지는 않았지만 열심히 일한 사람만이 금전적인 보상을 누릴 수 있다는 식의 이야기를 자주 했다. 잭 웰치는 성과를 바탕으로 하위 10%의 직원은 퇴출시키되 상위 20%의 직원에게는 충분한 보상을 해줬다. 이런 그의 원칙은 금전적인 보상이 주어질 수 있는 일벌레들만이 부자가 될 수 있다는 생각으로 해석할 수 있다.

회사에서 성과를 내지 못하는 사람에게는 가혹할지 모르지만 그는 냉정하게 이야기했다. '열심히 일을 하라. 그러면 그에 합당한 보상이 주어질 것이다' 이것이 잭 웰치가 이야기하는 '일벌레 부자론'의 핵심이다.

잭 웰치의 부모는 가난했지만 잭 웰치가 훌륭하게 성장하는 꿈을 항상 꿨다. 그에게 자신감을 불어넣어주고 경쟁심과 승부욕을 주입시켰다. 그리고 열심히 일하는 것이 얼마나 중요한 것인지 심어줬다. 잭 웰치는 부모의 가이드를 따라 일벌레처럼 일하면서 회사를 성장시켰고, 회사의 성장과 더불어 개인의 부도 늘어났다.

하지만 아쉬운 것은 잭 웰치는 부모처럼 자식들에게 하지는 못했다. 잭 웰치는 부모를 존경했지만 자신의 자녀교육은 부모처럼 신경 쓰지 못했던 것이다. 일벌레 잭 웰치에게는 회사 생활이 최우선이었다. 대신 첫 번째 아내였던 캐럴린이 자녀교육을 맡았다. 자녀들은 어머니가 신경을 쓴 덕분에 명문 대학에 진학하기는 했다.

잭 웰치는 '내가 말한 대로 하되, 내가 행동한 대로 하지 말라'는 사례를 하나 들자면 일과 가정생활의 균형을 유지하지 못한 것이라는 취지의 말을 한 적이 있다. 자신이 경영과 리더십에 대해 말한 것은 자신이 생각해도 본받을 만하지만 일과 가정생활에 균형을 이루지 못했던 점은 본

받을 만하지 않다는 것이었다. 그의 원칙은 우선 회사에서 열심히 일하는 것이었고 아버지로서의 시간을 내는 것은 그 다음 순위였다. 아버지로서 자녀교육에는 신경을 쓰지 못한 것이다.

첫 번째 부인인 캐럴린은 아이들에게 시간을 내지 못하는 남편 잭 웰치에게 불만이 많았다. '돈만 갖다 주면 다냐'는 생각이었다. 가정주부로 머물러 있는 게 아니라 스스로 일을 해서 돈을 벌어보고 싶은 생각도 있었다. 하지만 아이들의 교육을 위해 꾹 참았다가 아이들이 다 큰 후인 1987년 28년의 결혼 생활을 마감했다. 잭 웰치가 CEO의 꿈을 이룬 지 6년이 지나서였다. 캐럴린은 남편의 성공에만 만족해서 살아가는 여성이 아니었다. 자기의 삶을 찾기 위해 돈 많은 남편을 미련 없이 떠났다. 캐럴린은 이혼 후에 로스쿨에 진학해서 변호사 자격증을 딴 후에 변호사로 일하고 있다. 잭 웰치는 1989년 여성 변호사인 제인 비슬리와 재혼했지만 현재의 부인인 수지 웰치를 만나면서 2003년 이혼하고 수지와 재혼했다.

하지만 잭 웰치는 GE의 CEO에서 퇴임하고 수지 웰치와 재혼한 이후에는 일과 가정생활의 균형을 유지하기 위해 노력하고 있다. 그는 부인이 가정주부로 머물기를 원했고 그를 집에서 편안하게 해줄 수 있는 스타일의 아내를 원했지만 역설적이게도 일과 가정생활의 균형을 유지하게 해준 세 번째 부인 수지 웰치는 정열적으로 자신의 일을 하고 일을 사랑하는 여성이었다. 잭 웰치는 여전히 일에 파묻혀 살기는 하지만 부인과 공동으로 저술 작업을 진행하면서 아이들도 돌보는 생활을 하고 있다. 일과 자녀교육을 동시에 신경을 쓸 수 있는 방법과 일을 찾은 것이다. 그는 두 번의 결혼 생활을 실패하고 20년간 져왔던 CEO라는 무거운 책임감에서 벗어나면서 원만한 가정생활이 얼마나 중요한지 깨달은 듯하다.

잭 웰치는 '일벌레 부자론'을 몸소 실천하기 위해 퇴임 후에도 일을 하면서 소득을 창출하고 있다. 잭 웰치는 앞에서 그의 근황에 대해 언급할 때 소개했듯이 지금도 저술, 강연, 컨설팅 등으로 일벌레처럼 시간을 보내고 있다. 이 과정에서 그는 매년 1,000만 달러(약 116억 원) 이상의 현금 흐름을 만들어내고 있는 것으로 추정된다. 그의 주요한 소득원은 강연이다. 잭 웰치는 강연 한 번 나가는 데 평균 15만 달러를 받는다. 한 달에 네 번 정도의 대중 강연을 한다고 계산하면 그는 연간 720만 달러를 강연으로 벌고 있다. 저술, 컨설팅 등으론 250만 달러 이상을 벌고 있다. 잭 웰치의 개인 재산은 알려진 것만 약 7억 5,000만 달러(약 8,700억 원)이다. 잭 웰치의 재산은 대부분 GE의 주식이다. 재산이 10억 달러가 넘는 미국의 400대 부자 안에는 들지 않지만 그래도 엄청난 부자다.

잭 웰치의 부모는 가난했지만 잭 웰치가 훌륭하게 성장하는 꿈을 항상 꿨다. 그에게 자신감을 불어넣어주고 경쟁심과 승부욕을 주입시켰다. 그리고 열심히 일하는 것이 얼마나 중요한 것인지 심어줬다.

일벌레 근성을 키워라

보스턴에서 북쪽으로 자동차로 30분 정도 떨어진 거리에 있는 세일럼 이란 도시는 마녀 사냥으로 유명한 곳이다. 17세기 세일럼에서는 마녀 재판이 열려 10여 명의 여성이 처형되기도 했다. 세일럼과 바로 붙은 작은 도시인 피보디가 잭 웰치가 태어난 곳이다. 잭 웰치가 태어나던 당시 피보디는 노동자들이 모여 사는 동네였다. 세일럼-피보디 지역에서 보스턴을 오가던 열차가 서던 곳은 세일럼 중심가에 있는 세일럼 역이다. 뉴욕이나 보스턴에 있는 대형 역사를 기대하고 찾아갔으나 세일럼 역은 우리나라의 경인선에 있는 전철 역사들보다 규모가 작았다.

세일럼 역은 바로 잭 웰치와 어머니가 열차 차장으로 일하던 잭 웰치의 아버지를 마중 나가던 곳이다. 잭 웰치의 아버지는 새벽 5시면 어김없이 출근을 했고, 하루 종일 일하다가 저녁 7시 30분쯤에 세일럼 역에 도착했다. 매일같이 어머니와 함께 아버지를 기다리던 아들은 열심히 일하

일벌레 부자의 근성을 길러준 잭 웰치의 부모

| 잭 웰치의 고향인 피보디의 중심가.

는 아버지의 모습에 미래의 자신의 모습을 투영시켰다. 그리고 그 자신
도 누구보다 열심히 일을 해서 결국은 GE라는 미국 대기업의 최고경영
자가 됐다.

사실 세계 최고의 부자들은 예외 없이 일중독자들이다. 빌 게이츠의
경우엔 회사 창업 초기에 피자와 콜라로 끼니를 때우면서 회사 책상 앞
에서 잠이 들기 일쑤였다. 그의 업무 시간은 새벽 6시부터 밤 10시까지
하루 16시간에 달했다. 24시간 중에서 잠자는 시간을 빼고는 모두 일하
는 데 신경을 쏟았던 것이다. 빌 게이츠는 결혼하고 나서야 밤을 새우는
버릇을 버렸다고 한다. 그는 결혼 후에 "정신이 맑고 창의적이기 위해서
하루에 일곱 시간을 취침하려고 한다"고 말한 적이 있다.

주식 투자의 달인인 워런 버핏도 일하는 것을 즐기기는 마찬가지다.
그는 20대 때 투자할 기업을 찾기 위해 신용평가회사인 무디스에서 발간
한 두터운 기업 설명서를 처음부터 끝까지 정독했다. 그를 지켜본 사람

부자들의 자녀교육

들은 어린아이들이 만화책을 읽듯이 꼼꼼히 읽던 모습을 기억하고 있다. 기업 설명서를 한번 본 사람들은 알겠지만 기업 설명서에는 깨알 같은 글씨로 대차대조표, 손익계산서 등 기업의 재무제표가 들어가 있고, 재무제표에 대한 주석이 달려 있다. 무디스의 기업 설명서는 한 기업이 아니라 수백 개 기업에 대한 기업 설명서다. 웬만한 인내심이 아니고는 첫 장을 넘기기가 어려운 책인데 그는 투자할 기업을 찾는다는 욕심에 집중해서 읽어냈다. 워런 버핏의 일하는 태도를 두고 버크셔 해서웨이의 한 임원은 "그는 돈을 버는 취미를 가지고 있을 뿐이다. 그게 그에게 휴식이다"라고 말한 적이 있다.

세계 최대의 유통업체 월마트의 창업자인 샘 월턴은 처음 상점의 문을 열었을 때 경쟁 상점보다 조금 더 일하는 것을 목표로 삼았다. 그가 회장으로 있었을 때 월마트는 토요일 오전에 회사 회의를 소집하는 것으로 유명했다. 유통업체의 특성상 주말이 바쁘기 때문이었는데 가족과 주말을 보내려는 일부 임직원들이 불만을 가지기도 했다. 샘 월턴의 사후에 월마트는 금요일에 회의를 소집하고 있다.

일벌레 근성이라면 무작정 일을 오래 한다는 것으로 오해하기 쉬운데 실상은 그렇지 않다. 갑부들은 자신이 하는 일을 즐기기 때문에 다른 사람보다 더 많이 일하는 것이다. 일하는 시간이 길기도 하지만 좀더 효율적으로 쓰기 위해 노력한다. 일반 직장인들의 경우 일과 시간 중 실제로 일하는 시간이 10%에 불과하다는 연구 결과도 있다. 30%는 자신이 얼마나 일을 열심히 하는지에 대한 신뢰를 얻기 위해서 사용하고, 나머지 60%는 가치 없는 일을 하는 데 사용한다는 것이다. 하지만 갑부들은 긴 시간을 일하면서두 스스로 즐기고 집중한다.

워런 버핏은 자신의 일을 하는 스타일에 대해 다음과 같이 설명한 적이 있다. "저는 가벼운 발걸음으로 일터에 나가 열심히 일하다가 가끔씩 의자에 등을 기댄 채 천장을 바라보며 그림을 그리곤 합니다. 이것이 제가 행복을 느끼는 방식입니다." 그러면서 하고 싶지 않은 일을 하면서 인생을 낭비하지 말라고 충고했다. 즉, '진짜 하고 싶은 일은 아니지만 어쨌든 여기서 한 10년만 버텨야지. 하다 보면 이력이 나겠지'라는 생각은 옳지 않다는 것이다.

빌 게이츠도 자신의 직업이 세상에서 가장 좋다며 그 이유가 돈을 많이 버는 것보다는 일을 하면서 도전한다는 느낌을 가질 수 있고 흥미를 발견할 수 있기 때문이라고 말한 적이 있다.

잭 웰치가 일벌레 근성을 유지했던 것도 자신이 하는 일을 즐겼기 때문이다. 잭 웰치는 최고경영자로 있는 20년 동안 열정적으로 일했다. 심지어 세 번의 심장 수술을 받고도 일을 그만두지 않았다. 이미 충분한 돈을 번 그가 일을 계속한 건 일을 즐기는 그의 습성 때문이었다. 그는 회사에서 퇴직한 이후에도 컨설팅과 저술 활동으로 일을 쉬지 않고 있다.

하고 싶은 일을 즐기면서 하는 일벌레가 돼야 한다는 말은 한국 사람들에게 많은 시사점을 준다. 우선 재테크에만 신경 쓰는 직장인의 문제다. 최근 부자에 대한 관심이 높아지면서 직장 일은 등한시하면서 재테크에만 신경을 쓰는 직장인이 늘고 있다. 주식 투자를 하고 싶다면 전문적으로 투자를 할 수 있는 회사에서 일자리를 찾는 게 옳을 것이다. 주식 직접 투자를 하는 사람들에게 투자 전문가들이 가장 먼저 하는 권고는 하루에 여덟 시간 이상 주식을 공부하고 연구하는 데 투자할 수 없다면 펀드와 같은 간접 투자를 하라는 것이다.

또 하나의 시사점은 그저 돈을 벌기 위해 직업을 갖는 건 바람직하지 못하다는 것이다. 한국에서는 최근 의사나 변호사가 돈을 많이 번다고 해서 또는 공무원이나 공기업 직원이 안정적이라고 해서 한쪽으로만 유능한 인재들이 몰리는 현상이 나타나고 있다. 물론 자기가 좋아하는 일과 직업을 완전하게 일치시키기는 어렵다. 그렇다고 그저 자리를 지키기 위해 또는 돈만을 목적으로 아무 관심도 없는 직업을 갖는다는 것은 개인적으로나 국가적으로 큰 손실이라고 할 수 있다. 이미 우리 사회는 다양한 방면에서 돈을 벌고 부자가 될 수 있는 사회로 변모하고 있다. 새로운 기회를 찾기보다는 과거나 현재에 유망하다는 직업에 안주하려는 경향을 볼 때 안타까운 마음이 들 때가 있다.

일벌레 근성을 키우는 것은 '수입-지출=재산'이라는 부자의 공식 측면에서 본다면 수입을 늘리는 방법과 직접적으로 연관돼 있다. 잭 웰치의 경우엔 일벌레 근성으로 회사를 키웠더니 엄청난 보답이 돌아왔다. 퇴임하기 직전 해인 2000년 그가 받은 연봉은 400만 달러(약 46억 원)였다. 거기에다가 보너스와 스톡옵션 등을 합하면 1년에 1억2500만 달러(약 1,450억 원)를 회사에서 받았다. 잭 웰치가 CEO가 된 첫 해에 받은 연봉(약 90만 달러)의 140배에 가까운 돈이다.

돈 있는 티를 내지 마라_
세계 최대의 갑부 집안 월턴 가족

샘 월턴의 부자 공식
절약의 가치를 가르쳐라

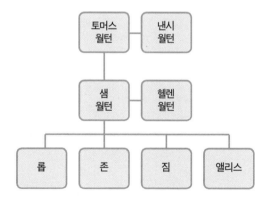

돈 있는 티를 내지 마라
세계 최대의 갑부 집안 월턴 가족

'절약의 가치'를
대를 이어 지켜라

세계 최대의 유통 기업 월마트 창업자 샘 월턴(Sam Walton)의 장남인 롭 월턴은 1992년부터 2015년까지 월마트의 회장을 맡았다. 그런데 월마트 본사에 있었던 그의 사무실은 가로 10피트(약 3m), 세로 10피트의 정사각형 모양의 방이다. 면적은 100제곱피트다. 평수로 따지면 2.8평 정도 된다. 큰 책상 하나 들어가면 사무실이 꽉 찰 정도의 크기다. 면적이 작은 것뿐만 아니라 출입문 외에는 사방이 막혀 있어 창문도 없다. 월마트 회사 자체가 '짠돌이'와 같이 비용을 절감하는 데 민감하다는 건 널리 알려져 있지만 회장실이 커다란 금고 정도의 크기라는 것은 '심하다' 싶을 정도다. 원래 월마트 회사 간부들의 사무실 크기는 다른 회사에 비해 작지만 회장실은 간부 사무실 중에서도 가상 삭았다.

롭 월턴이 회사에서 가장 작은 사무실을 고집했던 것은 아버지 샘 월턴이 강조한 '절약의 가치'를 계승하기 위한 것이다. 월마트의 창업자인 샘 월턴의 절약 정신은 미국인들에게 너무나도 유명하다. 1985년 포브스가 발표한 억만장자 리스트에 최초로 샘 월턴이 1위에 올랐을 때 기자들은 '도대체 샘 월턴이 누구냐'며 미국으로서는 '깡촌'인 아칸소 주의 벤턴빌에 있는 그의 사무실로 찾아왔다. 샘 월턴이 누구인지 고향 사람들 말고는 모를 정도로 그는 재산이 많은 티를 내지 않고 살아왔다. 샘 월턴은 갑자기 찾아온 기자들 대부분을 내쳤지만 그래도 기자들은 그를 따라다니며 일거수일투족을 관찰해 기사화했다. 기자들이 놀란 것은 샘 월턴이 그들이 상상하듯 대저택에 살면서 운전사가 딸린 고급 승용차를 타는 부자가 아니었다는 것이다.

샘 월턴은 픽업트럭을 손수 몰고 다녔다. 그가 몰던 붉은색의 포드 1979년형 픽업트럭은 그가 1992년 세상을 떠난 이후에 벤턴빌에 있는 월마트 방문센터에 옮겨져 보관돼 있다. 방문센터에 전시된 픽업트럭의 시트는 가죽이 아닌 천이고 바닥 깔개에는 구멍이 나 있다. 그는 세상을 떠나기 1년 전까지만 해도 개 한 마리를 옆 좌석에 앉히고는 픽업트럭을 몰고 다니면서 매장을 점검했다. 그의 옷차림은 수수했고, 머리에는 그의 트레이드마크인 월마트 로고가 새겨진 야구 모자를 쓰고 다녔다. 전형

| 샘 월턴이 생전에 타던 픽업트럭. 시트는 천으로 돼 있고 트럭 주위에 긁힌 자국이 그대로 남아 있다.

적인 미국 시골 사람의 모습을 하고 다닌 것이었다. 그는 픽업트럭을 몰고 다니는 이유에 대해 생전에 "롤스로이스 같은 고급 승용차에 개를 데리고 다닐 수 없기 때문이지요"라고 우스갯소리로 말하기도 했다.

그뿐만이 아니었다. 샘 월턴이 동네 이발소에서 머리를 깎는 모습이 사진기자들에게 포착됐을 때 또다시 화제가 됐다. 전국 신문에 그가 벤턴빌 시내 광장에 있는 이발소에서 머리를 깎는 모습의 사진이 실렸다. 미국인들은 그와 같이 엄청난 부자가 고급 헤어살롱이 아닌 허름한 동네 이발소에서 머리를 다듬는 모습에 놀랐다.

샘 월턴이 엄청난 재산을 모았음에도 불구하고 검소한 생활을 한 까닭은 어릴 적부터 부모로부터 들였던 아끼는 습관을 성인이 돼서도 유지했기 때문이다. 샘 월턴의 어린 시절은 미국이 경제적으로 가장 어려웠던 시기인 대공황이 몰아닥쳤던 때였다. 샘 월턴은 자서전에서 "나는 전적으로 어머니와 아버지의 돈에 대한 태도를 공유했다. 두 분은 아예 돈을 쓰지를 않았다"고 썼다.

또 샘 월턴은 어릴 적부터 아르바이트를 하면서 1달러짜리 지폐 한 장을 벌기 위해 얼마나 노력을 해야 하는지, 즉 '돈의 가치'를 부모에게서 배웠다. 그는 자서전에서 "나는 아주 어릴 때부터 어린아이도 가계에 도움을 주는 게 중요하다는 걸 알아야 했다. 아이도 단순히 도움을 받는 사람이 아니라 가계에 기여하는 사람이 돼야 했다"고 적었다.

샘 월턴의 아버지 토머스 월턴은 농사를 짓다가 1930년대 대공황으로 농작물 가격이 떨어지고 팔리지 않자 농사를 그만뒀다. 대신 대출금을 회수하러 다니는 새로운 직업을 구했다. 아버지의 소득이 불안정하자 샘 월턴은 어쩔 수 없이 어릴 때부디 일을 해야 했다. 어머니 낸시 월턴과 시작한 것은 우유 배달 아르바이트였다. 새벽같이 일어나 어머니와 함께 우유를 짰다. 학교를 간 사이에 어머니가 우유를 배달할 수 있게 준비해 놓으면 오후에 돌아와 각 가정에 배달했다.

그는 또 일고여덟 살 때부터 신문 배달을 했다. 신문 배달은 대학 다닐 때까지 학비와 생활비를 대는 원천이었다. 그가 미주리 대학을 다녔던 1939~1940년에 샘 월턴은 연간 4,000~5,000달러를 신문 배달로 벌었다고 한다. 1940년의 5,000달러는 2000년 현재 가치로 계산을 하면 6만 1,500달러 정도인데, 이는 맞벌이 부부의 연간 소득 정도 되는 액수다. 샘 월턴은 자신이 모은 돈으로 첫 가게를 낼 때 창업 자금의 일부를 댈 수 있었다. 그는 '돈의 가치'를 자녀들에게 가르치기 위해 부자가 된 뒤에도 자녀들에게 신문 배달을 시켰다.

샘 월턴은 자신의 절약 정신과 노동 윤리를 그대로 월마트라는 회사에 적용해서 사업에서 성공의 길을 걸을 수 있었다. 그의 장남 롭 월턴은 아버지 사후에도 '절약의 가치'를 스스로 잊지 않고 또 회사도 이어가도록 하기 위해 노력하고 있다. 그 노력 중 하나가 2.8평짜리 회장실인 것이다.

.

월턴 가족은
온 집안이 억만장자

그렇다면 샘 월턴의 가족들은 얼마나 부자인가? 현재 세계 최대의 부자가 빌 게이츠라면, 세계 최대의 부자 집안은 바로 월마트의 창업자 샘 월턴의 가족이다. 미국 잡지 포브스가 집계한 2017년 억만장자 순위를 보면 1위는 빌 게이츠다. 그의 재산은 860억 달러(약 100조 원)로 추정된다. 하지만 빌 게이츠는 혼자 리스트에 올라 있을 뿐이다. 가족으로 따지면 얘기는 달라진다. 샘 월턴의 세 자녀는 2017년 현재 전세계 억만장자 순위에서 모두 10위권에 이름을 올려놓고 있다. 장남 롭 월턴이 341억 달러로 15위, 셋째 아들 짐 월턴이 340억 달러로 16위(둘째 아들 존 월턴은 2005년 비행기 추락 사고로 사망했다), 막내 딸 앨리스 월턴이 338억 달러로 17위에 올라 있다. 이들 셋의 재산을 합하면 1019억 달러로 빌 게이츠의 재산을 넘어선다. 샘 월턴의 아내 헬렌 월턴도 한 때 억만장자 리스트에서 20위권에 들었지만, 2007년 세상을 떠나면서 이름이 사라졌다.

2016년에 포브스가 집계한 바로는 샘 월턴의 세 자녀뿐만 아니라 월턴 가족이 보유한 재산을 모두 합하면 1300억 달러로, 월턴 가족이 미국에서 가장 부유한 가족에 꼽혔다.

이렇게 세계 억만장자 리스트에 가족들이 많은 이름을 올려놓게 된 이유는 어쩌면 간단하다. 아버지에게서 물려받은 월마트의 지분을 상당량 그대로 소유하고 있기 때문이다. 월마트의 창업자인 샘 월턴은 1992년 세상을 떠났다. 당시 그가 가족에게 남긴 재산은 235억 달러에 달했다. 유산의 대부분은 월마트의 지분이었는데, 월마트의 주가는 그 후에도 계속 상승해서 남은 가족들의 재산이 늘어나게 됐다. 주식만 많이 가지고 있어도 팔지 않으면 무슨 소용이 있냐고 물어보는 사람들이 있을지 모르겠다. 주식을 가지고 있으면 주가가 올라 재산이 늘어나는 동시에 장기 보유를 하면 배당금도 챙길 수 있다. 대부분의 회사들이 주주들에게 1년에 한두 번씩 배당금으로 투자 이익을 돌려주기 때문이다. 샘 월턴의 유족들은 월마트의 배당금으로만 연간 50억 달러(약 5조 8,000억 원) 가까이 챙기고 있다.

샘 월턴은 자녀에게 막대한 유산을 남기지 않겠다고 한, 현재 세계 1,

2위의 부자 빌 게이츠나 워런 버핏과 달리 자녀에게 엄청난 유산을 남겼다. 빌 게이츠와 워런 버핏이 큰돈을 남기지 않겠다는 이유는 자녀들이 독립심과 일을 해서 돈을 버는 것이 소중하다는 생각을 잃어버려 인생을 망치게 될까 두렵기 때문이다. 물론 샘 월턴도 자녀들이 막대한 재산을 물려받고 빈둥거리는 '유한계급'이 되는 것을 바라지 않았다. 그래서 재산을 남기면서 자녀들에게 철저한 가정교육과 경제교육을 시켰다. 샘 월턴이 자녀들에게 가르친 핵심 내용 중 하나는 '부자라는 특권의식을 가지지 말라'는 것이다. 역설적으로 자신이 부자라는 의식을 버려야 돈을 벌 수 있고 부를 대대로 유지할 수 있다는 생각이었다.

샘 월턴의 장남 롭 월턴은 아버지가 남긴 교훈 중 가장 중요한 세 가지 원칙이 다음과 같다고 소개한 적이 있다. 첫째, 자기 자신과 자신의 비즈니스를 향상시키기 위해 매일같이 노력하라. 둘째, 남이 나를 대접하기를 원하는 대로 남에게 대접하라. 셋째, 항상 소비자가 주인이라는 사실을 기억하라. 이 중에서 두 번째 교훈이 스스로 부자라는 특권의식을 버리라는 것이다. 나와 남을 동일하게 대접하는 중에 '내가 부자니까 특별하게 대접받아야 한다'는 생각이 싹틀 수가 없을 것이다. 마찬가지로 항상 소비자를 주인으로 생각하라는 것도 같은 뜻이다. 돈 좀 벌었다고 남과 다른 대우를 받겠다고 하면 소비자들을 제일로 생각하는 정신이 사라질 수 있을 것이다.

부모의 가르침 덕분에 샘 월턴의 자녀들은 막대한 재산을 물려받고도 아버지의 뜻을 받들어 부자라는 특권 의식을 가지지 않는 대신 독립심이 강하고 쓸데없는 돈을 쓰지 않는 성인으로 자라났다.

> 아버지가 남긴 교훈 중 가장 중요한 세 가지 원칙은 첫째 자기 자신과 자신의 비즈니스를 향상시키기 위해 매일같이 노력하라, 둘째 남이 나를 대접하기를 원하는 대로 남에게 대접하라, 셋째 항상 소비자가 주인이라는 사실을 기억하라는 것이다.

아버지의 절약 정신을
물려받은 자녀들

샘 월턴의 장남 롭 월턴은 1992년 아버지가 세상을 떠난 후에 월마트의 회장을 맡게 됐다. 하지만 롭 월턴에게 있어 회장직은 아버지가 있을 때처럼 전권을 행사하는 자리는 아니었다. 일상 업무는 최고경영자(CEO)에게 맡기고 자신은 아버지가 물려준 '절약의 가치'와 같은 회사의 고유한 가치가 잘 이어지고 있는지 감시하는 역할과 주주로서의 월턴 가족의 의사를 전달하는 데 만족했다.

롭 월턴은 아버지의 '부자라는 특권 의식을 갖지 말라'는 가르침에 따라 자신이 회장이기 때문에 특별대우를 받아야 한다는 생각이 없다. 회사의 비용 절감에 있어 그의 사무실도 예외는 아닌 것이다. 그의 방이 작고 창문이 없는 것은 '부자 회상이라도 특별한 대우는 받지 않는다'는

| 월마트의 회장이었던 롭 월턴.

사실을 회사 내에 알리는 효과가 있다.

또한 '필요 없는 곳에 돈을 쓰지 말라'는 아버지의 가르침을 잘 지키기 위해서이기도 하다. 롭 월턴은 회사의 회장이기는 하지만 일상적인 경영은 CEO에게 맡기고 있기 때문에 한 달에 4~5번 정도 이사회 참석을 위해서 회사에 나올 뿐이다. 롭 월턴은 큰 사무실을 유지하면서 필요 없는 비용을 회사에 부담지울 필요가 없다는 생각을 갖고 있는 것이다.

아버지 샘 월턴은 자녀들이 어릴 때부터 돈의 소중함을 일깨우기 위해서 자신의 가게에 나와서 일을 하도록 하고 신문 배달 등을 통해서 용돈을 벌도록 했다. 자신이 어릴 적 신문 배달로 용돈을 벌었던 것을 따라하게 한 것이다. 샘 월턴은 자신의 자서전에서 부인과 함께 자녀들에게 '노력, 정직, 사교성, 절약'이라는 네 가지 기본적인 양식을 심어주려고 노력했다고 적고 있다.

큰 아들 롭 월턴은 어릴 때 학교가 끝난 후에 아버지의 가게에서 박스를 나르고 바닥 청소를 하고 타일을 까는 등 궂은일을 해야 했다. 여름 방학이면 오히려 가게에서 일하는 시간은 늘어났다. 일을 하는 대가로 용돈을 받기는 했지만 친구들보다 용돈 액수는 적었다. 그리고 더 많은 용돈을 벌기 위해 신문 배달을 해야 했다. 둘째 존 월턴과 셋째 짐 월턴도 아버지 가게에서 일을 하고 신문 배달을 했다. 앨리스 월턴은 샘 월턴의 막내딸로 아버지의 귀여움을 독차지했음에도 불구하고 아버지의 교육에서 열외는 아니었다. 그녀는 다섯 살 때부터 아버지의 가게에 나가서 일을 해야 했는데 주로 사탕과 팝콘 코너를 맡았다.

샘 월턴은 첫째 아들인 롭 월턴이 16살이던 1960년 대형 유통회사를 제외하고 개인으로 따져 미국에서 가장 큰 소매점 체인을 소유하고 있었다. 샘 월턴은 당시 40대 초반의 나이에 14개의 상점을 소유하고 있었고,

연간 매출이 140만 달러에 달하는 성공한 부자였다. 하지만 자녀들을 귀공자나 귀공녀로 키우지는 않았던 것이다. 샘 월턴은 자녀들이 일을 해서 돈을 벌어야 한다는 사실을 가르치기 위해서 자신의 가게에서 일을 하도록 시켰다. 그는 자신의 상점에서 일을 하게 하는 현장 교육을 통해서 자녀들에게 노동 윤리와 독립심을 익히게 했던 것이다.

때문에 자녀들은 부자라는 티를 내지 않고 살아가게 됐다. 2001년 존 월턴의 아들인 루크 월턴이 학교에 들어갔을 때의 일이다. 존 월턴은 학교를 찾아 교장에게 "학교에 필요한 시설이 없나요"라고 물었다. 포브스에 따르면 2001년 그의 재산은 187억 달러로 세계 8위의 부자였다. 교장은 아이들이 수업을 빼먹고 도망가는 사례가 있다며 학교에 울타리가 필요하다고 했다. 아마도 교장은 억만장자인 존 월턴이 일하는 사람들을 불러 며칠 사이에 울타리를 만들어줄 것이라고 기대했던 것 같다. 미국은 인건비가 비쌀 뿐만이 아니라 공사의 진행 속도가 느리다는 걸 감안하면 교장의 요구가 이해가 된다. 존 월턴은 교장과 면담이 끝난 후에 잠시 나갔다 온다며 나갔다. 그러고는 전동 드릴과 나사를 들고 와서는 혼자서 목책을 꽂고 울타리를 설치했다. 교장은 존 월턴에게서 억만장자라는 느낌보다는 아들 학교를 위해서 봉사하는 동네 아저씨와 같은 느낌을 받았을 것이다.

아버지에 대해
독립적인 자녀들

샘 월턴의 자녀들은 아버지의 재산을 물려받았을 뿐 사업을 물려받진 않았다. 첫째 아들 롭 월턴이 현재 월마트의 회장을 맡고 있긴 하지만 주주의 대표일 뿐 일상적인 사업에 직접적으로 관여하지는 않고 있다. 독립적으로 살라는 메시지를 줬기 때문이다. 유통에 능력이 있는 사람이 자신의 사업을 이어가야 한다는 게 샘월턴의 생각이었다. 대신 자녀들의 의사를 존중하고 남에게 의지하지 않는 독립적인 삶을 살도록 독려했다.

둘째 아들 존 월턴이 소개했던 어릴 적 일화는 샘 월턴이 자녀들의 일거수일투족을 간섭하지 않고 자녀들의 의지를 얼마나 존중했는지 보여준다. 존 월턴은 자신이 독립적으로 크게 된 데는 아버지 샘 월턴의 한마디가 큰 영향을 끼쳤다고 고백했던 적이 있다. 존 월턴이 12살이던 때그는 아버지에게 집에서 멀지 않은 버펄로 강에서 절벽 타기를 하겠다고허락해달라고 한 적이 있다. 버펄로 강은 미국의 국립공원 중 하나로 깊이가 500피트(약 162m)가 되는 계곡을 가로지르고 있다. 아버지 샘 월턴은 "하지 말라"고 한 것이 아니라 "네가 충분히 컸을 때 하라"고 말했다.아버지의 그 한 마디가 자신감을 키워주고 뭐든지 혼자 할 수 있다는 독립심을 키워줬다고 그는 회상했다.

첫째 아들 롭 월턴도 처음부터 아버지의 회사에서 일을 했던 것은 아니었다. 롭 월턴은 아칸소 대학에서 회계학을 전공한 뒤에 뉴욕에 있는컬럼비아 대학의 로스쿨에 입학했다. 22살이던 1966년 로스쿨을 졸업하고 변호사가 됐다. 변호사가 된 후에 아버지 회사에서 일을 시작하지 않고 오클라호마 주 털사의 '코너 앤드 윈터스'라는 로펌에서 일을 시작했다. 그가 일하던 로펌은 월마트와 관련된 일을 여러 건 처리했는데, 롭월턴은 월마트의 기업 공개 업무 등에 참여했다. 외부 로펌에서 12년을보낸 후 1978년이 돼서야 그는 월마트 본사가 있는 벤턴빌로 돌아오게된다. 그것도 아버지가 회사에 와서 일을 해달라는 요청에 못 이겨서였

부자들의 자녀교육

다. 유통에 문외한이었던 롭 월턴은 월마트에 입사해서는 부동산과 해외 진출 업무를 주로 맡아서 했다. 새로운 매장을 어디에 여는 것이 좋을지에 있어서는 그가 전문가였다. 롭 월턴은 샘 월턴의 가족 중에서 유일하게 부사장 등 회사의 간부직을 맡아 일상 업무에 참여했다.

큰아들 롭 월턴을 제외한 나머지 세 자녀는 월마트의 경영에 직접적으로 참여한 적이 없다. 대신 독립적으로 자신이 사업체를 차리거나 혹은 아버지의 사업을 인수해서 사업가의 길을 걸었다.

둘째 아들 존 월턴은 공립학교인 벤턴빌 고등학교를 나와 대학을 다니다가 베트남 전쟁에 자원해서 참전했다. 더구나 특수부대인 그린베레의 일원이었다. 그가 베트남 전쟁에 참전한 1968년에 아버지 샘 월턴은 월마트 9호점에서 13호점까지 다섯 곳에 새로운 월마트 매장을 열 정도로 사업이 확장 일로에 있던 때였다. 그는 베트남에서 죽을 고비를 겪으면서도 동료들을 구한 공로로 은성 훈장을 타고 제대했다.

1970년 미국으로 돌아와서 존 월턴은 1년간 아버지 회사에서 비행기 조종사로 일했다. 월마트는 넓은 지역에 산재한 많은 매장을 관리하기 위해서 경비행기를 이용했다. 아버지 샘 월턴도 직접 경비행기를 운전해서 매장을 둘러보고 매장 위치 선정 작업을 하기도 했다. 하여튼 그때가 사회생활 중에 아버지에게서 직접적인 도움을 받은 유일한 기간이었다. 그는 아버지의 회사를 떠나 애리조나에서 농약 살포 회사를 차렸다. 농약 살포 회사라는 게 이름은 거창하지만 존 월턴 혼자서 경비행기를 몰고 농약을 살포하는 중노동이었다. 존 월턴은 각종 인터뷰에서 "내가 '누구'라는 사실 때문에 일자리를 구할 수 있다는 게 옳지 않다고 생각했다. 나 스스로 일자리를 구하고 어떻게 세상 일이 돌아가는지 아는 게 맘이 편할 것 같았다"고 말했다.

존 월턴은 농약 살포 사업으로 돈을 모아 보트 건조 사업에 뛰어들었고 트루 노스라는 지주회사를 만들어 벤처 투자에도 손을 댔다. 독립적인 사업가로 성공을 하자 아버지 샘 월턴은 존 월턴에게 월마트 이사회에 나오라고 했고, 그때가 돼서야 존 월턴은 기꺼이 아버지의 제안을 받아들였다.

존 월턴은 샘 월턴 가족의 자선사업도 맡아서 운영했다. 그는 또 1998년 자신이 '아동장학금펀드'라는 자선단체를 만들어 가난한 학생들이 교육 환경이 좋은 사립학교에 갈 수 있도록 장학금을 주는 일도 했다. 그러나 존 월턴은 안타깝게도 2005년 6월 자신이 몰던 경비행기가 추락하는 바람에 세상을 떠나고 말았다. 그가 죽은 후에 그의 재산은 부인인 크리스티 월턴과 외아들 루크 월턴에게 남겨졌다.

셋째 아들 짐 월턴도 공립학교인 벤턴빌 고등학교과 아칸소 대학을 나왔다. 그리고 초창기에 아버지 회사에서 매장 자리를 물색하는 일을 했다. 그는 경비행기를 타고 하늘을 날다가 좋은 장소가 보이면 비행기를 착륙시킨 후에 비행기에서 자전거를 꺼내 직접 답사를 했다. 그는 땅주인에게 자신이 누구의 아들인지 말하지 않기 때문에 언제나 싼값에 부지 계약을 성사시킬 수 있었다. 짐 월턴은 월마트를 그만둔 후에 가족 비즈니스를 맡아서 하고 있다. 그가 관리하는 회사는 월턴 가족의 월마트 지분을 관리하는 '월턴 엔터프라이즈'와 지역 은행인 '알베스트 은행', 그리고 지역 신문사인 '벤튼 카운티 데일리 레코드'이다. 각 회사들은 아버지가 그대로 물려준 것이 아니다. 신문사를 예를 들어보면 원래 샘 월턴이 6만 5,000달러에 샀던 것인데 짐 월턴은 자신의 돈과 외부 투자자의 자금을 합쳐 110만 달러에 지분을 인수했다. 또 자신이 독립적으로 컸듯이 신문사 경영에 있어서도 독립적인 편집을 보장하고 있다. 예컨대 벤톤 카운티 데일리 레코드에는 월마트의 독점에 반대하는 광고가 버젓이 실리기도 한다.

막내딸 앨리스 월턴은 1980년대 중반부터 1990년대 중반까지 투자회사인 '라마'를 운영했다. 주로 아칸소 서북부 지역의 고속도로, 공항 등 기반시설에 투자했는데, 벤턴빌 인근 공항에는 그녀가 건설 자금을 모으는 데 기여한 것을 기려서 터미널에 그녀의 흉상이 세워져 있다. 앨리스 월턴은 대학을 졸업하고 잠시 아버지 회사에서 구매 담당으로 일하기도 했으나 곧 회사를 그만두고, 20대 때인 1970년대에 텍사스에서 주식 거래인으로 활동했다. 그녀는 투자 사업에서 은퇴한 후에 텍사스에서 소몰이용 말을 키우는 목장을 경영하고 있다.

어떻게 자녀를 가르칠지
부부가 생각을 공유하다

자녀들을 독립적이고 특권 의식 없이 키우기 위해서는 아버지 샘 월턴 뿐 아니라 어머니 헬렌 월턴의 역할이 중요했다. 샘 월턴은 자녀들을 '유한계급'으로 키우지 않겠다는 생각을 갖고 있었지만 실행을 하기에는 너무 바빴다. 샘 월턴은 유통업의 특성상 특히 자녀들과 시간을 보내야 하는 주말이 더 바빴다. 주말에나 쇼핑할 수 있는 시간을 낼 수 있는 손님들이 많기 때문이다. 그는 하루 정도 상점을 직원에게 맡기고는 일주일에 적어도 엿새를 일했다. 그는 일하는 모습을 아이들에게 보여주고 아이들에게 상점에 나와서 일을 하도록 함으로써 현장 교육을 시키는 정도였다. 때문에 부부의 교육에 대한 생각을 실천하는 것은 대부분 헬렌 월턴의 몫이었다.

중요한 것은 샘 월턴과 헬렌 월턴은 결혼 후에 자녀들을 어떻게 키울 것인가에 대해 자주 대화를 나눴다는 점이다. 둘은 헬렌 월턴이 서른이 되기 전에 네 자녀를 갖기로 손가락을 걸었다. 그리고 자신들이 어릴 적에 배웠던 돈에 대한 가치, 일에 대한 가치를 자녀들에게 똑같이 심어주기로 약속했다. 자녀들을 아버지 상점에 나와서 일하게 하고 신문 배달을 시킨 것도 부부가 합의해서 나온 교육 방식이었다.

헬렌 월턴의 아버지는 변호사로 그녀는 부유한 집에서 컸지만 샘 월턴의 집은 미국의 1930년대 대공황으로 큰 타격을 받아 가난하게 컸다. 샘 월턴은 고등학교 때부터 신문 배달을 해서 학비와 생활비를 벌어야 했다. 자란 환경이 다르기에 두 사람의 생각이 부딪힐 수도 있었지만 둘은 대화와 양보로 자녀를 어떻게 키울지 합의점을 도출했다.

자녀를 키울 곳을 정한 것도 헬렌 월턴의 주장을 샘 월턴이 따르는 방식으로 결정됐다. 샘 월턴은 처음엔 대도시인 세인트루이스에서 잡화점을 시작하려고 했다. 아무래도 대도시에서 장사를 하는 게 성공할 가능성이 높아 보이긴 했다. 하지만 헬렌 월턴은 그의 생각에 반대했다. 대도시에 나가면 '가족의 가치'가 사라질 수 있다는 게 그녀의 이유였던 것 같다. 그녀는 인구가 1만 명 이하인 동네에 살아야지 자신들이 어릴 적 배웠던 가치들을 똑같이 자녀들에게 심어줄 수 있을 것이라고 주장했다. 그래서 샘 월턴은 대도시로 나가는 것을 포기하고 작은 마을에서 잡화점을 시작했다.

생각을 공유하는 방식은 자녀들에게도 똑같이 적용됐다. 바쁜 와중에도 샘 월턴은 금요일 저녁만은 시간을 내서 자녀들과 함께했다. 저녁 시간에는 주로 비즈니스와 관련된 내용을 가족들과 토론했다. 막내 딸 앨리스 월턴은 "새로운 매장을 열기 위해 대출을 얼마나 받았다느니 하는 얘기까지 식사 자리에서 오갔다"고 말했다. 자녀들이 장성하고 각자 가정을 꾸리게 되면서 일 년에 세 번 정기적인 가족 모임을 갖고 있다. 물론 수시로 전화를 하면서 서로 의견을 나누지만 말이다.

어머니 헬렌 월턴이 세상을 떠나기 전까지 일 년에 세 번 아칸소 벤턴 빌에 있는 헬렌 월턴의 집에 온 가족이 모였다. 월턴 가의 형제자매와 손자, 손녀 들까지 모두 거실에 모여 월마트의 미래와 자선 사업 방향 등에 대해서 토론하는 자리다. 큰 아들 롭 월턴은 포브스 지와의 인터뷰에서 "정기적인 가족 모임은 우리 가족을 하나로 묶는 역할을 한다. 우리는 우리의 다음 세대도 서로 강하게 유대 관계를 갖고, 회사의 재산을 지키는 청지기의 역할을 하기를 원한다"고 말했다.

월턴 가족의 월마트 지분을 관리하는 '월턴 엔터프라이즈'의 운영도 합의 방식으로 운영이 되고 있다. 샘 월턴은 자녀들이 어릴 때부터 월턴 엔터프라이즈라는 회사를 통해 월마트의 지분에 참여토록 했다. 월턴 엔터프라이즈는 네 자녀 모두 20%씩의 지분을, 샘 월턴 부부는 각각 10%의 지분을 가지고 있었다. 월턴 엔터프라이즈는 월마트 지분의 38%를 소유하고 있다. 가족들이 월턴 엔터프라이즈를 통해서 간접적으로 월마트 지분을 가지고 있기 때문에 가족들의 합의를 통해서만 월마트의 지분을 처분하거나 각종 중요한 의사 결정을 해야만 한다. 보통 부자들의 사후에는 가족들끼리 크건 작건 재산 다툼이 일기 마련인데 아직까지 월턴 가족은 그와 같은 문제가 발생되지 않고 있다. 샘 월턴 부부는 말로만 생각을 공유하는 게 중요하다고 자녀들에게 가르친 것이 아니라 제도적인 장치까지 마련해놓은 것이었다.

'부자라서 특별대우를 받아야 한다'는 의식이 없기는 어머니 헬렌 월턴도 마찬가지다. 그녀가 1990년대에 3,950만 달러를 오자크 대학에 기

샘 월턴 부부는 결혼 후에 자녀들을 어떻게 키울 것인가에 대해 자주 대화를 나눴다. 둘은 헬렌 월턴이 서른이 되기 전에 네 자녀를 갖기로 약속했다. 그리고 자신들이 어릴 적에 배웠던 돈에 대한 가치, 일에 대한 가치를 자녀들에게 똑같이 심어주기로 약속했다.

부하기로 하고 그 대학 총장인 릭 니스 부부를 집으로 초청했을 때의 얘기다. 릭 니스는 잠자리에 들기 전에 헬렌 월턴에게 보통 몇 시에 일어나는지 물었다. 헬렌 월턴은 자기가 언제 일어나는지 신경 쓰지 말고 편하게 일어나라고 말했다. 다음날 릭 니스는 부엌에서 달그락 소리가 나는 것 같아 눈을 떠보니 아침 6시 30분이었다. 헬렌 월턴은 손님을 대접하기 위해 새벽부터 일어나 손수 아침 식사를 준비하고 있었다. 당시에 그녀는 세계 10위권 안에 들어가는 부자였다.

아끼는 게 돈도 벌고
회사도 키우는 길이다

재미있는 것은 '아이들을 교육하기 좋은 시골에 살아야 한다'는 부인 헬렌 월턴의 주장을 따른 게 샘 월턴이 유통 사업에서 성공한 비결이 됐다는 것이다. 소도시 근처에서 박리다매로 할인점을 독점적으로 운영한다는 게 훗날 월마트의 사업 전략이었다. 소도시 근처에서 대형 할인점을 운영하면 유통 비용을 획기적으로 줄일 수 있고 일반 상점보다 25~50% 싼값에 물건을 공급할 수 있어 소비자들에게 이득을 돌려줄 수 있다는 게 샘 월턴의 기본적인 아이디어였다.

부자들의 자녀교육

특히 시골에서는 땅값이 쌌기 때문에 대규모 상점 부지를 확보하거나 임대하는 비용을 아낄 수 있었다.

월마트의 본사는 지금도 미국 아칸소 주의 벤턴빌이라는 작은 도시에 있다. 아칸소는 클린턴 전 대통령의 고향으로 널리 알려져 있지만 미국에서는 가장 가난한 동네에 속한다. 2015년 기준으로 아칸소의 1인당 소득은 4만 2,798달러로 미국 51개 주 중에서 48위였다. 벤턴빌은 아칸소에서 인구 순위로 따지면 10번째쯤 되는 도시다. 인구는 4만 4,500여 명. 우리나라로 치면 강원도 횡성군 정도의 인구에 해당되는 곳이다. 미국에서 뉴욕이나 로스앤젤레스와 같이 대도시에서 사는 사람의 입장에서 볼 때 벤턴빌은 촌구석 중의 촌구석이다. 가장 가까운 공항이 12마일(약 19km) 정도 떨어져 있는데 공항에서 벤턴빌로 가는 길은 90도로 꺾이는 곳이 여러 번 나온다. 시내에서는 유명 호텔 체인을 찾아보기 힘들다. 월마트 본사 건물도 휘황찬란한 것과는 거리가 멀다. 원래 창고로 쓰던 곳을 개조해서 사무실로 쓰고 있다.

월마트는 본사가 벤턴빌에 있는 이유에 대해 아주 간단하게 설명한다. "대도시는 사무실 비용이 비싸기 때문"이다. 월마트는 창업주 샘 월턴의 가이드에 따라 비용 절감이 체질화된 기업이다. 기업 간부들이 출장을 갈 때는 호텔 방을 두 명이

| 벤턴빌에 있는 월마트 본사.

같이 쓰는 게 원칙이다. 비행기 좌석은 일반석을 이용한다. 월마트는 지역 본부를 두지 않고 본사 간부들이 비행기를 이용해서 각 매장을 둘러보는 방식을 채택하고 있다. 지역 본부를 유지하지 않고 간부들이 출장을 다니면서 매출의 2%를 절약할 수 있다고 한다. 다른 유통업체들도 모두 익히 알고 있는 사실이다. 하지만 실천을 하기는 어렵다. '남과 다른 대접을 받지 마라' '비용 절감을 생활화해서 고객에게 이득을 돌려주라'는 창업주의 지침을 실천하고자 하는 의지가 없다면 불가능한 일이다. 주변 다른 회사의 간부들은 먼 거리의 매장을 둘러볼 필요가 없고, 매장을 둘러볼 때도 비행기의 넓은 비즈니스석을 이용하는 것을 볼 때 이직을 하고 싶은 유혹을 떨쳐버리기 힘들 것이다. 하여튼 이 같은 비용 절감 노력에 따라 월마트의 판매관리비 비중은 매출의 15~17% 선이다. 타깃, K마트 등 미국 내 다른 유통기업은 판매관리비 비중이 18~ 26% 선인 것과 비교하면 월마트가 얼마나 비용을 줄이기 위해서 노력하고 있는지 알 수 있다.

누구에게든 배울 수 있다
질문을 많이 하라

샘 월턴이 부자로 성공한 이유 중 또 다른 하나는 누구에게든지 항상 배울 준비가 돼 있었다는 것이다. 다시 말하자면 정보 수집 능력과 학습 능력이 남보다 뛰어났다고 얘기할 수 있다. 궁금한 것에 대한 해답을 알아내기 위해 질문을 잘한다는 것은 숨어 있는 정보를 찾아내는 능력을 가지고 있다고 해석할 수 있다. 그는 또 단순히 정보를 수집하는 데서 끝나는 게 아니라 남들의 행동이 좋다고 생각하면 자신의 것으로 만들었다.

샘 월턴이 사업상의 역할 모델로 삼았던 사람은 장인인 러랜드 롭슨이었다. 변호사이자 은행가, 목장 주인이었던 장인이 사업을 하고 가족을 이끌어가는 방식을 면밀하게 관찰해서 자신의 사업과 가정생활에 적용했다. 예컨대 장인이 자신의 사업에 딸과 처남들을 파트너로 참여시키는 것을 보고 자신도 자녀들을 사업에 파트너로 참여시키는 방안을 고안했다. 어린 자녀들을 가게에서 일하게 하는 데서 그치지 않고 사업 파트너로 참여시켰다. 그 결과가 '월턴 엔터프라이즈'라는 월마트의 가족 지분을 관리하는 회사이다. 장인은 샘 월턴의 든든한 후원자이기도 했다. 1945년 처음으로 잡화점을 시작했을 때 사업 자금은 샘 월턴이 신문 배달로 모은 돈도 있었지만 대부분은 장인에게서 빌린 돈이었다. 워낙 장사에 수완이 있던 샘 월턴은 2년 반 만에 장인에게 빌린 돈을 다 갚았다.

처음으로 가게 문을 열 때만 하더라도 유통에 문외한이었던 샘 월턴은 공격적으로 유통과 관련된 정보를 수집했다. 그는 도서관을 찾아 유통과 관련된 책은 모두 빌려 읽었다. 현장 정보도 중요했다. 그는 자신의 맞은편 길에서 잡화점을 하는 존 던햄의 방식이 많은 사람들의 호응을 얻자 자신의 가게에도 과감히 도입했다. 존 던햄의 상품 진열 방식, 가격 등을 보고 있다가 마음에 들면 바로 자신의 상점에 적용했다.

샘 월턴이 1950년대 초 '셀프서비스'가 미국에 도입되던 초창기에 자신의 가게에 셀프서비스를 도입한 것도 그의 정보 수집 능력 덕분이었다. 이전까지만 해도 카운터마다 점원이 서 있다가 물건을 주고 계산하는 방식이었지만 셀프서비스가 도입되면서 현재의 쇼핑 방식처럼 손님이 맘대로 물건을 담아서 계산대에 가져가서 한꺼번에 계산하는 방식으로 바뀌었다. 샘 월턴은 미네소타에 있는 두 상점에서 셀프서비스를 도입했다는 소식을 듣자마자 열 시간 넘는 거리를 버스를 타고 가서 어떻게 진행되는지 두 눈으로 직접 확인한 후에 자신의 가게에 셀프서비스를 도입했다.

샘 월턴은 가족과 함께 있을 때도 항상 정보를 수집하는 모습을 보여 줬다. 그는 아이들이 어릴 때 일을 통해서 노동의 가치를 깨닫게 했을 뿐 아니라 함께 현장 체험도 했다. 시간을 내서 여행을 같이 다녔던 것이다. 일 년에 한 달씩 캠핑카를 끌고는 미국 전역을 도는 장기 여행을 다녔다. 심지어 뉴욕 시내 한복판을 캠핑카를 몰고 다니기도 했다. 여행을 다닐 때 샘 월턴이 빼먹지 않는 것이 각 지역의 상점을 순례하는 것이었다. 아이들은 "제발, 아빠. 이제 상점은 그만 가요"라고 할 정도였다. 샘 월턴은 자서전에서 여행 때마다 각지의 대형 상점을 들른 에피소드를 소개하면서 "나는 아이들이 내가 무엇을 하고 있는지 생각할 수 있는 기회를 주려고 했다"고 적었다.

샘 월턴의 자녀들은 아버지가 끊임없이 상점을 방문해서 질문하는 광경을 보면서 질문하는 버릇을 들였다. 큰 아들 롭 월턴이 대표적이다. 롭 월턴은 아버지에게서 배운 대로 끊임없이 질문을 하는 버릇을 갖고 있다. 롭 월턴은 작은 공책을 들고 다니면서 만나는 사람의 이름을 적고 메모를 남기는 것으로 유명하다. 롭 월턴을 만났던 뉴욕 금융회사의 한 간부는 롭 월턴에 대해서 이렇게 회고했다. "보통 억만장자들은 그들이 생각하는 것을 말하는 데 많은 시간을 쓴다. 하지만 롭 월턴은 달랐다. 그는 쉬지 않고 질문을 했다. 월마트가 배당금을 늘려야 하는지 아니면 자사주를 매입하는 게 좋은지, 이런 질문들이었다. 질문은 롭 월턴의 DNA(유전자) 중 하나였다." 롭 월턴은 끊임없이 질문을 하는 이유에 대해 이렇게 말한다. "나는 아버지로부터 변화와 실험은 항상 진행돼야 하고 중요하다고 배웠다. 새로운 것은 시도해야 한다."

롭 월턴은 아버지에게서 배운 대로 끊임없이 질문을 하는 버릇을 갖고 있다. 롭은 그 이유에 대해 이렇게 말한다. "나는 아버지로부터 변화와 실험은 항상 진행돼야 하고 중요하다고 배웠다. 새로운 것은 시도해야 한다."

샘 월턴의
'평민부자주의'

샘 월턴이 자녀들에게 이야기하고자 했던 부자론의 핵심은 '부자의 특권 의식을 버리는 게 오히려 돈을 벌고 부를 대대로 유지하는 길이다'라는 것이다. 굳이 이름을 붙인다면 '평민부자주의' 정도 되겠다.

샘 월턴이 처음 잡화점을 연 1945년에 미국 전역에 170만 개의 소매점이 있었다. 하지만 그 중에서 유독 샘 월턴만이 대성공을 거둔 이유는 무엇일까? 그것도 장사가 잘 될 것이라고 생각되는 대도시가 아니라 아칸소의 촌구석에서 시작해서 세계 최대의 유통업체인 월마트를 키워낸 이유는 무엇일까? 여러 가지 요인이 있겠지만 샘 월턴 자신의 '아끼는 버릇'을 회사의 비용 절감 노력에 결합시킨 게 가장 큰 요인이라고 볼 수 있다.

1960년대 미국의 호황기에 소매점들도 덩달아 호황을 누렸다. 하지만 1980년대 불황기가 왔을 때 비용을 절감하지 못한 소매점들은 문을 닫고 만다. 월마트는 돈 없는 서민들을 위한 대형 할인점이라는 개념을 도입해서 그 위기를 성장의 기회로 탈바꿈시켰다. 경쟁 할인점보다 낮은 가격을 유지하기 위해 마른 수건을 쥐어짜듯 비용을 절감하는 노력을 기울였다.

그가 도입한 회사의 비용을 절감하는 방법들은 부자라는 특권 의식이 있었다면 불가능한 것들이었다. 다른 많은 유통 기업들이 월마트를 따라 하지 못하는 이유는 그 점이다. 대도시에 으리으리한 본부 건물을 세워야 하고, 매장 관리를 위한 지역 본부를 구축해야 하고, 회장실과 간부들의 사무실을 치장하다 보면 어느새 비용 절감이라는 것은 구호에 불과하게 된다. 하지만 샘 월턴은 사업 초기부터 동료들과 생각을 공유하고 함께 훈련하고 단련해서 실천을 할 수 있었다.

샘 월턴은 자신이 가졌던 돈과 노동에 대한 가치 의식을 자녀들에게 고스란히 물려주기 위해 노력했다. 큰 아들 롭 월턴은 아버지의 뒤를 이어 월마트의 회장을 맡아 아버지의 비용 절감 의식을 계승했다. 지금은 고인이 된 둘째 아들 존 월턴은 사업가로 성공했지만 아들 학교의 울타리를 직접 만들어줄 정도로 소탈하게 살았다. 셋째 아들 짐 월턴은 월마트의 본사가 있는 소도시인 벤턴빌을 지키며 살고 있다. 막내 딸 앨리스 월턴은 다섯 살 때 아버지 가게에서 캔디와 팝콘을 팔던 기억을 간직하면서 텍사스의 목장에서 말을 키우고 있다. 세계에서 가장 돈이 많은 부자 가족이지만 전혀 티 내지 않고 생활하고 있다. 마치 아버지가 죽기 직전까지 픽업트럭을 몰고 다니면서 매장을 둘러보고 동네 이발소에서 머리를 깎듯 말이다.

샘 월턴은 1992년 죽기 직전에 완성한 자서전에서 이 외에도 자신의 성공 비결을 열 가지로 정리했다.

첫째, 자신의 비즈니스에 충실하라. 열정을 가지고 자기 비즈니스에 성실히 임해야 한다고 그는 충고했다. 둘째, 이익이 나면 직원들과 나누고 그들을 파트너로 대해야 한다. 셋째, 이익을 나누는 방식 등을 통해 파트너들에게 동기를 부여해줘야 한다. 넷째, 가능한 한 파트너들과 모든 이슈에 대해 의견 교환을 해야 한다. 다섯째, 파트너들이 비즈니스를 위해 하는 모든 일을 존중해야 한다. 여섯째, 자신의 성공을 자축하고 실패했을 때는 웃음으로 넘겨야 한다. 일곱째, 회사에 있는 누구의 의견도 들을 줄 알아야 한다. 여덟째, 고객의 예상을 뛰어넘는 서비스를 제공해야 한다. 아홉째, 경쟁자보다 비용을 더 잘 통제해야 한다. 열째, 발상을 전환해야 한다는 것이다. 예컨대 샘 월턴이 시작하기 전까지는 인구가 5만 명이 안 되는 도시에서는 할인점이 수지 타산이 안 맞는다는 통념이 퍼져 있었다. 하지만 샘 월턴은 인구 5,000명 정도 되는 소도시를 타깃으로 할인점을 열어 성공을 거뒀다.

샘 월턴은 자녀들을 키울 때도 이와 같은 열 가지 원칙을 심어주기 위해 노력했다. 때로는 자신이 솔선수범해서 실천하면서 때로는 직접 말로써 가르쳤다. 실제로 샘 월턴은 자서전을 쓴 이유에 대해 후손들이 자서전을 읽으면서 그들 부부가 부모에게서 배운 가치와 자신의 성공 요인들을 익힐 수 있게 하기 위해서라고 밝혔다.

> 샘 월턴이 자녀들에게 이야기하고자 했던 부자론의 핵심은 '부자의 특권 의식을 버리는 게 오히려 돈을 벌고 부를 대대로 유지하는 길이다'라는 것이다.

절약의 가치를 가르쳐라

월마트 본사가 있는 미국 아칸소 주의 벤턴빌에는 여행자를 위한 월마트 방문센터가 자리잡고 있다. 방문센터는 본사에서 10여분 떨어져 있는 시내 한가운데에 있었다. 창업주인 샘 월턴이 '5센트–10센트'라는 상점을 열고 실질적으로 소매 사업을 시작한 가게 자리를 방문센터로 개조한 것이다.

월마트 방문센터에 보관돼 있는 샘 월턴의 1톤 픽업트럭은 그의 절약 정신을 집약적으로 보여주고 있다. '과연 이 트럭을 세계 최대 유통 기업의 총수가 타던 전용차라고 생각할 수 있을까'라는 생각이 들 정도였다. 붉은 색 픽업트럭 좌우엔 긁힌 자국이 그대로 남아 있었다. 차를 운행하는 데 문제가 없다면 긁힌 자리는 수선할 필요가 없다는 것이다. 앞자리 시트는 가죽이 아닌 천이었다. 운전하는 데 큰 불편함이 없다면 가죽 시트를 하기 위해 돈을 쓸 필요가 없다는 뜻이리라. 1979년형 포드 트럭이

부자들의 자녀교육

었는데 1992년 그가 세상을 떠날 때까지 13년을 사용했다. 샘 월턴은 집에서 나와 벤턴빌 주변을 돌아다니거나 인근 매장을 둘러볼 때 자신의 픽업트럭을 스스로 운전했다. 운전사가 딸린 고급 승용차는 필요 없다는 게 그의 지론이었다.

물론 샘 월턴이 픽업트럭 한 대만 가지고 미국 전역에 있는 월마트 매장을 점검하고 다닌 것은 아니었다. 그는 전용 비행기도 있었다. 그런데 그의 전용 비행기는 비행사가 따로 있는 고급 제트기가 아니었다. 샘 월턴 혼자 경비행기를 몰고 다니면서 매장을 점검했다. 그 경비행기도 새것을 산 것이 아니라 중고를 매입했다. 경비행기로 다닐 수 없을 정도로 먼 거리는 일반 항공사를 이용했는데 항상 저렴한 일반석을 이용했다.

샘 월턴의 절약에 관한 일화는 픽업트럭이나 경비행기 외에도 많이 있다. 머리를 깎을 때도 동네 이발소를 이용했고 출장을 갈 때도 호텔급이

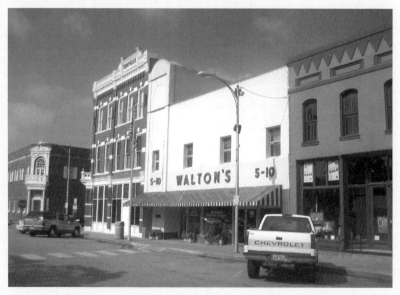

| 밴턴빌에 있는 월마트 방문 센터. 샘 월턴이 실질적으로 잡화점 사업을 시작한 자리다.

아닌 여관급을 이용했다. 샘 월턴이 특히 절약의 가치를 강조한 것은 자신의 유통 사업과 직접적으로 연관이 되기 때문이었다. 월마트는 '항상 최저가격을 보장한다'는 모토를 내걸고 있다. 어떻게든 비용을 줄여서 고객에게 싼 물건을 제공한다는 게 기업의 이념이니 기업의 총수부터 절약을 실천하는 모습을 보인 것이다.

샘 월턴은 절약의 정신을 부모에게서 배웠다고 자서전에서 소개하고 있다. 그의 부모들은 절약하지 않고서는 살 수 없었던 1930년대 미국의 대공황을 거치면서 절약의 습관이 몸에 밴 사람들이다. 샘 월턴은 어려서부터 절약을 금과옥조로 삼았고, 절약의 정신을 이용해서 미국 내에서 누구보다 싼 가격으로 소비자에게 상품을 공급하겠다는 유통 혁명을 일으켰던 것이다.

샘 월턴은 자녀에게도 절약의 가치를 물려주려고 노력했다. 그는 자녀들이 가게에 나와서 일하게 하면서 그에 대한 대가로 용돈을 줬지만 용돈 액수는 자녀의 친구들이 받는 것보다 적었다. 샘 월턴은 40대에 이미 개인으로서는 미국 최대의 소매 체인을 소유한 사업가였지만 자녀들은 사치를 하지 않으면서 자라도록 한 것이다. 자녀들은 커서도 아버지의 절약 정신을 이어받으려고 노력했다. 큰아들 롭 월턴의 금고형 사무실은 아버지의 정신을 이어받은 것으로 유명하다.

절약은 '수입-지출=재산'이라는 부자의 공식에서 입각해서 볼 때 지출을 줄이라는 것과 직접적으로 연결돼 있다. 세계의 부자들은 자녀에게 수입을 늘리는 방법만이 아니라 지출을 줄이는 방법도 동시에 가르치고 있다. 무한정 쓸 수 있는 재산이 있는 것 같아도 자녀들에겐 '절약의 가치'라는, 지출을 줄이는 방법을 가르치고 있다.

한국의 갑부 가운데서도 고(故) 정주영 현대그룹 명예회장의 절약 정신은 유명하다. 고향에서 서울로 올라와 복흥상회란 곳에서 쌀 배달을 시작했을 때 정주영은 전차 삯 5전을 아끼기 위해서 새벽에 일어나 걸어서 출근했고, 신발이 닳는 것을 늦추려고 징을 박아 다녔다고 한다. 양복은 춘추복으로 한 벌을 맞춰서는 겨울에는 내복을 입어서 추위를 견뎠다고 한다. 월급으로 쌀 한 가마니를 받으면 반드시 절반은 저축했으며 사업 초기에는 자동차 수리업을 시작해서 꽤 돈을 모았음에도 불구하고 아침 밥상 반찬은 김치 한 가지에 국 한 그릇이었다고 한다.

가난했던 어린 시절 비록 어쩔 수 없이 절약 정신이 몸에 배게 되었지만 평생 절약 정신을 유지하면서 살았다. 그는 생전에 새벽 다섯 시면 청운동 자택에 자식들을 집합시켜 아침을 같이 먹으면서 자신의 철학을 이어갈 것을 매일같이 당부했다.

여기서 주의해야 할 점은 절약 정신이라고 해서 '무조건적으로 자린고비처럼 아끼면서 살라는 게 아니다'라는 것이다. 사실 부자들의 생활은 보통 사람의 눈으로 볼 때는 검소하다고 말하기 어렵다. 샘 월턴이 절약했다고 해서 방 한 칸짜리 아파트에서 온 가족이 모여 살거나 끼니를 거르면서 생활한 것은 아니다. 예컨대 그의 벤턴빌 집은 E. 페이 존스라는 미국의 유명 건축가가 설계한 것이다. 샘 월턴 스스로도 집을 짓는 데 너무 많은 돈을 쓴 게 아닌지 반문하기도 했다. 또 그는 비록 혼자서 운전하고 다닐지라도 전용 경비행기를 여러 대 갖고 있었다. 보통 사람의 눈에는 전용 비행기라는 자체가 절약과는 거리가 먼 것처럼 보인다.

사실 갑부들이 이야기하는 절약 정신의 핵심은 '쓸데없는 데 돈을 쓰지 말라'는 것이다. 다시 말하면 필요한 곳에만 돈을 쓴다는 것이다. 월마트를 예로 들어보자. 그렇게 비용 절감을 강조하는 회사지만 위성 시스템을 이용해서 물류 운송 트럭의 위치를 파악하고 재고를 관리하고 있다. 그것도 유통업체 중에선 최초로 위성 시스템을 도입했다. 필요한 곳에 돈을 쓰는 데는 인색하지 않다는 것이다. 샘 월턴의 전용 비행기도 마찬가지다. 도시마다 차로 3~4시간씩 떨어져 있는 미국의 중부와 남부 일대를 돌아다녀보면 비행기의 필요성이 절실하게 느낄 수밖에 없다. 비행기로 30분 걸리는 거리를 차로 몇 시간씩 달리다 보면 시간이 너무 아깝다는 생각이 들 때가 있다. 대신 절약 정신에 투철한 샘 월턴은 조종사를 따로 두는 게 아까워 자신이 비행기 조종을 배워 혼자서 몰고 다닌 것이다.

그런데 필요한 곳이라는 게 개인마다 기준이 다를 수 있어 논란의 여지가 있다. 쓸모(유용성)의 내용에 대해서는 개인마다 서로 다른 함의를 가지고 있다. 쓸모의 기준은 사람마다 세대마다 다르다. 때문에 어디까지가 필요한 것이고 어디까지가 쓸모없는 것인지는 개인이 정하기 나름이다. 중요한 것은 필요 없는 데 돈을 쓰지 않는다는 절약 정신이다.

주의할 것은 부모가 자녀들에게 필요한 것이 뭔지 정하게 했다면 그 기준을 지키도록 하는 것이다. 매번 바뀌는 기준이라면 절약이라는 취지에 맞지 않다. 어제는 쓸모없다고 했던 장난감이 오늘은 쓸모 있어 사야 한다는 주장은 자신의 소비를 합리화하기 위한 변명일 뿐이다.

장사꾼 마인드를 갖춰라_
리카싱의 자녀교육

젊어서 고생은
사서라도 시켜라

장사꾼 마인드를 갖춰라
리카싱의 자녀교육

아들에게 비즈니스의
험한 맛을 미리 맛보게 하다

　　　　　　　　　　동아시아 최고의 갑부 리카싱(李嘉誠)
은 두 아들을 마치 사자가 어린 새끼를 절벽에서 밀어 떨어뜨리듯 독하
게 키운다는 철학을 가지고 있다. 그래서 그런지 2007년 현재 40대 초
반인 리카싱의 두 아들은 사업가로서는 젊은 나이인 20대 후반부터 홍
콩뿐만 아니라 세계 비즈니스계에서 활발한 활동을 하고 있다. 첫째 아
들 리쩌쥐(李澤鉅)는 외국에선 빅터 리(Victor Li)로 불리는데, 아버지 회
사인 청쿵 그룹과 허치슨왐포아의 부회장으로 홍콩, 캐나다, 유럽 등지
의 사업을 총괄하고 있다. 청쿵 그룹은 부동산 개발이 주력인데 홍콩에
만 7만여 개의 빌딩과 아파트를 지었다. 허치슨왐포아는 홍콩과 유럽에
서 항만, 이동통신, 유통 등의 영역에서 사업을 벌이고 있다. 둘째 아들
인 리쩌카이(李澤楷)도 역시 리처드 리(Richard Li)라는 영어 이름을 갖고
있으며 홍콩에 본사를 둔 PCCW라는 인터넷, 미디어 기업을 중심으로

| 동아시아 최고의 부자 리카싱

홍콩, 싱가포르, 일본 등지에서 활동하고 있다.

리카싱은 스물두 살이던 1950년에 이미 자신의 회사를 세웠다. 아들들이 태어나던 1960년대 중반에는 홍콩에선 남부럽지 않은 기업가로 이름을 알리고 있었다. 첫째 아들이 초등학교에 들어갈 무렵인 1972년에 자신이 세운 플라스틱 제조업체인 청쿵실업을 홍콩 증시에 1호 기업으로 상장시켰다.

그렇게 사업의 기틀을 잡아가던 리카싱은 초등학생이 된 아들 둘에게 자신의 회사인 청쿵실업의 이사회를 참관하도록 했다. 당시 리쩌쥐는 아홉 살, 두 살 터울인 리쩌카이는 일곱 살 정도 됐을 때였다. 두 아들은 이사회가 진행되는 동안 회의실 구석에서 어린이용 의자에서 자리를 지켜야 했다. 아버지는 아들들이 회의 내용을 아는지 모르는지는 개의치 않았다.

청쿵실업 이사회는 회장의 말에 그대로 동의하는 거수기 스타일로 진행되지 않았다. 어떤 이슈에 대해서는 이사들이 얼굴을 붉히면서 큰 소리로 자기가 옳다는 주장을 하기도 했다. 논쟁이 격화되는 것을 보고 아들 둘은 이사들이 서로 싸운다고 생각했는가 보다. 이사회 중간에 리쩌쥐와 리쩌카이는 큰 소리로 울기 시작했다. 리카싱은 울먹이는 두 아들에게 "울지 마라. 우리가 논쟁하는 것은 사업을 위한 거야. 아주 정상적

부자들의 자녀교육

인 것이지. 나무에 구멍을 뚫지 않으면 물이 통과할 수 없듯이 사리는 논쟁을 하지 않으면 명확해지지 않는 법이다'라고 말했다.

리카싱은 훗날 아이들을 어릴 때부터 이사회에 참석시킨 이유에 대해서 다음과 같이 설명했다. "아이들이 회사의 공개회의를 참관하도록 한 것은 단순히 비즈니스를 어떻게 하는지 가르치려고 한 것은 아니었다. 오히려 비즈니스가 얼마나 어려운 것인지, 얼마나 많은 노력을 기울여야 하는 것이고 얼마나 많은 회의를 거쳐서 이뤄지는 것인지 가르치려고 했던 것이다."

사실 여덟아홉 살 되는 초등학생들이 비즈니스가 어떻게 진행되는지 세세한 것까지 이해할 까닭이 없다. 회사 이사회에서 논의되는 내용은 계약과 투자가 어떻게 되는지 등 초등학생의 관심사와는 동떨어진 것이다. 하지만 리카싱은 이사회에서 쟁론하는 모습을 아들들이 보고 '아버지가 돈을 버는 일이 쉬운 일이 아니구나'라는 인상을 갖는 것이 중요하다고 생각한 것이다. 자녀들이 장성한 다음에 가신(家臣)들에게 둘러싸여서 경영 수업을 받는답시고 회사에 나오는 식의 '온실 속의 화초'로 키우지는 않겠다는 생각이었던 것이다.

차츰 이사회의 분위기에 익숙해지자 아들들은 회의석상에서 이야기를 하기도 했다. 하루는 새로 투자하는 회사의 지분을 몇 퍼센트나 확보하는 게 좋을지가 이사회의 이슈가 됐다. 리카싱은 이사회에 안건을 내놓으면서 "저는 물론 우리 회사가 10%의 지분을 참여하는 게 공정하다고 생각합니다. 하지만 11%를 참여하는 것도 가능합니다. 그러나 저는 단지 9%의 지분만 가져도 충분하다고 생각합니다. 9%의 지분만 참여합시다"라고 말했다. 굳이 적은 지분만 가지고도 충분하게 회사의 경영에 참여할 수 있는데 비용을 많이 들일 필요가 없다는 주장이었다. 일부 이

사는 리카싱의 주장에 동의했지만 그의 주장에 반대하는 이사들도 많았다.

그때 열 살 전후였던 큰아들 리쩌쥐가 일어나서는 "저는 아버지의 의견에 반대합니다. 우리 회사가 11%의 지분을 가져야 더 많은 이득을 가져올 수 있다고 생각합니다"라고 말했다. 그러자 둘째 아들 리쩌카이도 "단지 9%만 갖자고 하는 건 겁쟁이라고 생각합니다"라고 했다.

두 아들이 아버지의 의견에 반대하고 나서자 아버지 리카싱과 나머지 이사들은 웃음을 참지 못했다. 격론을 벌이던 이사회 분위기는 오히려 화기애애해졌다. 리카싱은 아이들에게 "너희들이 비즈니스를 이해하는 정도가 자못 깊어졌구나. 하지만 비즈니스는 '하나 더하기 하나'처럼 간단한 게 아니다. 너희들은 11%를 가져야 엄청난 재물이 들어올 것이라고 생각하지만 그렇지 않다. 단지 9%만 보유하더라도 파도가 치듯이 이득이 몰려올 것이다"라고 말했다. 결국 그날의 이사회는 리카싱의 의견대로 9%를 참여하는 것으로 결론이 났다. 그후 지분을 참여한 회사의 사업이 번성해서 10% 참여를 예상했을 때 만큼의 충분한 이익이 나왔다.

만약 리카싱이 자신의 의견에 거수기처럼 동의만 해주는 이사회를 주재했다면 아들들이 비즈니스에 대해서 배울 수 있는 게 거의 없었을 것이다. 리카싱은 아들들에게 생생한 비즈니스의 세계를 보여주려고 노력했고, 그래서 자신이 주재하는 이사회도 토론의 장으로 만들었다. 리카싱의 두 아들은 격론의 현장에서 현실의 냉혹한 비즈니스에서 필요한 판단력을 배울 수 있었을 것이다.

아들들이 대학과 대학원을 졸업하고 사회생활을 시작했을 때도 리카싱은 '그냥 내 회사에 와서 일하라'는 식으로 불러들이지를 않았다. 한 이사는 학교를 졸업한 아들을 이사회에 참석시키는 것이 어떻겠느냐는

의견을 냈다가 이번에는 리카싱의 질책을 받
았다. 어린 아들들을 이사회에 참석시키는
것은 교육의 목적이었지만 장성한 아들을 참
석시키면 후계자로 보일 수 있다는 이유에서
였다.

| 리카싱의 큰아들 리쩌쥐(빅터 리)

대신 아들들의 비즈니스 실력을 검증했
다. 첫째 아들 리쩌쥐에게는 "내 회사에서
일할 수 있는 능력이 있는지 스스로 증명해
보라"며 캐나다에서 사업을 기획하도록 했다. 리쩌쥐가 미국 스탠퍼드
대학에서 석사 학위를 받은 1980년대 중반만 해도 리카싱은 홍콩의 사
업가였지 캐나다에는 거의 연고가 없었다. 이것은 마치 '맨 땅에서 사업
을 일구어 오라'는 말과도 같았다. 캐나다에 가 있는 아들에게 리카싱은
전화를 걸어 "무엇이 필요하냐"고 물었다. 아들은 "아버지, 어려움은 항
상 있는 것입니다. 제가 혼자서 해결할 수 있습니다"라고 답했다고 한다.

당시 캐나다에선 1986년 개최된 밴쿠버 세계 박람회 부지를 어떻게
개발할지가 관심사였다. 리쩌쥐가 눈독을 들인 게 밴쿠버 박람회 부지
개발 건이었다. 박람회 부지는 밴쿠버 시내 중심지 면적의 20%나 되는
규모로 캐나다 역사상 가장 큰 규모의 개발 사업이 되리라는 전망이었
다. 캐나다 땅을 외부 인사가 와서 개발하는 데 대해서 일부 반감을 가
진 사람도 있었지만, 리쩌쥐는 고등학교를 캐나다에서 다니면서 미리 캐
나다 국적도 따놓았다. 홍콩 언론의 보도에 의하면 리쩌쥐는 2만여 명의
각계 인사를 만나 설득 작업을 벌였고, 공청회만 200여 회를 개최했다.
결국 리쩌쥐는 1988년 밴쿠버 박람회 부지를 비즈니스와 주거 복합단지
로 개발하는 프로젝트를 따냈다. 이 일로 리쩌쥐의 기획과 협상 능력이

| 리카싱의 둘째아들 리쩌카이(리처드 리)

아버지와 회사 이사들의 인정을 받게 됐다. 그는 홍콩으로 돌아와 본격적으로 청쿵 그룹의 일을 맡아보게 됐다. 리쩌쥐는 홍콩과 캐나다의 사업을 두루 관장하기 때문에 일 년에 홍콩-캐나다 왕복 비행기를 20번 이상 탄다.

둘째 아들 리쩌카이는 아예 아버지의 회사가 아닌 캐나다의 한 투자은행에서 사회생활을 시작했다. 캐나다에서 3년을 보낸 후에 그는 아버지의 부름을 받아 청쿵 그룹 외에 아버지가 소유한 또 하나의 그룹인 허치슨왐포아에서 평직원으로 직장생활을 시작했다. 그는 회사에서 아시아 최초의 위성 방송인 '스타 TV'의 개국을 기획했다. 1991년 아버지 리카싱에게 1억 2,500만 달러를 빌려 스타 TV 사업을 시작해서는 1995년 미디어 재벌인 루퍼트 머독에게 9억 5,000만 달러에 팔았다. 당시 그의 나이는 스물아홉이었고, 그 거래는 아시아 비즈니스계에서 전설로 남을 만한 '빅딜(Big deal, 큰 거래)'이었다. 그는 아버지의 돈을 다 갚고 나서 남은 돈으로 PCCW라는 인터넷 미디어 지주회사를 세워 아버지에게서 독립했다.

책상물림에서
장사꾼으로 변신하다

리카싱이 어린 아들에게 비즈니스 세계에서 생존할 수 있는 장사꾼 기질을 익혀주기 위해 노력한 까닭은 자신의 아버지인 리윈징(李雲經)이 공부와 장사 사이에서 방황하며 겪었던

부자들의 자녀교육

시행착오를 겪게 하고 싶지 않다는 생각이 바탕에 깔려 있다. 아들 둘을 세계 비즈니스계의 거물로 키운 아버지 리카싱의 집안은 그의 아버지, 그러니까 아들의 할아버지 대까지 대대로 공부밖에는 모르는 책상물림이었다. 리카싱의 아버지 리원징은 비록 책상물림 출신이었으나 어떻게든 가계를 챙기기 위해 애쓰는 모습을 아들 리카싱에게 보여줬다. 리카싱이 부자가 되는 데 있어 아버지의 정신적인 영향은 절대적이었다.

리카싱의 고향은 중국 광둥성 동북부에 있는 차오저우(潮州)이다. 리카싱의 아버지는 동네 학교에서 전교 1등으로 졸업한 수재로 리카싱이 태어나던 1928년에는 초등학교 교사를 하고 있었다. 리카싱의 아버지는 몇 년 후 초등학교 교장이 됐다.

리원징은 처음엔 아들이 학문으로 성공하기를 바랐다. 그에게 있어 학문은 중국 고전이었다. 그래서 세 살 때부터 중국 한시를 외우게 했다. 한시를 암송하는 게 어린 리카싱의 취미였다.

리카싱의 집에는 작은 서재가 있다. 서재에는 아버지가 모아놓은 고전들이 가지런히 정리돼 있다. 『시경』『논어』 등 사서삼경뿐만 아니라 당시(唐詩), 송사(宋詞), 원곡(元曲) 등 중국의 고전문학이 고스란히 서재에 모여 있다. 리카싱은 초등학교 때부터 매일 학교가 끝나고 집에 돌아오면 서재에 앉아 책을 꺼내 읽었다. 전형적인 책벌레의 모습이었다.

세상이 안정돼 있었다면 리카싱은 초등학교 교장의 아들로 학문에 전념하다 교수가 되고 안정된 삶을 살다가 생을 마감했을지도 모르겠다. 하지만 당시 중국은 일본 제국주의에 점령된 한국과 마찬가지로 동란의 시기였다. 1937년 중일전쟁이 발발했고 일본군은 중국 대륙을 야금야금 점령해 들어가고 있었다. 지방에서는 군벌이 발흥해서 중앙정부의 기능은 상실된 지 오래였다.

리카싱의 교육에도 전환기가 왔다. 리카싱의 아버지가 일본군을 피해서 영국의 식민지인 홍콩으로 이주하기로 결심했기 때문이다. 1939년 일본군이 차오저우에 진군하면서 리카싱의 아버지는 교장 직을 잃고 실업자 신세가 됐다. 교사 이외에는 할 줄 아는 게 없었던 아버지는 1940년 가족을 이끌고 영국 식민지여서 그래도 안정돼 있었던 홍콩으로 이사를 했다.

홍콩에는 리카싱의 외삼촌이 시계 장사를 해서 남부럽지 않게 살고 있었다. 때문에 리카싱의 외삼촌 회사에서 일을 할 수 있지 않을까 하는 게 리카싱 부모의 생각이었다. 하지만 그것은 부모의 오판이었다. 외삼촌은 방 한 칸을 내주기는 했지만 자신의 회사에 나와서 일하라고는 하지 않았다. 외삼촌은 가족의 일과 사업을 철저하게 분리해서 생각하는 장사꾼이었다.

아들에게 '책에서 길을 찾으라'던 리윈징은 홍콩의 길거리를 전전하면서 먹을 길을 찾아야 했다. 책상물림들이 그렇듯이 자존심이 강했던 리카싱의 아버지는 처남에게 일자리를 구걸하지도 못했다. 홍콩은 고향인 차오저우와는 분위기가 달랐다. '돈이면 다 된다'는 배금주의가 성행했지만 노력하면 얼마든지 돈을 벌 수 있는 기회의 땅이기도 했다. 리윈징은 지금까지 금과옥조처럼 여겼던 중국 고전을 버리고 장사꾼으로 다시 태어나야만 했다. 하지만 리윈징은 고향에서는 존경받는 학교의 교장 선생님이 아니었던가. 결국 고향 사람이 하는 가게에 점원으로 새로운 생활을 시작했지만 적응하는 데 어려움을 겪었다. 십대 초반이었던 리카싱은 아버지가 공부와 장사 사이의 고민에서 벗어나질 못하는 모습을 잊을 수가 없었다.

리카싱의 아버지는 홍콩으로 이주한 이후 리카싱에게 다시는 중국 고전을 공부하라는 말을 하지 않았다. 대신 "철저히 홍콩 사람이 되라"는 주문을 했다. 리카싱이 홍콩 사람처럼 되기 위해 처음 한 것은 홍콩에서 널리 쓰이는 중국 방언인 광둥어를 배운 것이다. 그는 외사촌을 가정교사로 삼아 광둥어를 배웠다. 다음으로 정복한 것은 영어였다. 영국 식민지였던 홍콩에서 큰일을 하기 위해서는 영어가 필수적이었다. 학교를 오가면서 영어 단어를 외웠고, 밤중에는 식구들이 깰까봐 집밖에 나가 영어를 공부했다. 언어는 습관이라고 한다. 리카싱의 영어 발음은 또렷하고 표현도 완벽하다. 리카싱은 어릴 적 들인 영어 공부의 습관을 여든 살이 다 된 나이에도 지속하고 있다. 그는 지금도 퇴근 후엔 집에서 TV 프로그램의 영어 자막을 보면서 큰소리로 읽는 방식으로 영어 공부를 계속하고 있다.

리카싱 아버지가 강조하는 교육의 내용은 바뀌었지만 교육에 대한 열정은 바뀌지 않았다. 그에게는 자녀들의 학비가 우선이었기 때문에 자신은 아파도 병원에 가지 않았고 어쩌다가 병원에 가더라도 처방받은 약은 사지 않았다.

결국 리카싱의 아버지는 리카싱이 열네 살 되던 해에 폐렴에 걸려 세상을 떠나고 말았다. 아버지는 세상을 떠나면서 리카싱에게 "아버지는 너에 대한 책임을 다하지 못했다. 더이상 네가 학교를 갈 수가 없겠구나. 하지만 아들아, 남자는 야망을 가져야 한단다. 너는 반드시 강하게 살아야 한다. 그리고 이건 기억해라. 만약 일이 제대로 되지 않더라도 실망하지 말거라. 네가 누구인지 잊지를 말아라. 뿌리를 잊어서는 안 된다"는 유언을 남겼다. 리카싱은 눈물을 흘리며 "아버지, 걱정 마세요. 어떻게든 비즈니스를 배워서 많은 돈을 벌겠습니다"라고 아버지가 이루지 못한 꿈을 이루겠다고 대답했다.

> "아버지는 너에 대한 책임을 다하지 못했다. 더이상 네가 학교를 갈 수가 없겠구나. 하지만 아들아, 남자는 야망을 가져야 한단다. 너는 반드시 강하게 살아야 한다. 그리고 이건 기억해라. 만약 일이 제대로 되지 않더라도 실망하지 말거라. 네가 누구인지 잊지를 말아라. 뿌리를 잊어서는 안 된다."

리카싱은 아버지가 고민을 하면서 책상물림에서 장사꾼으로 변하는 과정을 보면서 자신은 두 가지를 조화시키는 방법을 찾았다. 그리고 그 지혜를 아들들에게 물려줬다.

세상의 흐름을 읽기 위한
공부를 해라

서너 살부터 한시를 외우고 책을 읽는 습관을 들였던 리카싱은 여전히 책벌레이다. 그는 매일 잠자리에 들기 전에 30분 이상은 책을 읽는 것을 불문율로 하고 있다. 주로 읽는 책은 역사, 경제, 철학에 관련된 책들이며, 소설이나 무협지와 같은 흥미 위주의 책은 읽지 않는다고 한다.

책과 잡지를 읽으면서 얻은 아이디어가 사업 성공의 핵심적인 요소가 된 적도 있다. 사업 초창기에 리카싱은 플라스틱 조화 사업으로 세계 시장을 공략한 적이 있다. 1960년대 세계 조화 시장의 대부분을 장악하면서 조화대왕(造花大王)이라는 별명까지 얻었다. 리카싱이 플라스틱 조화 사업에 진출한 것은 외국 잡지를 읽으면서 해외에 중산층이 성장하고 있다는 사실을 알았고 중산층을 공략하기 위한 상품 중에 플라스틱 조화가 좋겠다는 아이디어를 역시 외국 문헌에서 얻었기 때문이었다. 그후 1979년 홍콩의 영국계 대기업인 허치슨왐포아를 인수한 것 등은 책을 읽으면서 쌓은 선견지명 없이는 불가능했던 일들이다. 리카싱은 허치슨왐포아를 중심으로 자신의 비즈니스를 홍콩에만 머물게 하지 않고 유럽, 호주 등지로 확장시켰다. 경제의 글로벌화를 미리 내다본 것이다. 책은 리카싱에게 있어 더이상 고전이 아니라 세상의 흐름을 읽는 도구가 된 것이다.

리카싱은 아들들에게도 책 읽는 습관을 들여주려고 노력했다. 매주 일요일이면 리카싱은 두 아들을 데리고 바다에 나가 수영을 했다. 홍콩의 딥워터베이(深水灣)에 있는 리카싱의 집은 바닷가 근처였다. 그때마다 리카싱은 책을 가지고 나갔다. 수영이 끝난 후엔 아이들에게 책을 읽어줬다. 고전을 읽어줄 때는 한 구절 한 구절 해석을 해서 아이들에게 들려주기도 하고 문장과 관련된 문제를 내고 답을 맞히는 시간을 가졌다. 바닷가 강의 내용에는 비즈니스보다는 중국 고전이 많았다. 리카싱은 아버지에게 받았던 교육을 다시 아들에게 조화롭게 가르치고 싶었던 것이다. 둘째 아들 리쩌카이는 "아버지는 어떻게 비즈니스를 해야 하는지 가르치지는 않았다. 다만 어떻게 사람과 관계를 맺어야 하는지를 가르쳤다. 아버지 말씀의 기준이 되는 것은 공자와 맹자의 가르침이었다"고 회상했다.

아버지의 책 읽는 습관은 아들에게도 이어지고 있다. 큰아들 리쩌쥐는 매일 열 시간 이상 회사 일을 하면서도 집에 돌아와서는 자신의 전공인 건축 설계에 관련된 책을 읽는 것을 좋아한다고 한다.

리카싱이 교육은 단순히 책 읽기에서 그치지 않았다. 세상의 흐름을 읽는 교육을 시키는 것으로 발전했다. 두 아들은 홍콩 최고의 명문 학교인 세인트폴을 졸업한 후에 바로 미국이나 캐나다로 유학을 가도록 했다. 리카싱은 "선진국에서 유학을 시키는 것은 선진 과학, 문화, 지식을 흡수하라는 의미와 더불어 스스로의 눈으로 외부의 세계를 관찰해보라는 의미도 있다"며 "학문을 하는 것이 중요하기는 하지만 책에만 빠져 살고 외부의 새로운 변화에 눈을 감고 산다면 단순한 책벌레에 불과한 것이다"라고 말했다. 책상물림인 리카싱의 아버지에게 있어서 외부의 변화는 홍콩의 장사꾼의 세계였다. 리카싱은 아버지가 공부와 장사 사이에서 고민했던 것을 보고 자신과 아이들은 둘을 조화시키면서 사는 방법을 찾고자 했던 것이다.

첫째 아들 리쩌쥐는 캐나다에서 고등학교를 졸업한 후에 미국 서부의 명문 스탠퍼드 대학에서 토목공학을 전공했다. 그가 토목공학을 선택한 것은 당시 부동산 개발에 집중하고 있던 아버지의 사업을 돕기 위한 뜻도 있었다. 둘째 아들 리쩌카이는 미국에서 고등학교를 졸업하고 스탠퍼드 대학에 들어갔다. 그는 경영학이나 법학을 전공하라는 아버지의 뜻과는 달리 컴퓨터공학을 전공했다.

두 아들을 고등학교 때부터 캐나다와 미국에서 공부시킨 것은 세상의 흐름을 읽으라는 교훈을 주기 위한 이유도 컸지만 또다른 이유가 있었다. 리카싱은 어린 시절 아버지를 여의고 중학교를 그만둬야 했던 기억 때문에 자신의 자녀에게는 좋은 교육 환경을 만들어주고 싶었다. 하지만 자신을 비즈니스에서 성공하게 한 요소인 '젊었을 적의 고생'을 가르쳐줄 수가 없었다. 그래서 생각해낸 것이 유학이라는 해결책이다. 홍콩의 최고 학교와 같은 교육 환경을 제공하면서도 고생을 시킬 수 있는 방법이 바로 유학이었던 것이다. 한국의 많은 부모들은 단지 좋은 교육 환경을 줄 수 있다는 기대감에 조기 유학을 선택한다. 하지만 해외에서 부모와

> "아버지는 어떻게 비즈니스를 해야 하는지 가르치지는 않았다. 다만 어떻게 사람과 관계를 맺어야 하는지를 가르쳤다. 아버지 말씀의 기준이 되는 것은 공자와 맹자의 가르침이었다."

떨어져 생활한다는 게 쉬운 일은 아니다.

두 아들이 유학을 떠난 나이는 공교롭게도 모두 리카싱 자신이 아버지의 품을 떠나 가계를 책임졌던 나이인 열다섯 살쯤 됐을 때이다. 그 정도의 나이면 부모의 품을 떠나 스스로 세상의 흐름에 대해서 공부할 수 있는 나이가 됐다는 판단이었던 것 같다.

홍콩에서는 갑부 소리를 들었지만 리카싱은 유학 간 아이들에게 사치스러운 생활을 할 만큼 풍족하게 용돈을 주지 않았다. 두 아들은 남의 도움을 받지 않고 홀로 자취를 하며 학교를 다녀야 했다. 미국과 캐나다로 유학을 보낸 데는 평범한 생활을 경험하게 하려는 아버지의 생각이 깔려 있었다. 홍콩에서는 리카싱의 아들이 누구인지 누구나 알아보지만 미국에서는 그저 평범한 학생에 불과하기 때문에 특별대우를 받지 않을 것이라는 생각이었다.

유학 생활을 하는 부잣집 아이들 중에는 용돈은 충분한데다 부모의 통제에서도 벗어날 수 있어 방탕한 길로 빠지는 경우가 있다고 한다. 하지만 리카싱의 아들들은 철저하게 세상의 흐름을 공부하는 데 시간을 투자했다.

젊어서 고생은
사서라도 시켜라

리카싱은 미국 출장 중에 시간을 내서 스탠퍼드 대학을 다니는 아들을 보러 나서기도 했다. 하루는 비가 오는 날이었다. 한 젊은 대학생이 큰 가방을 둘러메고는 자전거를 몰고 가는 것이었다. 하지만 승용차와 인도 사이에 자전거가 지나갈 수 있는 공간이 좁아 상당히 위험해 보였다. 리카싱은 "정말 위험해 보이는군"이라 혼잣말을 하며 그 대학생 얼굴을 자세히 봤다. 그 대학생은 다른 사람이 아닌 자신의 둘째 아들 리쩌카이였다. 리카싱은 유학 간 자녀들이 자동차를 사는 것에 반대했다. 대신 자전거로 통학을 하도록 했다. 리카싱은 아이들에게 어릴 적부터 검소하게 생활해야 한다고 가르쳤기 때문에 유학을 가서도 그러한 생활을 할 수 있었던 것이다.

부잣집 아들이지만 실제로 세상 사람들이 어떻게 사는지 이해해야 한다는 게 아버지의 가르침이었다. 리카싱은 손수 아이들을 데리고 버스나 택시와 같은 대중교통을 이용해서 시내에 나가기도 했다. 그 때마다 거리 가판대에서 신문을 팔면서 고학을 하는 소년 소녀들의 모습을 보여줬다. 아버지는 가판대의 점원들이 적은 돈을 벌면서도 노력하는 것을 가리키면서 부잣집 아이들은 더욱 노력해야 한다고 가르쳤을 것이다. 리카싱은 자신이 10대 중반의 나이에 거리의 외판원으로 사회생활을 시작했던 기억을 아들들에게 심어주고 싶어했던 것이다.

또 한번은 유학 가 있는 아들들이 골프장에서 캐디로 일하면서 용돈을 벌고 있다는 소식을 듣고 리카싱은 오히려 기뻐하는 모습을 보였다고 한다. 그는 아내에게 "부인, 정말 잘 됐구려. 아이들이 이런 식으로 자라난다면 앞으로 반드시 좋은 소식이 있을 것 같소"라고 말했다. 둘째 아

부자들의 자녀교육

들 리쩌카이는 아버지가 보내주는 돈이 있는데도 자신이 아르바이트를 해서 번 돈으로 학교를 다닐 정도였다. 그는 골프장 캐디뿐만 아니라 맥도날드와 같은 패스트푸드 체인점에서 점원으로 일하기도 했다. 또 돈을 아끼기 위해서 주로 집에서 요리를 해 먹었다.

겉으로는 냉혹할 정도로 방치하는 스타일의 리카싱의 자녀교육은 외삼촌의 영향을 받은 것으로 해석된다. 아버지가 세상을 떠나자 홍콩에서 믿을 만한 사람은 외삼촌밖에 남지 않았다. 하지만 외삼촌은 아버지에게 일자리를 주지 않은 냉혹한 친척이 아닌가? 때문에 리카싱은 처음에 외삼촌에 대한 인상이 좋지 않았다.

외삼촌은 리카싱에게 중학교를 모두 마친 후에 돈을 벌러 밖으로 나가도 늦지 않다고 조언했지만 그는 바로 일을 하러 나가겠다고 고집했다. 그의 고집에 외삼촌도 더이상 공부를 계속하라는 말을 하지 않았다. 그렇다고 외조카에게 편의를 봐주면서 자신의 회사에 나와 일하라는 말도 하지 않았다.

리카싱은 홍콩 거리를 헤매면서 일자리를 찾아야 했다. 어머니는 고향 사람들을 만나 일자리를 찾아보라고 했다. 하지만 당시는 일본군이 홍콩을 점령한 때라서 주민들은 하나 둘 홍콩을 떠나고 일자리는 사라지고 있었다. 하루 종일 돌아다니다가 아무런 일자리도 못 찾고 지쳐 돌아온 리카싱에게 어머니는 "외삼촌이 자기 회사에 나와서 일해보라는 데 가보거라"라고 했다. 겉으로는 냉혹해 보이는 외삼촌도 뒤로는 조카의 살길을 챙겨주었던 것이다. 하지만 리카싱은 자신을 고생시킨 외삼촌에게 독이 올라 "나는 외삼촌 회사는 절대로 안 가겠다"고 했다. 어머니는 사흘을 찾아도 일자리가 없거든 외삼촌에게 가라고 한 발 물러섰다. 사흘이 지나도 일자리를 찾을 수 없었던 리카싱은 어쩔 수 없이 외삼촌이 운영하는 시계 회사에 나가야 했다. 외삼촌은 일자리를 구하는 게 얼마나 힘든지 스스로 체험한 후에야 일자리를 주려고 했던 것이다.

외삼촌 회사에 출근을 했지만 주변 사람들에게 리카싱이 사장의 외조카란 사실을 알리지 않았다. 리카싱은 청소하고 차를 따르는 일부터 해야 했다. 시계 기술을 배울 수 있다는 기대를 했지만 언제 기술을 배울 수 있을지 몰랐다. 하지만 직원들은 그가 사장의 외조카인지 모른 채 '성실하고 근면하다' '자기 일이 아닌데도 남을 도운다'고 사장에게 말을 전했다. 리카싱은 주변에 좋은 평판을 심어 쉽게 시계 정비 기술을 배울 수 있었고, 6개월 만에 모든 모델의 시계를 수리할 수 있는 기술을 익힐 수 있었다. 엄하게 대하는 외삼촌의 태도가 오히려 그의 성장에 도움이 된 것이다.

리카싱은 열여덟 살이 됐을 때 혼자서 온 집안의 비용을 댈 수 있을 정도로 많은 돈을 벌 수 있게 됐다. 아버지를 떠나보낸 지 4년 만에 누구의 도움을 받지 않고도 살 수 있을 정도가 된 것이다. 그는 외삼촌의 회사를 떠나서 플라스틱 제품의 외판원을 하면서 주로 돈을 벌었는데, 그의 판매 실적은 외판원 2위의 실적을 올린 사람의 일곱 배에 달했다.

흥미로운 사실은 리카싱이 외삼촌의 딸, 그러니까 외사촌과 결혼을 했다는 점이다. 리카싱보다 네 살이 어린 외사촌은 어린 리카싱에게 광

> 리카싱은 유학 가 있는 아들들이 골프장에서 캐디로 일하면서 용돈을 벌고 있다는 소식을 듣고 아내에게 "부인, 정말 잘 됐구려. 아이들이 이런 식으로 자라난다면 앞으로 반드시 좋은 소식이 있을 것 같소"라고 말하며 기뻐했다고 한다.

둥어와 영어를 가르쳐주던 가정교사 역할을 했었다. 리카싱은 어릴 적 자신을 냉혹하게 대했던 외삼촌과 화해를 했을까? 하지만 리카싱은 한 번도 공개적으로 외삼촌과 사이가 나빴다고 얘기한 적이 없다.

리카싱은 유학 가 있는 아들들에게만 검소한 생활을 유지하라고 요구한 것은 아니다. 스스로 솔선수범했다. 리카싱의 절약하는 습관은 열네 살에 아버지를 여의고 혼자서 어머니와 두 동생의 생활을 책임져야 할 때 형성된 것이다. 리카싱은 책을 읽고 공부를 하기 위해 헌책방을 이용했다. 상태가 괜찮은 헌 교재를 사서 공부를 하고 나서는 다시 헌책방에 파는 식으로 절약을 했다.

그의 검약하는 습관에 아들까지 놀란 일이 있다. 리쩌카이가 캐나다의 투자은행에서의 사회생활을 마치고 아버지 회사인 허치슨왐포아의 말단 직원으로 일을 시작했을 때의 일이다. 월급을 받던 날 리쩌카이는 아버지를 찾아갔다. 그는 "아버지, 너무 월급이 적습니다. 캐나다에서 받던 액수의 10%밖에 되지 않는 것 같습니다. 회사에서 제 보수가 제일 낮은 것 아닙니까? 청소부보다 더 적은 것 같은데요. 너무 하십니다"라고 항의했다. 그랬더니 리카싱은 오히려 "회사에서 제일 월급을 적게 받는 사람은 바로 나야"라고 대꾸했다.

당시 리카싱의 월급은 5,000홍콩달러(약 70만원)에 불과했다. 절약의 습관이 밴 리카싱은 쓸 데가 거의 없기 때문에 월급을 군이 많이 받을 필요가 없었을 것이다. 리카싱은 지금도 10년 전에 맞춘 양복을 입고 싸구려 시계를 차고 다닌다.

리가싱은 딥워터베이에 있는 자신의 3층 집에서 큰아들 내외와 같이 살고 있다. 자신이 3층에 살고 있고 아들 내외와 손자 손녀들은 2층을 사용하고 있다. 리카싱은 1993년 큰아들의 결혼식에 즈음해서 자신의 집을 언론에 공개한 적이 있다. 한 층의 면적은 185평방미터(약 56평)로 아시아 최고의 부자의 명성에 비해서는 작은 편이다. 30년 전 결혼을 하면서 집을 사서는 전면적인 수리는 한 번밖에 안 했다고 한다. 리카싱은 술을 마시지 않기 때문에 저녁 약속이 거의 없고, 식사를 가족들과 같이 할 때가 많은데 네 가지 반찬에 한 가지 탕(湯)으로 검소하게 먹는다고 한다.

아버지의 검소한 생활은 큰아들에게 이어졌다. 리쩌쥐도 월급을 많이 받지 않는다. 리쩌쥐는 다음과 같이 말한 적이 있다. "나는 돈을 많이 쓰지 않는 편이다. 돈이 많지 않기 때문이다. 내가 취미로 즐기는 일은 공짜로 할 수 있는 것들이다. 예를 들어 공원에서 자전거 타기 같은 것이다. 단지 물 한 병과 샌드위치만 있으면 되는 활동을 즐긴다."

하지만 둘째 아들 리쩌카이는 검소한 생활에 관해서만은 아버지나 형과는 다른 생각을 갖고 있다. 그는 명품으로 치장하고 다니며 고급 레스토랑도 자주 찾는다. 젊어서 고생을 한 만큼 누릴 것은 누려야 한다는 생각인 것 같다. 그는 아버지로부터 너무 독립적이어서 언론에 아버지와의 불화설이 끊이질 않는다. 너무 독립심이 강해도 문제인 것이다. 실상 그는 대학을 다닐 때부터 경제적으로도 아버지에게서 독립해서 살았다. 앞에서 봤듯이 리쩌카이는 루퍼트 머독과의 빅딜을 성사시키면서 스스

"나는 돈을 많이 쓰지 않는 편이다. 돈이 많지 않기 때문이다. 내가 취미로 즐기는 일은 공짜로 할 수 있는 것들이다. 예를 들어 공원에서 자전거 타기 같은 것이다. 단지 물 한 병과 샌드위치만 있으면 되는 활동을 즐긴다."

부자들의 자녀교육

로 사업의 종자돈을 마련했다. 그는 그 종자돈을 가지고 인터넷 미디어 기업인 PCCW뿐만 아니라 싱가포르의 부동산 개발에도 많은 투자를 하고 있다. 경제지 포브스에 따르면 그의 재산은 44억 달러(약 5조 1,000억 원)이다.

성공하는 데는
교육이 최우선이다

리카싱은 아시아 최고의 부자인 동시에 화교 중에서 가장 부자이다. 미국의 경제지 포브스에 따르면 2017년 현재 리카싱의 재산은 312억 달러(약 36조 2,000억 원)에 달한다. 세계 억만장자 순위에서 18위를 차지하고 있다. 아시아에선 중국의 왕지앤린 완다그룹 회장이 그의 뒤를 잇고 있다.

리카싱은 아시아 최고의 부자인 만큼 대다수의 동양인과 마찬가지로 성공에 있어서 자녀교육이 가장 중요하다는 생각을 갖고 있다. 하지만 그의 생각이 단순히 과거의 통념을 이어받은 것은 아니다. 실제 자신이 사업을 하면서 교육이 얼마나 중요한지 체험했기 때문에 그와 같은 생각을 갖게 된 것이다. 그는 다른 사업가들처럼 남을 접대하는 데 능숙하지 않다고 스스로 주장한다. 특히 술을 한 방울도 못한다. 상대방을 접대하고 사업 파트너와 어울리는 데 쓰는 시간을 최소화하는 대신에 스스로 공부하고 분석하고 판단하는 힘을 키운 게 사업 성공의 핵심이라는 것이 리카싱의 설명이다. 때문에 공부하고 힘을 키우는 교육으로 미래를 만늘 수 있다고 생각하는 것이다.

리카싱 부부는 결혼을 하자마자 자녀교육에 대해 같이 이야기를 나눴다. 결론은 자녀를 사회에 쓸모가 있는 인재로 키우자는 것이었다. 그렇게 하기 위해서는 우선 가정에서 아이들이 따뜻함을 느낄 수 있어야 하고 관심과 사랑을 받고 있다는 느낌을 받아야 한다는 데 공감했다. 그러고 나서 두 번째 중요하게 생각한 게 홍콩에서 가장 좋은 교육 환경을 만들어주겠다는 것이었다. 리카싱이 한 가지 더 한 생각은 자신이 이미 부자가 됐기 때문에 어릴 때부터 편하게 사는 데 익숙해질 위험이 있으므로 험한 세상에 대한 경험을 쌓게 해주겠다는 것이었다. 우리는 보통 리카싱 부부가 두 번째로 중요하게 생각한 '교육 환경'에 방점을 찍는 경우가 많다. 하지만 그들 부부는 화목한 가정의 분위기를 최우선으로 생각했다.

리카싱은 아들 둘에게 장사꾼 마인드를 심어주기 위해서도 노력했다. '비즈니스는 어떻게 해야 한다'고 구체적으로 얘기해주진 않았지만 자신의 성공 비결을 정리해서 얘기해주었다. 아들들에게 강조한 것은 다음과 같다. "비즈니스를 할 때에 침착한 게 필요하고, 신용을 중시해야 하고, 약속을 지켜야 한다." 또 다음과 같은 점도 강조한다. "상대방의 이익을 고려해야 하며, 그들에게서 어떠한 편의도 취해서는 안 된다."

리카싱은 자녀교육에 있어서 주의해야 될 점을 얘기한 적이 있다. "재산이 많건 적건 간에 아이들에게는 어릴 적부터 독립적으로 스스로 힘을 키우는 능력을 배양시켜야 한다. 특히 응석받이로 살게 하거나 남이 키워주는 데 익숙해지거나 돈을 헤프게 쓰는 습관을 갖지 않도록 해야 한다."

리카싱의 교육에 대한 생각은 단순히 자녀교육을 중시하는 데서 끝나지 않았다. 자신이 어릴 적 중학교를 그만둬야 했던 기억 때문에 사회 전반의 교육에도 관심이 많았다. 그래서 교육 사업에 많은 기부를 했다.

2006년 8월 회사 실적을 발표하는 자리에서 리카싱은 자신의 재산 3분의 1을 기부할 예정이라고 선언했다. 그가 기부하려는 재산은 교육과 의료 건강 분야에 기부 활동을 벌이는 자선단체인 '리카싱 기금회'에 전달될 것으로 보인다.

| 산터우 대학에서 연설하는 리카싱

리카싱은 중국 관영 방송인 CCTV와의 인터뷰에서 교육에 대한 생각을 다음과 같이 말한 적이 있다. "한 나라가 부강해지려면 가장 필요한 것이 인재이다. 인재는 어디에서 나오는가? 반드시 교육이 있어야 한다. 만약 양질의 교육이 없다면 나라는 부강해질 수 없다." 중국의 개혁 개방 이후에 리카싱이 중국에 처음 투자한 것은 1981년 고향인 차오저우와 인접한 산터우(汕頭)에 세운 산터우 대학이다. 돈을 버는 것보다는 후세를 가르치는 게 중요하다는 게 리카싱의 생각이다.

"비즈니스를 할 때에 침착한 게 필요하고, 신용을 중시해야 하고, 약속을 지켜야 한다. 상대방의 이익을 고려해야 하며, 그들에게서 어떠한 편의도 취해서는 안 된다."

젊어서 고생은 사서라도 시켜라

미국 서부의 명문 대학인 스탠퍼드 대학 앞의 거리는 운치 있는 건물들이 줄지어 서 있다. 대학가의 중심은 유니버시티 애비뉴라는 왕복 2차선의 도로다. 스탠퍼드 대학을 방문하기 위해 유니버시티 애비뉴를 지나가 본 적이 있다. 그 길에서 많지는 않지만 자전거를 몰고 학교에 가는 학생들을 볼 수 있었다. 자전거를 모는 학생을 보면서 둘째 아들 리쩌카이를 만나러 가던 리카싱이 생각이 났다. 유니버시티 애비뉴는 보통의 미국 도로치고는 좁았다. 게다가 도로 양 옆으로는 빼곡하게 차들이 주차돼 있었다. 때문에 실제로 달리는 승용차와 주차된 차들 사이의 공간은 넓지 않았다. 아마도 그 좁은 사이를 리쩌카이가 자전거를 타고 달렸을 것이다. 그리고 그 모습을 본 아버지 리카싱은 '역시 젊어서 고생해야 돼'라며 흡족해했을 것이다.

미국에서 자동차 없이 생활한다는 게 얼마나 고된 일인지 해보지 않은 사람은 알기 어렵다. 한국은 대중교통이 발달돼 있어 버스나 지하철을 이용한다면 자기가 원하는 시간에 가지 못할 곳이 거의 없다. 그러나 땅이 넓고 대중교통이 부족한 미국에서는 자동차가 없으면 몸이 고생한다. 자전거가 있다 해도 대학가와 학교가 멀리 떨어져 있는 스탠퍼드 대학 같은 곳은 특히 더 힘들다. 땅덩어리가 넓은 캐나다도 크게 다르지 않다. 하지만 리카싱은 캐나다와 미국에 유학을 보낸 두 아들에게 차를 사주지 않았다. 자신이 부자가 된 것은 젊었을 때 고된 생활을 했기 때문이라고 믿었기 때문에 아들들도 성공하기 위해서는 힘든 생활을 견뎌내야 한다고 생각하기 때문이다.

초등학생이던 두 아들을 회사 이사회에 참석하게 한 것도 어렸을 때 어려운 일을 겪게 한다는 의미가 있다. 어떤 사람들은 '리카싱이 아들에게 경영 수업을 어렸을 때부터 시켰구나'라고만 생각할 수도 있겠다. 그러나 조금만 생각해보면 초등학생에게 그 같은 경험은 경영 수업이라기보다는 '젊어서 고생'의 일종이었음을 알 수 있다. 리카싱의 아들들은 몇 시간이고 앉아서 이해하지도 못하는 대화를 들어야 하고, 심지어는 격론을 벌이면서 목소리를 높이는 사람들 사이에 앉아 있어야 했던 것이다.

'젊어서 고생은 사서도 시킨다'는 것은 '수입-지출=재산'이라는 부자의 공식과 두 가지 점에서 연결된다. 첫째는 재산 관리 방법을 간접적으로 가르치는 것이다. 젊어서 고생을 시키는 것은 자녀들의 독립심을 키우는 방법 중의 하나이다. 독립심을 키우는 것은 부모에게 의존하지 않고 재산을 관리하는 법을 가르치는 것이다. 둘째는 지출을 줄이는 방법을 가르치는 것이다. 젊어서 고생이라는 것은 돈의 측면에서 본다면 절제하는 것을 배우는 것을 의미한다.

미국의 유명한 부자 연구가인 토머스 스탠리는 『이웃집 백만장자』란 책에서 갑부들을 인터뷰한 끝에 얻은 유용한 자녀교육의 노하우를 소개한 적이 있다. 그 중 가장 중요한 메시지는 자녀들에게 절제를 가르치라는 것이다. 절제를 가르치는 이유는 아무리 부잣집 아이라도 세상살이는 힘들다는 걸 알려주기 위해서다. 즉, 늘 장밋빛 미래가 자녀를 기다리고 있는 게 아니기 때문에 스스로 강인해져야 한다는 사실을 가르치는 것이다. 자녀들이 성숙하고 어른스러운 생활방식과 제대로 된 직업을 갖기 전까지는 자기 자신이 부자라는 사실을 되도록 숨기는 게 좋다는 조언도 덧붙였다.

독립심을 배우고 절제하는 마음을 키우기 위해서 세계의 부자들은 '젊어서 고생'은 사서라도 시키려고 한다. 물론 모든 부자들이 그런 것은 아니고 자녀들이 헤프게 자라나지 않을까 걱정하는 일부 부자들에 해당되는 얘기일 것이다.

한국의 부자들도 자녀에게 젊어서 고생 시키는 것을 자녀교육의 한 방편으로 사용하고 있다. 김재철 동원그룹 회장이 대표적이다. 그의 지론은 세상에서 부모가 자녀에게 주기 싫지만 반드시 줘야 하는 게 '고생'이라는 것이다. 그의 맏아들인 김남구(한국금융지주 부회장)는 아버지의 지시로 대학을 졸업한 후에 창업주의 아들인 것을 숨기고 6개월간 참치잡이 배를 탔다. 김남구는 남태평양과 베링 해에서 하루 16시간씩 고달픈 뱃일을 경험했다고 한다. 둘째 아들 김남정(동원산업 부회장)은 창원의 참치 통조림 공장에서 생산직 근로자로 일하게 했다. 그 후 한동안 동원산업 영업부 평사원으로 백화점에 참치 제품을 배달하는 일을 했다고 한다.

최근 한국에서는 자녀에게 '젊어서 고생은 사서라도 하라'고 말하는 부모가 점점 사라져가는 것 같다. 오히려 '고생'은 부모가 대신 해줘야 한다는 생각이 일반화 돼가고 있는 듯하다. 초등학생을 둔 부모들의 모습이 대표적이다. 과거에는 학생들이 도맡아 하던 학교 청소, 급식 당번, 환경 미화 등을 부모들이 나서서 하는 게 점점 확산되고 있다. 학교에서 부모들이 이런 활동에 참여하기를 권유하기도 한다. 부모들이 아이들 일하는 것에 반대한다는 이유다. 하지만 그렇다고 해서 이런 활동들이 부모가 할 일은 아니다.

학교 청소를 예를 들어보자. 개인적으로도 학생들이 아무 대가없이 모든 학교 청소를 맡아 하는 것에는 반대한다. 학생들은 공부를 하기 위해 학교에 가는 것이지 청소를 하러 학교에 가는 것은 아니기 때문이다. 학생이 학교 청소를 하는 경우에는 대가가 있어야 한다. 만약 '학교 청소를 학생들이 해서 안 된다'고 생각한다면 부모들이 돈을 더 내서 청소하는 사람을 고용하는 것이 옳은 해결책이라고 생각한다. 아이들은 학교 청소를 안 해도 되고, 대신 사회적으로는 일자리가 생겨나 도움이 될 것이다. 하지만 학생들의 무료 노동을 부모의 무료 노동으로 대치하는 것은 사회에도 도움이 안 될 뿐만 아니라 아이들이 고생을 통해서 얻을 수 있는 경험을 박탈하는 것일 수도 있다. 물론 앞에서 이야기했듯이 자발적으로 고생을 체험하려는 아이들에는 교육적 차원에서 합당한 대가를 고민해야 할 것이다.

과거와 현재에 있어 '고생'의 내용은 달라질 수 있다. 내가 대학을 다닐 때는 공사판에서 육체노동을 하는 것이 대표적으로 고생한다는 것의 이미지였다. 지금 자라나는 아이들에게 있어 고생은 또다른 함의를 지닐 것이다. 예컨대 24시간 편의점에서 밤새 카운터를 보거나 설문 조사를 하기 위해 길거리를 가는 행인들에게 질문지를 돌리는 게 고생일 수 있다. 부자들이 말하는 '젊어서 고생'의 핵심은 자녀에게 독립심을 키우고

자기 절제의 힘을 배우게 하는 것이다. 자녀에게 적절한 '고생'을 찾아서
체험하게 할 수 있도록 안내하는 것은 부모의 몫이다.

자식을 '퓨전 인재'로 키우는
이건희 집안

이건희의 부자 공식
비빔밥형 인재가 돼라

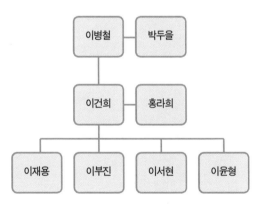

자식을 '퓨전 인재'로 키우는 이건희 집안

대를 이어 재산을 불린
이건희 회장

이건희 삼성그룹 회장은 자타가 공인하는 한국 최고의 부자다. 세계 억만장자들의 순위를 집계하는 잡지 포브스에 따르면 이건희의 재산은 약 17조 5,000억 원(151억 달러)으로 한국인 중에선 가장 많은 재산을 가지고 있다. 이건희는 이병철 전 삼성 회장의 셋째 아들로 삼성의 경영권을 물려받았다. 이병철은 1970~1980년대에 정주영 현대 회장과 더불어 한국의 양대 부자로 불렸던 분이다. 1987년 이병철이 세상을 떠났을 때 이건희는 약 140억 원의 유산을 물려받은 것으로 추정된다. 이는 이건희가 낸 상속세가 70억 원인 것과 상속세율이 50%인 것을 감안해서 추정한 수치다. 이건희가 받은 유산은 밖에서 생각하듯 그렇게 어마어마하게 큰돈은 아니었던 것 같다. 당시 자산이 5조 5,000억 원이나 되는 삼성 그룹을 물려받았는데 개인적으로 상속받은 재산이 그것밖에 안 되냐고 이러쿵저러쿵 말이 많지만 일단은 언론에 알려진 내용을 근거로 추정할 수밖에 없다. 30년 동안 물가가 3.1배 오른 것을 감안해 계산해보면 140억 원은 현재가치로 430억 원에 해당한다. 현재 그의 재산이 17조 5,000억 원이니 산술적으로만 따진다면 30년 동안 이건희는 자신이 받은 아버지의 유산(430억 원)을 400배 이상으로 불려놓은 것이다. 부자가 3대 가기도 힘들다는 데 이건희는 아버지의 재산을 상상도 못할 만큼 불려놨다.

아버지 이병철은 어떠한가? 이병철은 경상남도 의령의 지주였던 이찬우의 아들로 태어났다. 1910년대에 이병철의 아버지는 천석꾼이었다고 한다. 천석꾼은 연간 쌀 천 석을 수확할 수 있는 땅을 가진 부자를 뜻한다. 연간 천 석을 수확하려면 당시 농업 기술로 20만평의 땅을 가지고 있어야 한다. 평당 3만원씩만 따져도 현재가치로 60억 원의 재산을 가진 집이었다.

연간 소득으로 따진다고 해도 어릴 적 이병철의 집안은 남부럽지 않은 부를 누릴 수 있었다. 천 석은 80kg 들이 포장으로 2,000포대 정도 된다. 쌀 80kg이 시세로 13만원쯤 하는 것을 감안하면 이병철은 현재가치로 따져 연간 2억 6,000만원의 소득을 올리는 부잣집 아들이었던 것이다.

이병철은 스물여섯 살에 아버지로부터 사업자금으로 300석을 추수할 수 있는 재산을 물려받아 쌀 방앗간 사업을 시작했다. 이는 현재가치로 약 20억 원 정도 되는 재산이었다. 이병철이 세상을 떠났을 때 온 가족에게 남긴 유산을 350억 원(가족이 낸 상속세 176억 원, 상속세율 50%를 가지고 추정) 정도 된다고 추정하고 여기에 물가상승률만 감안하면 이병철의 유산은 현재가치로 1,070여억 원이다. 역시 산술적으로만 따지면 이병철이 사업을 했던 50년 동안 개인 재산을 50배 이상 불려놓은 것이다.

이병철과 이건희가 대를 이어 재산을 불린 사정은 이미 한국인들에겐 많이 알려져 있다. 단순화시켜 말하자면 이병철은 한국전쟁으로 폐허가 된 1950년대 한국의 사정을 볼 때 무역과 생필품 가공업이 돈이 될 것이라고 생각하고 사업을 확장한 게 부자가 된 지름길이었다. 이건희는 세계 시장의 동향을 파악하고 기술을 확보해서 스마트폰, 반도체, LCD 등 첨단기술 제품의 제조에 뛰어든 게 재산을 불린 핵심 요인이라고 할 수 있다. '우물 안 개구리'처럼 당장 눈앞에 보이는 현상에 매몰되지 않고 주변을 둘러보고 장기적인 안목을 가지고 투자 결정을 한 결과였다. 이건희가 아버지 이병철에게 물려받고 자식들에게 심어주려고 한 것은 '어떻게 하면 넓은 안목을 갖게 할 것인가'였다. 특히나 이런 생각은 밖에서 일어나는 일에는 둔감한 한국인들에게 아주 중요한 메시지이다.

이건희가 자녀들에게 넓은 세상을 보는 안목을 키워주려고 한 데는 또다른 이유가 있었을 것이다. 한국 내에선 이건희가 막대한 재산을 가지고 있는 것처럼 보이지만 세계적인 기준으로 볼 때 그의 부는 크지 않다. 이건희의 재산은 한국에서는 1등이지만 전 세계 2,000여 명의 억만장자 중에선 68위이다. 한국이 경제 규모로는 세계 11위이지만, 그 위치에 걸맞은 부자는 배출하지 못한 것이다. 포브스의 억만장자 리스트가 선진국 부자들만의 클럽이라서 한국인의 순위가 낮은 것일까? 그렇지만은 않은 것 같다. 선진국이 아닌 나라 출신 중에서 최고 갑부는 멕시코의 재벌인 카를로스 슬림으로 포브스가 집계한 그의 재산은 545억 달러(약 63조 2,000억 원)로 세계 6위를 기록하고 있다. 선진국이 아닌 나라 출신 중에서 최고 갑부는 아시아의 재벌인 리카싱이다. 이건희 회장을 앞서는 부자들은 선진국이 아닌 아시아, 남미, 중동 등의 여러 나라에도 널려 있다.

이러한 사정을 볼 때 이건희가 끊임없이 회사와 자식들에게 '우물 안 개구리 식의 사고를 하지 마라' '한국적인 시각에서 머무르지 마라'는 메시지를 보내는 게 이해가 간다.

자식을
'퓨전(비빔밥형) 인재'로 만들어라

이건희의 장남 이재용 삼성전자 부회장은 서울대 동양사학과를 나와 일본 게이오 대학에서 경영학 석사 과정을 마치고 다시 미국으로 건너가 하버드 비즈니스 스쿨에서 박사 과정을 밟았다. 한국의 돈 많은 집에서 자식을 유학 보낸 것은 별로 신기한 일이 아니지만 이건희 아들의 유학은 보통 유학과는 좀 다르다. 통상 유학을 가는 곳으로 미국이나 일본 중 한 곳을 택하는 경우가 대부분이다. 하지만 이건희는 아들이 유학을 하면서 세계 경제를 대표하는 두 나라인 미국과 일본을 두루 돌아보게 했다.

전공도 학부 과정은 역사를 전공하고 석사 과정에선 경영학을 전공하게 해서 다양한 학문에 접하도록 했다. 학부 전공으로 역사를 선택한 배경에는 할아버지 이병철의 충고가 있었다. 이병철은 이재용이 대학 전공을 두고 고민하는 것을 보고 "경영자가 되기 위해서는 경영 이론을 배우는 것도 중요하지만 인간을 이해하는 폭을 넓히는 것도 중요하다"며 "교양을 쌓는 학부 과정에서는 사학이나 문학과 같은 인문과학을 전공하고 경영학은 외국에 유학 가서 배우면 좋겠다"고 조언했다고 한다. 자식이 세상과 학문을 두루 돌아보고 다양한 경험을 가진 인재로 만들겠다는 생각은 아버지나 할아버지나 같이 공유하고 있었던 것으로 보인다.

다양한 경험을 가진 인재를 중시하는 것은 이건희의 경영 스타일에서도 읽을 수 있다. 이건희는 이공계 출신 경영자에게는 문학과 철학을, 상경계 출신에게는 엔지니어 전공자 못지않은 기술을 터득할 것을 요구한다. 경영자라도 경영 지식만 있는 게 아니라 관련 분야에 대한 전문적인 지식이 있어야 다른 회사를 압도하는 전략을 세울 수 있다는 것이다.

이건희의 생각은 삼성에서 자기 전문 분야는 물론이고 다른 분야까지 폭넓게 알고 있는 'T자형 인재'를 육성하겠다는 전략으로 구체화된다. 'T자형 인재'는 한 가지 분야에만 정통한 'I자형 인재'와 대비되는 개념이다. 여러 분야의 지식과 경험을 융합해서 새로운 것을 창조한다는 의미에서 '비빔밥형 인재'니 '퓨전 인재'라고 이름 붙일 수 있겠다.

사실 이건희는 아버지에게서 다양한 분야에 관심이 많은 '퓨전 인재'가 되도록 교육을 받았다. 이병철도 아들 이건희가 미국과 일본 두 나라 모두에서 유학을 하도록 했다. 이건희가 처음 유학을 떠난 것은 초등학교 때인 1953년이다. 지금으로 보면 조기 유학생이었던 셈이다. 아버지 이병철은 한국전쟁이 한창이던 때 부산에서 무역회사인 삼성물산을 설립했다. 외화가 부족한 때였지만 전쟁 전에 거래하던 홍콩의 에이전트로부터 전쟁 전에 선적했던 3만 달러어치의 물품에 대한 대금을 받아 생필품을 수입하는 사업을 전개할 수 있었다. 전시에 부족한 생필품에 대한 수요는 끝이 없던 터라 사업은 번창했고 생활에는 부족함이 없었다. 이병철은 아들들을 "선진국을 보고 배우라"는 명목으로 일본에 유학을 보냈다. 이건희가 일본에 도착했을 때 큰형 이맹희는 도쿄 대학 농과대를 다니고 있었고, 둘째형 이창희는 와세다 대학을 다니고 있었다.

이건희는 3년간의 1차 유학생활을 마치고 한국에 돌아와 중학교와 고등학교를 다녔다. 고등학교 때 이건희의 관심사항은 통상 고등학생의 수준을 넘어선 다양한 것이었다. 서울사대부고 시절 이건희와 가깝게 지냈던 홍사덕 전 의원은 월간조선과의 인터뷰에서 고등학교 시절 이건희에 대해 "그와 얘기해보면 음악이나 미술에서 화두를 열어도 기업 경영, 국가, 인류의 주제로까지 자연스럽게 이어졌다"고 회고했다.

고등학교 졸업 후 이건희는 아버지의 권유로 1961년 2차 일본 유학을 떠나게 된다. 연세대에 합격해 등록금도 낸 상태였는데 아버지는 다시 "선진국을 배우고 오라"고 했다. 이건희는 와세다 대학에서 경제학을 전공한 뒤에 미국 워싱턴의 조지워싱턴 경영대학원으로 옮겼다. 그러나 미국에서 학업을 마치지는 않았다. 이건희는 방학을 이용해 멕시코에 여행을 갔다가 비자가 만료되는 바람에 1966년 일본을 거쳐 귀국하게 된다. 유학은 학위보다는 다양한 경험과 지식을 쌓는 게 주목적이었던 것이다.

자신의 이 같은 유학 경험은 아들의 유학지를 정하는 데도 영향을 미쳤다. 이재용이 먼저 일본에 유학을 떠난 것은 이건희의 조언 때문이었다고 알려져 있다. 이건희는 아들에게 "미국을 보기 전에 일본을 먼저 봐야 그 사회의 특성과 문화적 섬세함, 일본인의 인내심을 놓치지 않고 배울 수 있다"고 조언했다. 이재용의 유학에는 어떤 학문을 배울까도 중요했지만 학교에서는 가르쳐주지 않는 각 사회의 특성을 파악하는 것도 중요한 목적 중의 하나였던 것이다. 이재용도 아버지의 뜻을 따라 최대한 유학 간 곳의 분위기를 탐구했다. 이재용은 하버드 대학 유학 초기에는 따로 학교 밖에 집을 마련하지 않고 기숙사 생활을 했다고 한다.

이건희는 또 골프, 승마, 개 기르기, 영화 관람 등 다양한 취미를 가지고 있다. 또 이건희는 경제학을 전공했지만 기술에 대한 관심과 지식은 웬만한 엔지니어들은 따라오지 못할 정도이다.

이건희는 미국과 일본에서 다양한 경험을 쌓으면서 한 나라에서 공부하거나 경험을 쌓은 기존 한국의 경영인과는 다른 시각을 갖게 됐다. 또 공부에만 매달린 전문가와는 달리 여러 분야의 경험을 종합해서 아이디어를 내고 판단할 수 있는 '퓨전 인재'로 성장할 수 있었다.

이건희의 이 같은 스타일은 실제 경영에 있어서도 효과를 발휘했다. 삼성의 경영진들이 보지 못하는 것을 보고 생각하지 못하는 것을 생각해 전체 조직을 자극하고 앞으로 전진할 수 있게 했다. 어떨 때에는 너무나 엉뚱한 것을 지적해서 주변을 놀라게 하기도 한다.

가장 대표적인 예가 1993년 '마누라와 자식만 빼고 다 바꾸라'는 신경영의 선언이다. 신경영 선언에 따른 구체적인 시행 방안으로 오전 7시에 출근해서 오후 4시에 퇴근하는 '7-4제'라든가 불량품이 발견된 생산 라인을 멈추고 잘못 만들어진 제품은 전량 폐기한 후에 불량 요인을 해결하고 나서 다시 라인을 돌리는 '라인스톱제' 등이 실시됐다. 신경영의 도입 이후 삼성은 양(量) 위주에서 질(質) 위주의 경영으로 대전환을 하게 되고 세계 1위의 제품들을 여럿 내놓기 시작했다. '7-4제'나 '라인스톱제' 같이 기존 조직의 사고에 충격을 주는 제도는 삼성 조직 외부의 관점에서 내부를 들여다볼 수 있는 시각이 없었다면 태어나기 어려웠던 것들이다.

아들 이재용 역시 아버지와 같이 다양한 취미를 갖고 있다. 이재용의 공식적인 취미는 고지도 수집이다. 골프, 승마도 수준급이다. 승마는 학창 시절 국가대표로도 활동할 정도였다.

> 이재용이 먼저 일본에 유학을 떠난 것은 이건희의 조언 때문이었다고 알려져 있다. 이건희는 아들에게 "미국을 보기 전에 일본을 먼저 봐야 그 사회의 특성과 문화적 섬세함, 일본인의 인내심을 놓치지 않고 배울 수 있다"고 조언했다.

궁금한 것은
철저하게 파고들어라

이재용 삼성전자 부회장은 삼성전자에 입사할 때 아버지 이건희로부터 최소한 공학도 이상의 전문성을 갖추라는 주문을 받았다고 한다. 이재용은 학부 때에는 역사학을 전공했고, 석사 과정에선 일본의 산업 공동화에 대해, 하버드 비즈니스 스쿨에서는 인터넷 비즈니스에 대해 공부했다. 전자공학 쪽은 문외한에 가깝다고 할 수 있다. 그래서 이 부회장은 2001년 삼성전자에 상무보로 입사한 이후에 강도 높게 반도체와 전자 산업 전반에 대해서 공부해야만 했다.

궁금한 것이 있으면 철저하게 파고드는 것은 이건희 집안의 전통이기도 하다. 이병철의 막내 딸 이명희 신세계 회장의 조선일보 인터뷰 중에서 나온 얘기다. "(저의) 관심 있는 것에 끌리면 끝까지 파고드는 성격은 (아버지와) 더욱 닮았어요. 저는 맛있는 자장면을 발견하면 일주일 동안 그것만 먹기도 합니다." 이병철의 자녀들은 모두 아버지에게서 궁금한 것은 끝장을 봐야 하는 내력을 물려받았던 것이다.

이병철은 한 번 연구해야 할 사안이 발생하면 먼저 관련 서적을 최대한 수집해서 꼼꼼하게 읽었다. 그렇게 하고 나서 해당 분야에 정통한 기자나 교수를 초대해서 대화를 나눴다. 그것도 여러 사람을 한꺼번에 부르는 것이 아니라 한 사람 한 사람 따로 만났다. 그 후에 그 분야에서 직접 일하는 사업가를 만나 실제 사정을 들은 후에 사업 구상을 했다. 예컨대 에버랜드를 만들 때는 세계 일류의 테마파크를 모두 검토해본 후 구체적으로 지시를 내렸다. 실제로 디즈니랜드, 유니버셜 스튜디오 등 세계적인 테마파크와 에버랜드를 모두 방문해보면 에버랜드는 각 테마파크의 장점만 뽑아왔다는 느낌이 강하게 온다.

부자들의 자녀교육

이건희도 궁금한 것을 철저하게 파헤치는 데는 예외가 아니었다. 이건희는 초등학교 시절 천장에 매달면 빙빙 돌아가는 비행기, 레일 위를 달리는 모형기차 등 당시로서는 구경하기도 힘든 장난감을 가지고 놀았다. 이건희는 비싼 장난감들을 가지고 노는 데서 그치는 것이 아니라 뜯어보고 다시 조립하면서 놀았다고 한다. 신기한 장난감을 분해해보고 다시 조립하는 것은 이건희의 형인 이맹희, 이창희도 마찬가지였다. 궁금한 것은 뜯어보아야만 직성이 풀리는 삼형제였다.

이건희가 다양한 취미를 갖고 있으면서도 웬만한 취미에 대해서는 책을 쓸 수 있을 정도로 전문적인 지식을 갖춘 이유는 어릴 적부터 궁금한 것은 철저하게 파고들었기 때문이다. 예컨대 영화 관람의 경우 초등학교 때 일본에 유학을 가 있으면서 가진 취미인데, 당시 3년 동안 1,200~1,300편의 영화를 봤다고 한다. 하루에 한 편 이상의 영화를 봤다는 것이다. 1980년대에 이건희의 침실 바닥의 3분의 1은 비디오테이프로 덮여 있을 정도였고, 한때 1만 개가 넘는 비디오테이프를 가지고 있었

| 삼성 50주년 기념사를 하고 있는 이건희

다고 한다. 단순히 숫자만 많은 게 아니라 영화를 볼 때 주연, 조연, 감독, 카메라맨 등의 위치에서 반복해서 보면서 영화 한 편을 철저하게 분석했다는 것이다. 이건희는 삼성 회장이 안 됐다면 영화사 사장이나 영화감독이 됐을 것이라고 할 정도로 영화의 전문가다.

개 기르기도 마찬가지다. 개 기르기는 중학교 1학년 때 집에서 페키니즈 종 개를 키우기 시작해서 갖게 된 취미인데, 한창

때에는 한남동 집에서 요크셔테리어, 푸들, 치와와 등 세계 유명 종의 개 200여 마리를 키울 정도였다. 이건희는 국내 애견 전문가 중에선 손꼽을 정도가 됐고, 직접 진돗개의 순종을 가려내서 세계견종협회에 공식 등록시키는 데 주도적인 역할을 했다.

이렇게 궁금한 것은 철저하게 파고드는 습관은 자칫 '퓨전 인재'라고 해서 많은 분야에 대해 얄팍한 지식만 갖추고 정작 아무것도 제대로 알지 못하는 위험에서 벗어나게 해줬다.

이건희는 경영에도 궁금한 것을 철저하게 파고드는 습관을 적절하게 활용했다. 이학수 삼성 부회장은 언론에서 다음과 같은 일화를 소개한 적이 있다. 1991년 이건희와 삼성 임원들이 미국 로스앤젤레스로 출장을 간 적이 있다. 하루는 이건희가 시내 구경이나 하라며 휴가를 줬다. 실컷 놀다가 저녁에 호텔로 돌아와 이건희 방으로 갔더니 그는 삼성과 도시바의 VCR(비디오카셋트리코더)을 분해해놓고 있었다. 전자제품 가게를 들른 이건희가 구석에서 먼지를 뒤집어쓰고 있던 삼성 VCR을 보고 열이 받아 두 제품을 사들고 와서 뜯어본 것이었다. 이건희는 부품 수를 세어봤더니 삼성 것이 도시바 것보다 30%가 많았다. 그런데 가격은 삼성이 오히려 30%나 덜 받고 있었다. 사용하는 부품이 많은데도 가격이 싸다는 것은 남는 게 거의 없다는 뜻이다. 이건희가 삼성 제품이 왜 경쟁력이 없는지 알아보기 위해 분해를 해서까지 이유를 찾아내려 한 것이다. 삼성은 당장 VCR의 부품 수를 줄이기 위한 연구에 들어갔고, 그래서 개발한 것이 '위너스 VCR'인데 시장에서 호평을 받았다고 한다.

이건희는 이 사례뿐만이 아니라 계속해서 스스로 기술 연구를 했다. 그는 외국 경쟁사가 새로운 전자 제품을 출시하면 곧바로 구입해서 한남동 자택 지하실에서 직접 분해하고 재조립하면서 연구한다고 한다. 이건

이병철은 한 번 연구해야 할 사안이 발생하면 먼저 관련 서적을 최대한 수집해서 꼼꼼하게 읽었다. 그렇게 하고 나서 해당 분야에 정통한 기자나 교수를 초대해서 대화를 나눴다. 그것도 여러 사람을 한꺼번에 부르는 것이 아니라 한 사람 한 사람 따로 만났다. 그 후에 그 분야에서 직접 일하는 사업가를 만나 실제 사정을 들은 후에 사업 구상을 했다.

희는 2000년 월간조선과의 인터뷰에서 철저하게 파고드는 습관에 대해서 다음과 같이 말했다. "저는 무엇이든 새로운 것을 보면 그냥 넘어가지 못해요. 꼭 한번 해보고 싶고 그래서 재미있다 도움이 되겠다 싶으면 전문가 수준까지 파고들어갑니다."

대강만 가르쳐주고
각론은 스스로 찾게 하다

연세대 총장을 역임했던 송자 전 교육부 장관은 1999년 이건희에 대한 글을 월간조선에 기고한 적이 있다. 자녀교육에 관심이 많은 그는 이건희의 자녀교육 스타일에 대해 여기저기 물어본 적이 있다고 한다. 그 때 들었던 얘기가 '이건희는 아이들이 지켜야 할 몇 가지 범주만 정해주고 나머지는 자율에 맡긴다'는 것이었다고 그는 적었다.

이건희는 2001년 잡지 신동아와의 인터뷰에서 "재용이는 올해부터 현장에서 경영 수업을 하고 있습니다만 제가 특별히 해줄 것은 없는 것 같습니다. 이제껏 자율적으로 생각하고 판단하도록 자식을 키워왔기 때문에 스스로 잘 해내리라고 봅니다"라며 자신의 자녀교육이 '자율'에 바탕을 뒀다는 점을 강조했다.

자율에 맡긴다는 것은 뭐든지 자기 맘대로 하도록 놔둔다는 의미는 아니었다. 큰아들 이재용에 대해 항상 따라다니는 평가는 "예의 바르다"는 것이다. 직급이 낮아도 나이가 많으면 항상 존댓말을 쓰고, 선배 경영진 앞에서는 무릎을 가지런히 모으고 허리를 곧게 편 자세로 앉는다고 한다. 가정에서 예절 교육은 엄하게 시킨다는 뜻이다.

이건희는 이병철에게서 예절 교육을 배웠다. 이건희는 2000년 월간조선 인터뷰에서 이병철의 가정교육에 대해 "집안에서는 당신에게나 자식들에게나 무척이나 엄하셨는데, 거실에 목계(木鷄, 나무로 만든 울지 않는 닭)를 놓고 늘 자신을 경계하셨습니다. 당시에 엄하게 교육받은 것이 오늘날 제가 큰 흠 없이 살아가는 데 밑바탕이 되었다고 할 수 있습니다"라고 했다. 목계는 중국 고전인 장자에서 유래한 것으로 세파에 초연한 자세를 뜻하는 상징물이다. 이병철은 손자들의 교육에 직접 관여하기도

| 서예를 즐기던 고 이병철 삼성 회장

했다. 이병철은 말년에 손자들을 모아놓고 자신이 인생의 규범으로 삼고 있는 '논어'를 가르쳤다고 한다.

종합해보면 자녀들이 살아나가는 데 필요한 몇 가지 큰 틀만 정해주고, 그것에서 벗어나는 행동거지에 대한 규율은 엄하게, 하지만 나머지는 자율에 맡긴다고 정리할 수 있다.

그것은 이병철의 가르침을 따랐

부자들의 자녀교육

기 때문이었다. 이건희는 자신의 에세이집에서 다음과 같이 적고 있다. "선친(이병철)은 경영 일선에 항상 나(이건희)를 동반하셨고 많은 일을 내게 직접 해보라고 주문하셨다. 하지만 자세하게 설명해주지는 않으셨다. 현장에 부딪치며 스스로 익히도록 하셨다."

이병철의 교육 스타일은 막내딸인 이명희 신세계 회장의 회고에서도 동일하게 나타난다. 이명희는 결혼한 후에 집안일을 돌보고 있었다. 그때 이병철이 '여자도 집에만 있지 말고 남자 못지않게 사회에 나가서 활동도 하고 발전해야 한다'며 계열사인 신세계백화점에 나와서 일하라고 했다. 1979년 이명희가 첫 출근을 하기 전에 이병철은 딸을 불러 맘속에 새겨야 몇 가지를 일러줬다. '사람을 믿지 못하면 아예 처음부터 쓰지를 말고, 일단 사람을 쓰면 의심하지 말라' '남의 말을 열심히 들어라' '사람 기르는 일을 게을리 하지 말라. 기업이 곧 사람이다' '현재에 만족하지 않고 무엇인가를 끊임없이 추구해야 한다' 등 삶을 살아가고 기업 활동을 할 때 가슴에 지녀야 할 중요한 기준들이었다. 이병철은 자신이 아끼는 딸에게도 큰 줄거리만 가르쳐줬지 구체적인 각론을 세세하게 말해주지는 않았다.

아버지의 가르침을 이어받은 이건희는 업무 스타일도 자녀교육 스타일과 같다. 이건희는 업무 지시를 할 때도 자세한 설명을 하기보다는 추상적인 개념을 던져주는 스타일이라고 한다. 예를 들어 이건희가 삼성 부회장이던 시절 삼성이 기업 이미지 광고를 시작했는데, 그가 담당 임원에게 지시한 내용은 "제품 선전만 하는 시대는 지났다. 이미지 광고로 바꿔보라"는 식이었다고 한다. 그 결과는 거북선을 배경으로 한 '기술의 심싱'이라는 세목이 나가는 신문 광고였다.

특히 이건희의 이같은 경영 스타일은 일선 경영진에게 자율적인 결정

1979년 이명희가 첫 출근을 하기 전에 이병철은 딸을 불러 맘속에 새겨야 할 몇 가지를 일러줬다. '사람을 믿지 못하면 아예 처음부터 쓰지를 말고, 일단 사람을 쓰면 의심하지 말라' '남의 말을 열심히 들어라' '사람 기르는 일을 게을리 하지 말라. 기업이 곧 사람이다' '현재에 만족하지 않고 무엇인가를 끊임없이 추구해야 한다' 등 삶을 살아가고 기업 활동을 할 때 가슴에 지녀야 할 중요한 기준들이었다.

을 할 여지를 많이 주기 때문에 의사 결정이 빨라지는 이점도 있었다. 가장 극명하게 드러났던 게 1997년 외환위기 이후 구조조정 과정에서였다. 이건희는 "팔아야 한다고 판단되면 오너 눈치 보지 말고 과감하게 팔라"는 방침을 이학수 당시 삼성그룹 구조조정본부장에게 줬다. 때문에 당시 사업을 팔고 사는 과정에서 구조조정본부장이 빠른 의사 결정을 할 수 있었다. 다른 재벌 그룹들은 일일이 오너에게 재가를 받느라고 의사 결정이 느릴 수밖에 없었다.

남의 말을 들을 줄
알아야 한다

이병철이 이건희를 본격적으로 경영권을 물려줄 후계자로 삼은 것은 1976년 위암 판정을 받고 수술을 받기 위해 일본으로 떠나면서다. 가족들을 모아놓고 "앞으로 삼성은 건희가 이끌어가도록 하겠다"고 했다. 이건희는 이병철의 암 수술이 성공적으로 끝나고 돌아온 후 1978년 삼성물산 부회장에 취임하면서 본격적으로 경영자가 되기 위한 수업을 받게 된다. 이병철이 당시 아들에게 준 선물은 '경청(傾廳)'이라는 글귀였다. 이건희는 언론 인터뷰에서 다음과 같이 말했다. "선친(이병철)께선 제가 부회장이 되자마자 직접 붓으로 쓰신 '경청'이라는 글귀를 선물로 주시더군요. 그래서 그 후엔 회의할 때나 현장에 갈 때 가능하면 한 마디도 말을 안 하려고 했습니다. 그래서 '이건희는 말을 못 한다'는 소문까지 돌았다고 합니다. 당시 제 짧은 생각에도 참으로 좋은 가르침인 것 같았어요. 그렇게 10년 가까이 말없이 지내는 동안 상대방의 처지를 헤아리고 생각하는 힘을 키울 수 있었습니다."

'남의 말을 들어라'라는 게 이건희가 아버지에게서 핵심적으로 배운 것 중의 하나이다. 이것은 정보를 습득하기 위한 중요한 태도 중의 하나이다. 기자회견장에 가보면 많은 기자들이 질문을 할 때 발표자의 말에 집중하기보다는 자기 생각을 장황하게 늘어놓는 경우가 많다. 자기 생각을 먼저 말하면 발표자가 전해주려는 정보는 사라져버리고 자신의 고집에 매몰되기 쉽다. 따라서 정보를 습득하려면 남의 말을 듣는 훈련이 먼저 되어야 한다. 정보를 얻기 위해서는 남의 말을 듣고 그 말을 100% 이해하는 게 더 중요하다는 것이다.

이건희는 '경청'의 자세를 정보 수집의 기본 원칙으로 삼았다. 정보 수집에는 이병철과 마찬가지로 주로 독서와 전문가를 직접 만나는 방식을 활용했다. 술을 거의 입에 대지 못하는 이건희는 부회장 시절 퇴근 후에 기술 관련 서적을 탐독했다. 이건희의 서가에는 경영학 서적은 별로 없고, 미래과학, 전자, 우주, 항공, 자동차, 엔진공학 등에 관련된 서적이 즐비하게 꽂혀 있다고 한다. 물론 새로운 트렌드를 제시하거나 정치, 경제, 사회 각 분야의 현상을 깊이 있게 분석한 책도 찾아서 본다. 이건희는 먼저 목차를 훑어보고 내용을 골라서 읽는데, 처음부터 끝까지 정독하는 책은 한 달에 20권쯤 된다고 한다. 그냥 목차만 보는 책까지 합치면 그의 독서량은 웬만한 독서가가 따라가지 못할 정도이다. 이밖에도 국내 잡지 15종, 해외 잡지 30종을 정기 구독하면서 최신 흐름에도 뒤처지지 않으려고 한다.

이건희는 책을 읽으면서 문제를 해결하려고 노력하지만 그래도 안 되면 전문가를 집으로 불러 가르침을 받거나 직접 찾아간다. 예컨대 전자 제품 분해와 조립을 일삼는 그는 부회장 시절 주말이면 일본에서 기술자를 초청해서 직접 기술을 배웠다. 또 세계 유수 기업의 최고경영자들이 한국을 방문할 때면 이건희의 집을 찾는다. 그는 미래 학자 앨빈 토플러 등 석학들을 찾아가기도 한다.

이건희의 큰 아들 이재용도 '경청'의 자세를 유지하고 있다. 이건희의 말을 빌면 이재용은 '훌륭한 분들을 열심히 찾아다니면서 필요한 것은 누구한테나 배우려 한다'는 것이다. 더구나 이건희가 경영 일선에서 각 분야의 전문가들을 만나러 다닐 때 이재용도 동행시키곤 했다.

이재용도 정보 수집을 중요시한다. 이재용은 중학교 2~3학년 때부터 신문의 경제면을 정독하고 있다. 이재용은 하루에 1~2시간 씩 온라인과 오프라인 매체를 보면서 국내외 신문을 꼼꼼히 챙기는 습관을 갖고 있다. 이재용은 자신의 승용차 내부를 첨단 모바일 사무실로 개조해서 이동 중에도 이메일을 점검하고 수시로 정보를 체크하는 것으로도 유명하다.

이건희는 아버지가 가르친 경청의 자세를 갖고 있고 말투도 어눌해서 말을 잘 못하는 것으로 알려져 있지만 한 번 입을 열었다 하면 혼자서 몇 시간 동안 말을 하는 사람이다. 1993년 신경영을 선언할 당시 프랑크푸르트, 로스앤젤레스, 오사카, 도쿄, 런던 등지를 돌아다니면서 신들린

이건희는 '경청'의 자세를 정보 수집의 기본 원칙으로 삼았다. 정보 수집에는 이병철과 마찬가지로 주로 독서와 전문가를 직접 만나는 방식을 활용했다. 책을 읽으면서 문제를 해결하려고 노력하지만 그래도 안 되면 전문가를 집으로 불러 가르침을 받거나 직접 찾아간다.

듯이 말을 쏟아냈다. 하루 평균 여덟 시간, 최장 열여섯 시간 회의를 잇달아 열면서 3개월 동안 쏟아낸 말이 A4 용지로 8,500페이지 정도 되는 분량이다.

경쟁 속에서
튼튼해져야 한다

이건희는 이병철의 셋째 아들임에도 불구하고 1987년 삼성의 경영권을 물려받았다. 큰형인 이맹희와 작은형인 이창희가 살아 있었음에도 불구하고 말이다. 이건희가 아버지 회사에서 일하기 시작한 것은 유학에서 돌아온 지 2년 후인 1968년이다. 정확히 말하면 장인인 홍진기가 회장으로 있었던 '동양방송'(현 중앙일보)이었다. 당시는 1966년에 있었던 사카린 밀수 사건으로 분위기가 어수선하던 때였다. 아버지 대신 큰형 이맹희가 그룹 경영 전면에 나서 있었다. 사카린 밀수 사건이란 설탕 대용으로 쓰이던 사카린을 삼성이 건설하던 한국비료 공장의 건설 자재로 꾸며 밀수한 사건이었다. 이 사건으로 이병철은 일신에서 물러나고 한국비료 상부였던 작은형 이창희는 구속됐다.

큰형 이맹희가 아버지의 미움을 받아 삼성에서 물러난 게 1973년이고, 이병철이 가족들 앞에서 이건희에게 경영권을 물려주겠다고 처음 선언한 게 1976년이다. 그리고 이병철이 실제로 경영권을 물려주겠다고 확인한 것은 1987년 세상을 떠나기 전에 가족들을 모아놓고 구두로 유언을 한 자리에서였다. 이건희는 수년에 걸쳐 자신이 경영에 있어서만은 형들보다 낫다는 경쟁력을 입증해 보여야 했다. 게다가 1987년 세상을 떠날 때까지 이병철은 경영권을 장악하고 있었고, 이건희에게 권한을 나눠주지 않았기 때문에 그는 긴장을 늦추지 못했다. 이병철은 세상을 떠나기 3~4년 전까지만 해도 이건희 외에 다른 아들과 딸 들도 사장단 회의에 배석시켰다고 한다.

이건희가 얼마나 심한 경쟁 속에서 후계자 교육을 받았는지 암시하는 일화가 있다. 손병두 전 전경련 부회장이 회고한 내용이다. 손병두는 삼성에서 일하다가 이건희 측근으로 분류돼 1980년 초에 회사를 그만두고 미국으로 유학을 떠났다. 당시 삼성에선 이건희의 입지가 축소되던 분위기였다. 이건희가 회장이 되고 그도 유학에서 돌아왔다. 손병두가 귀국 인사차 이건희를 만났더니 다음과 같이 얘기했다고 한다. "당신도 고생했지만 나도 고생했다. 당신이 고생했다고 하는데 나한테 비하면 아무것도 아니다. 내가 이 자리(삼성 회장)에 오기까지 얼마나 많이 참은 줄 아느냐." 손병두는 그 얘기를 셋째 아들인 이건희가 아버지의 인정을 받기 위해 많은 고통과 어려움을 겪었다는 뜻으로 해석했다.

이건희는 경쟁 속에서 삼성의 후계자로 키워졌다. 때문에 판단 하나하나를 내리는 데 많은 고민을 해야 하고 신중할 수밖에 없었다. 잘못된 판단이 누적되는 날에는 언제 경영권 승계 경쟁에서 밀려나야 할지 몰랐기 때문이다. 경영권이 없었다면 이건희가 아버지의 유산을 400배 이상 불릴 수 있었을지 의문이다.

이병철은 이건희에게 경쟁의 중요성도 가르쳤다. 이건희가 자주 거론하는 예화 중에는 다음과 같은 것이 있다.

"건전한 위기의식을 항상 가지라는 것입니다. 옛날 회장님(이병철)께서 하신 이야기인데 그분이 20대에는 농사를 지으셨습니다. 그땐 논에 으레 미꾸라지를 키웠답니다. 그래서 한쪽에는 미꾸라지만 키우고, 한쪽에는 미꾸라지 속에 메기 한 마리를 넣어서 키웠는데 가을에 생산할 때 보니 미꾸라지만 키운 쪽은 미꾸라지들이 오그라져 있고 메기랑 같이 키운 쪽은 살이 쪄 통통하더래요. 메기가 잡아먹으러 다니니까 도망 다니느라고 많이 먹고 튼튼해져서 그런 거지요. 메기보다 빨라야 살아남지 않겠습니까? 결과적으로 메기가 있는 것이 더 낫다는 것을 들은 적이 있습니다."(1989년 월간조선과의 인터뷰)

이건희는 비록 힘들기는 했지만, 결국 경쟁 속에서 승리해야 튼튼해진다는 사실을 아버지에게서 배웠다. 그는 스스로 경쟁 속에서 승리한 사람들에 대한 연구도 많이 했다. 이건희에게 있어 승리한 사람들, 다시 말하자면 우리가 생각했을 때 부자가 된 사람들이란 어떤 사람들이었을까? 그의 결론은 다음과 같다. "일류란 자신이나 일에 대해 철저한 사람들이고, 인간미가 넘치며 벌을 줄 때는 사정없이 벌을 주고, 상을 줄 때는 깜짝 놀랄 정도로 준다"는 것이다.

이건희가 회사 임직원들에게 경쟁 속에서 튼튼해져야 한다는 메시지를 준 것은 분명하다. 삼성의 '세계일등주의' '일류주의'는 '우물 안 개구리'처럼 한국에 머물러 있지 말고 글로벌 경쟁에서 이겨야 한다는 걸 강조한 것이다.

하지만 이건희가 자녀들에게도 경쟁 속에서 승리하라는 메시지를 줬는지는 불분명하다. 서울대를 가기 위해 공부하던 아들 이재용에게는

> "일류란 자신이나 일에 대해 철저한 사람들이고, 인간미가 넘치며 벌을 줄 때는 사정없이 벌을 주고, 상을 줄때는 깜짝 놀랄 정도로 준다."

'안 됐다'고 생각했는지 '서울대는 가서 뭐 하냐, 운동이나 더 하라'는 취지의 충고를 했다고 한다. 집안에서 형들과 경쟁해야 했던 이건희와 달리 이재용은 외아들이다. 그래서 일부에서는 이건희와 이재용이 받은 교육의 가장 큰 차이는 '실제 경쟁 속에서 컸느냐 안 컸느냐'라고 말하면서 이재용이 아버지보다는 경영자로서의 자질이 떨어진다는 주장을 하기도 한다.

이건희의 자녀교육은
현재 진행형

이건희의 장남 이재용은 2017년 현재 50살로 아버지가 2014년 5월 심근경색으로 쓰러진 이후 실질적으로 삼성 경영을 책임지고 있다. 병상에 있기는 하지만 아직 이건희의 자녀교육은 현재 진행형이다. 이재용에게는 실패의 기억도 있기 때문이다.

1990년대 말 이른바 '닷컴 열풍'을 타고 시작한 인터넷 비즈니스에 삼성이 뛰어들면서 이재용이 진두지휘를 했다. 당시 이재용은 지주회사 격인 'e삼성'을 중심으로 10여 개 회사에 직간접으로 투자했지만 인터넷 거품이 꺼지면서 이익을 내는 데 실패하자 자신의 지분을 아버지 계열사에 팔고 사업을 접었다. 당시 영국 신문 파이낸셜 타임스는 "한국에서 실패한 닷컴을 살리는 방법은 재벌인 아버지에게 이를 떠넘기는 것이며, 요즘은 이재용이 공부했던 하버드 경영대학원에서 이 같은 방법을 가르치는 모양"이라며 칼럼을 통해 풍자하기도 했다. 인터넷 사업 환경이 전체적으로 불리하게 변하면서 어쩔 수 없었다고 변명할 수도 있겠다. 하지만 현재 한국의 인터넷 1위 기업인 'NHN(네이버)'의 전신이 삼성 계열사인 삼성SDS의 사내 벤처라는 것을 고려한다면 꼭 그렇지만은 않다고 생각하는 사람도 있다. 단지 당시는 능력을 검증하는 게 아니라 배우는 입장이었다는 점에서만 합리화할 수 있겠다.

최근에 이재용은 경영권 승계 과정에서 정격유착 의혹을 받는 등의 어려움을 겪고 있기도 하다. 이재용의 재산은 포브스에 따르면 7조 2,000억 원(62억 달러)으로 아버지 이건희, 서경배 아모레퍼시픽그룹 회장에 이어 한국 3위의 재산가에 해당한다. 스물여덟 살이던 1995년 아버지에게서 증여받은 60억 원을 굴린 결과이다. 할아버지 이병철이나 아버지 이건희는 회사의 경영 능력을 시장에서 검증받으면서 아버지에게서 물려받은 재산을 불렸다. 하지만 이재용이 재산을 불린 것은 경영 능력을 본격적으로 검증받은 게 아니라 개인 재테크의 결과라고 볼 수 있다. 이재용이 아버지처럼 경영자로서 능력을 시장에서 인정받아 재산을 불릴 수 있을지는 좀 더 기다려봐야 결과를 알 수 있을 것 같다.

이건희는 당대에 부모로부터 물려받은 재산을 수십 배로 불리는 성과를 보여줬다. 이건희는 경영자였던 아버지를 넘어서기 위해 '신경영'의 아이디어를 내고 삼성에 변화를 줌으로써 닥쳐올 위기를 대비하는 선견지명까지 보여주기도 했다. 그리고 자녀들에게는 자신이 재산을 불린 노하우를 물려주려고 노력했다. '다양한 경험과 지식을 쌓아 두루 아는 인재가 되어라' '궁금한 것이 있으면 철저하게 파헤쳐라' '줄거리만 가르쳐주고 세세한 것은 스스로 찾도록 노력해라' '남의 말을 잘 들어라' '우물 안 개구리의 시각에서 벗어나라' 등이 그것이다. 자녀들이 부모의 부자 교육을 제대로 소화했는지는 시간이 밝혀줄 것이다.

부자들의 자녀교육

비빔밥형 인재가 돼라

한국형 부자의 자녀교육은 어떤 것일까? 1960년대 이후 경제 개발 시기에 폭발적으로 재산을 불린 재벌가가 현대적 의미의 한국형 부자라고 할 수 있다. 기업가들이 돈을 벌어 부자가 된 것은 한국의 5,000년 역사에서 처음 있는 일이다. 그것도 아주 짧은 기간에 말이다. 50년 전만 하더라도 땅을 많이 가진 양반 가문과 지주들이 한국의 부자였다.

우리 역사에 새로운 현상인 재벌가는 벌써 할아버지-아버지-손자손녀로 이어지는 3세대로 넘어가고 있다. 각 집안마다 자녀교육의 각론은 다양하지만 해외 유학을 필수적인 코스로 넣는다는 점은 공통적이다. 경제 성장 과정에서 재벌가는 내수 시장보다는 수출을 통해서 돈을 벌었다는 사실을 이해한다면 왜 재벌가의 자녀들이 유학이라는 코스를 필수적으로 밟는지 고개가 끄덕여진다. 글로벌 경제 속에서 돈을 벌었기 때문에 돈을 버는 데 있어 해외의 동향과 정보를 파악하는 게 얼마나 중요한지 인식하고 있기 때문이다.

　대한민국 최고의 부자 이건희 삼성 회장도 장남 이재용을 유학 보냈다. 그런데 유학을 보내는 지역이 다른 재벌가와는 조금 달랐다. 이재용은 일본에서 석사 과정, 미국에서 박사 과정을 밟았다. 재벌가의 유학지가 미국에 집중돼 있는 것을 볼 때 이건희는 아들에게 뭔가 다른 걸 가르쳐주려고 했던 것 같다. 미국만 편식해서는 글로벌 경제에서 살아남기 힘들다는 걸 가르쳐주기 위해서였을 것이다. 이건희가 상정하는 인재상은 '여러 분야에 걸쳐 두루 폭넓게 알고 있는 인재'다. 다시 말하면 '비빔밥형 인재'니 '퓨전 인재'라고 부를 수 있는 사람이다. 이런 의미에서 아들이 다양한 곳에서 공부할 수 있도록 배려해준 것이다.

　비빔밥형(퓨전) 인재가 되는 것은 '수입-지출=재산'이라는 부자의 공식에서 따져본다면 수입을 증가시키는 방법 중의 하나이다. 인재가 된다는 것 자체가 수입을 늘리는 방법인데 거기에 더해 여러 분야에 두루 정통한 인재가 된다는 것은 수입을 획기적으로 늘리는 길이라는 데에 두말할 나위가 없다.

　특히나 한국 경제가 걸어온 길을 회고해본다면 한국에서는 비빔밥형 인재가 탁월한 경쟁력을 가질 수 있다. 앞에서 잠시 언급했듯이 1970~1980년대에 급성장한 한국의 기업가들은 글로벌 시장에 도전하면서 부자가 되는 길을 맛봤다. 그런데 그 내용을 들여다보면 독창적인 기술보다는 융합의 기술에 있어서 경쟁력을 가졌던 것을 알 수 있다. 현재 한국이 세계를 제패하고 있는 제품인 반도체, 조선, 철강 등은 모두 한국이 개발한 기술이 아니다. 서구 제국이 개발한 기술을 도입해서는 잘 소화하고 융합해서 경쟁력 있는 제품을 만들어낸 것이다. 삼성전자가 2000년 세계 최초로 시장에 내놓아 큰 인기를 끌었던 '콤보'라는 제품이 대표적이다. 콤보는 비디오테이프 플레이어와 DVD 플레이어를 결합한 제품이다. 2000년대 중반에는 카메라폰이나 MP3폰에 있어서 삼성전자나 LG전자가 가장 첨단 제품을 세계 시장에 내놨다. 카메라폰은 카메라와 휴대전화가 결합된 것이고, MP3폰은 MP3플레이어와 휴대전화가 결합된 것이다. 삼성전자는 애플이 2007년 아이폰이라는 스마트폰을 내놔 세계 시장을 휩쓸 조짐을 보이자 구글 진영과 손잡고 갤럭시 시리즈 스마트폰을 개발해 스마트폰 초기 시장을 양분하기도 했다. 메모리 반도체 시장은 글로벌 시장에선 후발자였던 삼성전자와 SK하이닉스가 선발 업체들을 재빨리 따라잡아 이제 세계 시장을 장악하고 있다. 조선업체들도 최근 구조조정의 어려움을 겪고 있지만 영국, 일본을 잇는 세계 정상급의 기술을 확보해 놓고 있다.

이건희가 이끄는 삼성전자는 회사 자체가 융합의 회사이다. 1997년 외환위기 직후 위기에 처한 삼성전자가 세계적인 외국 전자회사에 장래 업종에 대한 자문을 구한 적이 있다고 한다. 그들은 삼성전자에 기술이나 인력이 부족한 데 여러 제품을 생산하지 말고 반도체 생산에만 집중하라는 충고를 했다고 한다. 그러나 삼성전자는 그들의 충고를 듣지 않고 오히려 반대로 했다. 그래서 반도체, 컴퓨터, 통신제품, 가전제품 등을 복합 생산한 결과 이들의 융합화로 경쟁력을 높일 수 있었다. 삼성전자에 전문화를 충고했던 회사들 중에는 현재 고전하는 회사도 적지 않다고 한다.

신문사에서 한국의 경제를 조망하는 시리즈를 기획하는 회의에 참석한 적이 있는데, 토론 중에 한국이 창의성을 가지고 개발해서 세계 시장을 정복한 제품을 부각시켜보는 게 어떻겠느냐는 의견이 나왔다. 언뜻 생각하기에는 그런 제품이 여럿 있을 것 같다. 하지만 기업들에 문의

해본 결과 우리 기업들이 개발한 독창적인 기술은 사례를 찾기 힘들다는 대답이 돌아왔다. 예컨대 한국이 휴대전화 제조의 강국이기는 하지만 그 핵심 기술은 미국의 퀄컴이라는 회사가 개발한 것이다. 물론 신문사에서 찾는 것은 '라디오' '텔레비전' '핸드폰' 등 굵직한 기술을 의미하는 것이다. 핸드폰 제조 기술 중 키패드의 작동에 대해 독창적인 특허가 있다고 해도 그것은 전체 제품 중에서 작은 부분의 기술이므로 독자들에게 자신 있게 소개하기는 힘든 내용이다. 그래서 결국 창의성을 가지고 개발한 제품을 찾는 일을 포기했다.

그 후 계속 가졌던 생각은 '그렇다면 세계 시장에 통한 한국인의 경쟁력은 무엇이었을까'라는 것이었다. 그래서 한국인의 경쟁력을 다시 생각해보는 기획 시리즈를 아이디어로 냈다. 비빔밥 문화, 신바람 문화, 젓가락 문화, 빨리빨리 문화 등이 한국인의 경쟁력의 바탕에 있는 건 아닌지 점검해보자는 취지였다. 기획 취지를 설명했더니 송병락 전 서울대 부총장이 한국의 비빔밥 문화에 대한 글을 보내주셔서 신문 지상에 활자화가 됐다. 한국 기업들이 융합 제품에 경쟁력을 가지는 원천을 비빔밥 문화에서 찾아볼 수 있다는 내용이었다. 비빔밥은 먹는 사람이 비벼서, 다시 말하자면 융합을 통해서 새 맛을 내도록 돼 있다. 전 세계적으로 이런 음식은 없다고 한다. 그런데 어떤 나라든지 문화는 음식에서 그 특성이 두드러진다. 비빔밥 문화가 바탕이 돼 있었기에 융합의 시대에 맞는 제품과 문화를 한국인이 만들어내고 있다는 결론이었다.

이런 여러 가지 사정을 종합해볼 때 한국인들이 잘하는 것은 섞고 비벼서 새로운 맛(기술)을 만들어내는 게 아닌가 싶다. 잘하는 것을 해야 돈을 벌 수 있는 기회가 생긴다. 이건희는 2007년 들어 '창조경영'을 강조하면서 "기술을 섞는 것도 창조다. 창조는 무에서 유를 창조하는 것이기도 하지만 기존 것에서 새로운 것을 발견하는 것도 창조다"라는 취지로 얘기한 적이 있다. 기존의 것을 서로 융합해서 새로운 것을 만들어내는 것이 향후 삼성과 한국이 돈을 버는 길이라는 뜻일 것이다. 그 과정에서 보통사람들도 부자가 될 수 있는 기회가 찾아올 것이다. 비빔밥형 인재로 자라는 게 한국인의 경쟁력을 극대화할 수 있는 방법이고 한국에서 수입을 늘리는 원천인 것이다.

위기 극복 비결과 상상력을 가르친
조앤 롤링의 부모

조앤 롤링의 부자 공식

문제 해결 능력을 키워라

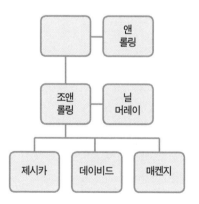

위기 극복 비결과 상상력을 가르친 조앤 롤링의 부모

싱글맘,
글쓰기로 억만장자가 되다

'해리포터' 시리즈로 돈방석에 앉게 된 조앤 롤링(Joanne Rowling, 필명 J. K. 롤링)은 해리포터 1편이 나오기 전까지만 해도 먹고살 길을 찾기 위해 분투하는 싱글맘(Single Mom, 홀어머니)이었다. 그러나 그녀의 인생 역정은 1997년 해리포터 1탄인『해리포터와 마법사의 돌』이 나오면서 180도로 바뀌게 된다. 책이 불티나게 팔려나가면서 인세가 눈덩이처럼 굴러 들어왔고 영화, 비디오, 게임, 테마파크 등의 판권으로도 천문학적인 수입을 올릴 수가 있었다.

해리포터 시리즈의 판매 기록은 역사적으로도 선례를 찾아보기 힘든 것이었다. 1997년 나온 1편『해리포터와 마법사의 돌』이후 2007년 나온 7편『해리포터와 죽음의 성물』까지 해리포터 시리즈 7편은 모두 4억 5,000만 권이 팔려 역사상 나온 도서 시리즈물 중 가장 많이 팔렸다.『신비한 동물 사전』,『퀴디치의 역사』,『음유시인 비들 이야기』등 해리포터

| 조앤 롤링

외전과 2016년 나온 회곡 『해리포터와 저주받은 아이』까지 합하면 모두 5억 권이 넘게 팔린 것으로 집계되고 있다.

1편을 낼 때만 하더라도 손안에 한 푼도 없었던 조앤 롤링의 재산은 그후 인세와 판권 수입 등으로 엄청나게 불어났다. 7편의 해리포터 시리즈는 전세계적으로 77억 달러의 매출을 올린 것으로 추정된다. 외국의 경우 베스트셀러 작가의 인세가 책값의 15% 이상이라는 것을 감안하면, 최소한 조앤 롤링은 인세만으로도 11억 달러쯤 벌었을 것으로 보인다.

이미 2004년에 그녀의 재산이 10억 달러(약 1조 1,600억 원)를 넘어서 경제지 포브스가 선정하는 세계 억만장자 리스트에까지 이름을 올리게 됐다. 책을 써서 포브스의 억만장자 리스트에 이름을 올린 것은 조앤 롤링이 처음이었다. 조앤 롤링은 2011년까지 7년간 세계 억만장자 리스트에 이름이 있었지만 2012년 이름이 빠졌다. 포브스는 그녀가 재산의 10%가 넘는 1억6,000만 달러를 기부했기 때문에 재산이 10억 달러 밑으로 떨어졌을 것으로 추정했다. 기부 외에도 추가로 최고세율 45%인 영국의 소득세를 내야 하는 걸 감안하면 조앤 롤링의 재산이 줄었을 것이란 설명이었다.

하지만 조앤 롤링의 재산을 계속 늘어나고 있기 때문에 언젠가 다시 세계 억만장자 리스트에 다시 들어올 수 있을 것으로 보인다. 책 인세 외에도 영화 판권, 비디오 판권 거기에 더해 해리포터를 주제로 한 테마파크에 대한 판권과 입장료 수입 중 일부를 받는다. 이미 해리포터 시리즈

영화 매출만 해도 75억 달러 이상이다. 원작자가 이익의 10% 또는 매출의 10%를 판권 수익으로 받는 것을 감안하면 조앤 롤링은 영화에서만 7억 달러 벌어들인 것으로 추정된다. 유니버설 스튜디오 테마파크에 들어 있는 '해리포터 마법세계' 놀이시설이나 영국 런던에 있는 워너브라더스의 해리포터 스튜디오 등의 입장료 수입의 2% 정도가 조앤 롤링에게 돌아가는 것으로 알려져 있다. 테마파크 관람객이 들어올 때마다 조앤 롤링의 금고엔 수입이 쌓이는 것이다.

조앤 롤링에게서 봤듯이 글쓰기도 운동선수나 연예인의 경우처럼 재능을 돈으로 바꿀 수 있는 여러 가지 방법 중의 하나다. 대중에게 사랑받는 글을 쓴다면 인세로도 재산을 모을 수가 있다. 글을 써서 돈을 모은 사례는 동서고금을 통해서 쉽게 찾을 수 있다. 미국의 대표적인 대중소설 작가인 시드니 셸던은 2007년 1월 세상을 떠나면서 가족에게 30억 달러에 가까운 유산을 남겼다. 빠른 전개에 로맨스, 추리 등이 적절히 배합돼 인기를 끌던 그의 소설은 3억 부 이상이 팔렸다. 그의 인세 수입은 생전에 정확히 알려지지 않아 포브스의 억만장자 리스트에는 이름이 올라가지 않았다.

한국에서도 유명 소설가, 저술가들의 인세는 막대하다고는 알려져 있지만 정확한 내역은 잘 공개되지 않는다. 대표적인 저술가인 유홍준 전 문화재청장의 경우엔 공직을 맡으면서 일부 공개가 됐다. 그는 2006년에만 스테디셀러인 『나의 문화유산 답사기』 등의 인세로 1억 원을 벌어들였다. 억대 연봉자가 부럽지 않은 소득을 인세로 벌어들인 것이다. 고위 공직자 재산 공개를 위해 2007년 그가 신고한 부부의 예금은 16억 원이 넘는데 내부분은 인세를 저축해놓은 것이라고 한다. 최근 국내에선 유명 드라마 작가들이 회당 수천만 원의 원고료를 받는다. 드라마 『도깨비』,

『태양의 후예』, 『신사의 품격』, 『시크릿가든』, 『파리의 연인』 등을 잇달아 히트시킨 김은숙 작가는 월세 30만원 짜리 반지하방에 살다가 이젠 억대 연봉이 부럽지 않은 삶을 산다고 한다. 글쓰기 재능이 있다면 얼마든지 부자가 될 길은 열려 있는 것이다.

심지어 돈과는 거리가 멀 것 같은 사회주의 혁명가들도 따지고 보면 글쓰기만 가지고도 엄청난 재산가가 될 수 있었다. 중국 사회주의 혁명의 지도자였던 마오쩌둥의 사례가 단적인 예이다. 그의 저작권료는 중국 공산당이 외국어로 출판된 마오쩌둥의 저작권료가 과세 대상이 되는지 조사하는 과정에서 공개됐는데 2001년 5월 따져본 결과 1억 3,121만 위안(약 220억 원)에 이르렀다고 한다. 하지만 그의 저작권료는 가족에게 유산으로 남겨지지 않고 '당의 집체적 지혜의 결정체'라며 중국 공산당이 관리하고 있다. 붉은색 표지로 널리 알려진 『마오쩌둥 어록』의 경우 9억 부가 팔리거나 무상으로 배포됐다.

조앤 롤링이 글쓰기의 재능을 돈으로 바꾸겠다고 결심한 것은 삶의 위기 상황이 닥쳤을 때였다. 조앤 롤링은 글을 써서 '부자'가 되겠다고 이를 악물고 글을 쓴 것은 아니었지만 그렇다고 취미 생활로 글쓰기를 즐긴 것은 아니었다. 해리포터 시리즈의 첫 작품인 『해리포터와 마법사의 돌』을 본격적으로 쓰기 시작한 해인 1994년은 그녀의 삶에서 가장 어려웠던 때였다. 두 살배기 제시카를 홀로 키워야 하는 엄마로서 먹고살 길을 찾아야 했다. 그녀는 1996년 초 책을 탈고하고 나서도 책을 펴주겠다고 나설 출판사를 찾을 수 있을지, 지금과 같은 대성공을 거둘 수 있을지도 전혀 예상하지 못했다.

결과적으로는 글쓰기가 그녀를 인생의 나락에서 건져내는 길이었고 더 나아가서 여성으로서, 싱글맘으로서 부자가 되는 지름길이었다. 억만

부자들의 자녀교육

장자 리스트에 처음 이름을 올린 2004년으로부터 10년 전으로 거슬러 올라가면 조앤 롤링은 영국 정부의 생활보조금을 받던 처지였다. 한국과 비교해서 말하자면 기초생활 수급자의 처지였던 것이다.

사실 조앤 롤링이 처음 해리포터 시리즈를 구상할 때는 취미 생활의 하나로서 글쓰기를 즐기던 때였다. 조앤 롤링은 1990년 여름 영국의 맨체스터에 살고 있는 남자친구를 만나고 런던으로 돌아오는 기차 안에서 '마법 학교에서 입학허가서를 받고서야 마법사인지 깨닫는 남자 아이'에 대한 이야기를 구상하게 된다. 수줍음이 많던 조앤 롤링은 기차 안에서 펜을 빌리지 못하고 런던에 도착해서야 펜을 구해 해리포터 시리즈의 구상을 메모 형태로 적었다. 그리고 3년 반을 어머니의 죽음과 포르투갈에서의 강사 생활, 결혼, 그리고 출산 속에서 헤맸다. 그 후 영국에 돌아와서야 해리포터 이야기를 책으로 완성하겠다는 의지를 불태우게 된다.

조앤 롤링은 스물여덟 살이던 1993년 12월 한 살배기 딸 제시카를 품고 3년간 머물렀던 포르투갈을 떠나 영국으로 돌아왔다. 남편의 폭력을 피해 부랴부랴 급하게 떠나왔기 때문에 수중에 가져온 것이곤 거의 없었다. 갖고 있는 돈이라곤 겨우 몇 달치 월세를 낼 수 있는 정도였다. 가방에는 3년 동안 겨우 3장까지 완성한 '해리포터' 원고와 관련 자료만이 들어 있었다. 영국에선 마땅히 머물 곳도 없었다. 런던의 친구들은 아직 결혼을 안 했기 때문에 아이를 데리고 머물 수 있는 곳에 살지 않았다. 아버지는 그해 재혼을 해서 신혼 생활을 하고 있었기 때문에 얼굴도 모르는 새엄마에게 아이까지 데리고 불쑥 찾아가기에는 자존심이 허락하지 않았다. 포르투갈에선 너무 급하게 결혼을 했기 때문에 아버지를 결혼식에 초정할 시산노 없었다. 어릴 적 단짝이었던 두 살 터울의 여동생 다이(다이앤의 애칭)만이 그래도 부담 없이 얹혀살 수 있는 사람이었다. 하지만 여동생도 신혼 3개월 차라 오랜 기간 여동생 부부에게 얹혀살 수는 없었다. 할 수 없이 주변에 있는 사회보장 사무실을 찾아 정부 보조금을 신청했다. 일주일에 69파운드(약 10만원)씩 주는 보조금으로 먹고 입고 자는 것을 해결해야 했다. 기약할 수 없는 미래에 '내가 왜 이렇게 됐나'라는 생각에 잠을 못 이루기 일쑤였다. 그때마다 조앤 롤링은 인생의 위기가 닥쳤을 때 의연하게 대처하던 어머니의 모습을 떠올렸다.

조앤 롤링은 일단 해리포터 원고의 완성에 인생을 걸었다. 정부 보조금으로 가장 기초적인 생활을 유지하면서 1년 내에 원고를 완성하기로 결심한다. 딸 제시카가 잠들면 유모차에 태우고 가까운 카페를 찾아 미친 듯이 글을 썼다. 손으로 쓴 원고를 다시 중고 타이프라이터로 정서하는 것도 그녀의 몫이었다. 원고가 거의 완성이 돼 가자 교사로 일자리를 잡기 위해 1995년 대학원에 등록을 했다. 1996년 초『해리포터와 마법사의 돌』원고가 완성됐고, 출판사를 찾아주겠다는 에이전트도 나섰다. 계약직이지만 프랑스어 교사로 자리를 잡을 수도 있었다. 주요 출판사들은 '해리포터'의 분량이 너무 많아서 아동 소설로 출판하기는 어렵다는 입장이었다. 에이전트가 백방으로 나서 마침내 1,500파운드(약 210만원)의 선금을 받고 블룸스베리 출판사에 영국 판권을 팔았다. 출판사 사장의 여덟 살 난 딸이 '해리포터'의 첫 번째 장을 앉은 자리에서 읽고 나서 다음 장을 달라고 했기 때문에 사장은 두 말없이 계약에 나섰다. 초판 인쇄본은 1,000권에 불과했지만, 금세 팔려 나갔다. 그 다음부터는 성공의 길이었다. 세계 각국의 출판사들이 출판을 하겠다고 나섰다. 1편의 미국 판권은 10만 5,000달러(약 1억 2,000만원)의 선금을 받고 스콜라스틱 출판사에 넘겼다.

조앤 롤링이 인생의 힘든 시기를 무사히 넘기고 성공의 길로 나서게

부자들의 자녀교육

된 데는 부모의 숨은 노력이 있었다. 그녀를 참담한 경험 속에서도 버티게 하고 나중에 세계의 부호로 성장하게 된 것은 부모가 길러준 글쓰기 '재능'과 삶을 개척해나갈 수 있는 '의지'라는 두 개의 무기였다.

불치병 속에도
꺾이지 않았던 어머니

조앤 롤링의 정신적인 지주였던 어머니 앤 롤링은 1990년 마흔 다섯의 나이로 세상을 떠났다. 조앤 롤링이 25살 때의 일이다. 그 해 조앤 롤링은 어머니를 잃은 슬픔을 잊기 위해 영국을 떠나 포르투갈로 떠났다. 포르투갈에서 두 번째로 큰 도시인 포르투에서 영어교사 자리를 얻을 수 있었기 때문이었다.

조앤 롤링은 '해리포터' 시리즈의 1편인 『해리포터와 마법사의 돌』의 첫머리에 '책을 어머니 앤 롤링과 딸 제시카 그리고 여동생 다이(다이앤의 애칭)에게 바친다'고 썼다. 여동생 다이앤은 책의 첫 독자로써 출판하도록 용기를 줬기 때문에, 딸 제시카는 그녀가 살아갈 이유를 줬기 때문이었다. 어머니 앤 롤링에게 감사했던 것은 인생의 위기를 극복하는 모범 답안을 가르쳐줬기 때문이다.

어머니 앤 롤링은 해군 출신이었다. 남편인 피트 롤링을 만난 것은 런던에서 스코틀랜드의 해군기지로 가는 기차 안에서였다. 피트 롤링도 해군이었다. 18살 때 기차에서 처음 만난 두 해군은 첫눈에 반했고 2년 뒤에 결혼에 성공하게 된다. 어머니는 딸 조앤 롤링에게 자신의 만남과 결혼에 대한 이야기를 해줬다. 20대 초반의 어머니는 조(조앤 롤링의 애칭)와 두 살 터울의 여동생 다이에게 있어 어머니라기보다는 친구와 같은 존재였다. 학교는 걸어 다닐 정도의 거리에 있었기 때문에 조앤 롤링은 어머니와 걸어 다니면서 많은 얘기를 나눌 수 있었다. 이웃 주민들은 조앤 롤링 자매와 어머니가 손을 잡고 거리를 거닐던 것을 기억하고 있다.

어머니 앤 롤링은 결혼을 위해 제대를 했고, 그 후 얼마 되지 않아 조앤 롤링을 낳고는 아이를 온 힘을 다해 키우기 위해 전업주부로서의 생활을 시작했다. 그러나 그녀는 집에만 콕 박혀 있는 성격은 아니었다. 이웃과 잘 어울리고 아이들 학교 일에도 적극적으로 참여하는 엄마였다. 아이들이 어느 정도 크자 그녀는 일을 시작했다. 결혼 생활 12년 만인 1976년 앤 롤링은 조앤 롤링이 다니는 중학교의 과학 실험실에서 보조교사 자리를 구했다. 실험실 보조교사는 직접 학생들을 가르치는 일은 아니었다. 비커 등 실험 도구와 각종 화학물질로 가득 찬 실험실을 관리하는 일이었다. 일을 하면서도 조앤 롤링 자매에게 많은 시간을 할애할 수 있어 앤 롤링에게는 만족스러운 일이었다.

그 때까지만 해도 앤 롤링에게 있어서 인생은 거칠 것이 없어 보였다. 남편은 회사에서 계속 승진을 하고 있었고 중산층이 모여 사는 동네에 넓은 집까지 마련했다.

하지만 가장 행복할 때 불행은 찾아오는 법인가. 1978년 앤 롤링은 차를 따를 때 자신의 손이 심하게 떨린다는 걸 발견했다. 처음에는 대수롭지 않게 생각했다. 하지만 증상은 더 심해졌다. 학교에서 일하는 동안 비커를 떨어뜨려 깨뜨리기 일쑤였다. 2년 후 앤 롤링은 '다발성 경화증'이라는 불치병의 진단을 받게 된다. 조앤 롤링이 열다섯 살이 되던 해였다.

다발성 경화증이란 척추에 특정한 단백질이 부족할 때 시작되는 병으로 알려져 있는데 아직 정확한 병의 원인이나 치료법이 발견되지 않았다. 뇌에서 몸의 구석구석에 있는 신경까지 신호를 전달하지 못하게 되는 병으로 점차 손발을 자신의 뜻대로 움직일 수 없게 되는 증상이 나타난다. 증상이 심해지지만 않으면 정상적인 생활에서 크게 벗어나지 않고 살 수 있지만, 조앤 롤링의 어머니의 경우에는 급하게 증상이 심해지는 케이스였다.

앤 롤링은 농담을 좋아하고 항상 활기에 차 있는 여성이었다. 불치병의 진단을 받았지만 기본적인 성격은 바뀌지 않았다. 진단을 받은 후에도 평상시와 같이 행동하려고 했다. 실험실 보조교사 일도 웬만하면 계속하려고 했다. 어떤 날은 찻잔을 집어 들지 못했지만 또다른 날은 언제 그랬냐는 듯이 멀쩡하게 생활을 했다. 다림질의 귀재처럼 재빠르게 다림질을 하기도 했고, 언제 손가락에 힘이 없었느냐는 듯이 아이들을 위해 기타를 쳐주기도 했다. 앤 롤링은 아이들과 함께 기타를 치면서 노래를 부르는 것을 좋아했다.

하지만 기대와는 달리 증상이 급격하게 심해지면서 하루는 다리에 힘을 잃고 실험실에서 쓰러졌다. 결국 학교의 일자리는 그만둬야 했다. 앤 롤링은 학교 실험실 보조교사 자리를 그만둬야 했을 때 잠시 마음이 상했지만 곧바로 새로운 일을 찾아나섰다. 봉사를 하거나 자신이 할 수 있는 다른 일을 찾아 일하는 것 자체를 쉬지 않으려고 했다. 예컨대 집과 바로 이웃한 교회에 나가 자발적으로 청소를 했다. 앤 롤링은 교회를 정기적으로 다니는 독실한 신자는 아니었지만 일을 해야 한다는 생각에 교회 청소를 도맡아 했던 것이다. 앤 롤링은 일을 쉬지 않는 것에 있어서만은 아버지 스탠리 볼랜트를 닮은 듯했다. 조앤 롤링의 외할아버지인 스탠리 볼랜트는 엔지니어로 퇴직한 후에 일을 쉬지 않기 위해서 병원에서 우편을 처리하는 일을 했다.

조앤 롤링은 불치병에 걸렸어도 전혀 삶을 포기하는 모습을 보이지 않는 어머니를 보면서 '의지'가 얼마나 중요한 것인가를 배울 수 있었다. 병에 걸렸다고 집이나 병원에 누워버릴 수도 있었겠지만 오히려 그녀의 어머니는 일을 더 하려고 했고 얼굴에서 웃음을 지우려고 하지 않았다. 또 단순히 자기 고집만 주장하려고 한 것이 아니라 정확한 정보를 모아서 해결 방법을 찾으려고 했다. 앤 롤링은 집에 다발성 경화증에 관련된 책과 소책자들을 모았다. 백방으로 자료를 찾았지만 여전히 다발성 경화증에 대해서는 거의 알려진 것이 없었다. 그래도 앤 롤링은 자신의 병과 관련된 것은 무엇이든지 읽으려고 했다.

어머니 앤 롤링이 병마와 싸우는 와중에도 집안 분위기가 완전히 침잠한 것은 아니었다. 어머니가 '의지'와 '활기'를 잃지 않았기 때문이었다. 수줍음이 많았던 조앤 롤링은 학교에서 오히려 좀 더 사교적이 됐고 고등학교 3학년 때는 학교 회장이 됐다. 성적도 뛰어나서 영국 최고의 명문대인 옥스퍼드 대학을 지원할 정도가 됐다. 하지만 그녀는 옥스퍼드 대학에 낙방했다. 공립학교 출신이라고 불이익을 받았다는 게 조앤 롤링 출신 학교 교사들의 주장이다. 그녀는 영국 남서부의 최대 명문대학인 엑세터 대학 불문과에 들어갔다. 어머니 앤 롤링은 1987년 딸의 졸업식에 휠체어를 타고 참석했다. 그리고는 2년 후인 1990년 세상을 떠났다. 조앤 롤링이 25살 때였다.

조앤 롤링의 어머니가 삶의 위기에 처했을 때 의연하게 대처하는 모습을 조앤 롤링에게 가르쳐주지 않았다면 어떤 일이 벌어졌을까? 폭력 남편을 피해 한 살배기 어린 딸을 안고 집을 뛰쳐나와 단칸방에 살면서 정부 보조금을 타서 생활해야 하는 상황이 벌어진다면 보통 사람이라면 화병에라도 걸렸을 것 같다. 하지만 조앤 롤링은 그 상황에서도 잠든 아기를 유모차에 싣고 카페에 나와 '우아하게' 커피를 마시면서 집필에 나

> 조앤 롤링은 불치병에 걸렸어도 전혀 삶을 포기하는 모습을 보이지 않는
> 어머니를 보면서 '의지'가 얼마나 중요한 것인가를 배울 수 있었다. 그녀
> 의 어머니는 병에 걸렸다고 집이나 병원에 누워 지내지 않고 오히려 일을
> 더 하려고 했고 얼굴에서 웃음을 지우려고 하지 않았다.

서는 여유를 보여준다. 그리고 '해리포터' 원고의 집필에 매진해서 결국
12만 자 분량의 소설을 완성하게 된다.

만약 '해리포터'가 대박이 나지 않았다면 그녀는 어떻게 됐을까? 조앤
롤링은 어려운 가운데에도 앞으로 교사로 생계를 유지하겠다는 생각에
1년짜리 대학원을 나와 교사 자격을 얻었다. 그렇다면 조앤 롤링은 스코
틀랜드에서 프랑스어 교사로 딸 제시카를 키우고 취미로 소설을 쓰면서
행복하게 살지 않았을까 싶다.

책 읽어주는
부모

돈을 벌어야겠다는 '의지'만 가지고는
부자가 될 수 없다. 돈을 벌 수 있는 '수단'이 있어야 한다. 조앤 롤링의
경우에는 글쓰기가 부자가 되는 수단이었다. 글쓰기는 천부적인 재능이
있어야 한다고 많은 사람들이 생각하지만 사실은 어릴 때 훈련이 상당
히 중요하다. 만 3세까지 뇌에서 언어에 대한 체계가 확립된다는 이론까
지 있다. 만 3세까지의 교육이 언어 능력을 키우는 데 가장 중요하다는
뜻이다. 그 이론이 맞는다면 우리가 의식하지 못하는 기간 중에 글쓰기

의 기초가 확립되는 것이다.

조앤 롤링이 어릴 때부터 글쓰기의 재능이 있었다고는 하지만 부모가 키워주지 않고서는 글쓰기의 재능을 발견할 수 없었을 것이다. 아무리 재주가 좋다고 하더라도 다듬어주지 않으면 쓸모없는 단순한 기교에 불과하다. 조앤 롤링의 글쓰기 방식은 독자들에게 독특한 재미를 준다.

'해리포터' 시리즈가 어린이고 어른이고 책을 한 번 잡으면 눈을 떼지 못하는 이유는 조앤 롤링이 이야기 진행의 완급을 조절하면서도 적절한 양의 정보를 제공해주기 때문이다. 형용사와 부사를 이용한 수사로만 글이 진행되면 아름다운 미문(美文)은 될 수 있어도 독자를 자극하지 못하고 재미도 주지 못한다. 반면에 '해리포터'에는 조앤 롤링이 꾸며낸 마법사 세계에 대한 정보에다 기기묘묘한 이름들이 등장하면서 재미를 더해주고 있다. '정보'와 '지식'이 사람들의 눈길을 끄는 것이다.

이 같은 조앤 롤링의 글쓰기 방법은 어린 시절 부모의 책을 읽어주는 것에서 형성되기 시작했던 것 같다. 조앤 롤링의 정보 수집 습관은 어릴 적 책 읽기부터 시작된다. 특히나 조앤 롤링의 부모는 이웃에게 책을 읽어주는 부모로 유명했다. 조앤 롤링의 부모는 그녀가 태어났을 때 둘 다 스무 살의 젊은 나이였고 대학 문턱에도 가보지 못했지만 책을 읽는 습관을 가지고 있었다. 조앤 롤링의 부모가 어떻게 해서 책 읽기에 빠지게 됐는지 자세하게 알려진 바는 없다. 하지만 부모는 둘 다 스스로 책 읽기를 좋아했고, 어린 두 딸에게 책을 읽어주는 것도 좋아했다.

조앤 롤링이 기억하는 어릴 적 아버지 피트 롤링의 첫 모습은 책을 읽어주는 장면이다. 아버지는 결혼 후에 군대를 제대하고 항공기 엔진 제작 공장 노동자로 사회생활을 시작했다. 공장은 오전 7시 30분에 출근해서 오후 5시에 퇴근하는 규칙적인 생활이었지만 피트는 초과 근무를 자청하곤 했다. 곧 그의 능력을 알아본 회사는 공장의 관리직으로 자리를 옮기게 했다. 회사 일로 바쁜 아버지였지만 딸에게 자주 책을 읽어줬다. 특히나 아파서 침대에 누워 있던 딸은 그의 목소리를 오랜 기간 기억했다. 네 살 때 기생충으로 인해 집에서 누워 있어야 했던 조앤 롤링은 그때 들었던 케네스 그레이엄의 『버드나무에 부는 바람The Wind in the Willows』이라는 책이 가장 기억에 남는 작품이라고 한다. 이 책은 물쥐와 두더지, 두꺼비, 오소리를 의인화해서 쓴 영국 아동문학의 고전이다.

어머니도 자주 딸들에게 동화를 읽어줬다. 어머니는 동화를 읽어주는 게 아이들을 키우는 데 아주 중요한 부분을 차지한다고 이웃 주민들에게 얘기했다고 한다.

조앤 롤링이 나이가 들어가자 책을 스스로 찾아서 읽도록 했다. 조앤 롤링의 집은 이웃에 비해 책이 많았다. 이웃 주민들은 그녀의 집 책장들 가득하게 책이 꽂혀 있던 것을 기억하고 있다. 조앤 롤링의 부모는 영국에서 아동문학의 고전으로 꼽히는 책들은 모두 조앤 롤링에게 사줬다. 또 자신들이 읽기 위해 구한 로맨스 소설들도 딸들에게 읽게 해줬다. 폴 갤리코의 『황당쥐』, 엘리자베스 구지의 『작은 백마』, C. S. 루이스의 『나니아 연대기』 등은 그녀가 열 번 이상 읽었던 책들이다. 제인 오스틴의 『엠마』는 스무 번 이상 읽었다고 한다.

책 읽기는 자연스럽게 글쓰기로 이어졌다. 조앤 롤링은 여섯 살 때 동화를 지어 종이에다 연필로 써내려갔다. 그러고는 여동생 다이에게 읽어줬다. '래빗'이라는 이름을 가진 토끼의 이야기였다. 그녀가 처음으로 쓴 이야기는 홍역에 걸려 집에서 머물러 있어야 하는 토끼와, 토끼를 문병 온 몸집이 큰 꿀벌 미스 비(Miss Bee)를 비롯한 여러 친구들에 관한 이야기였다. 그 후에도 토끼 굴에 빠진 여자 아이가 토끼 가족이 주는 딸기를 먹고 사는 얘기 따위의 스토리를 만들어내 동생에게 읽어줬다. 조앤 롤링은 여동생을 첫 독자로 삼아 글쓰기 연습에 나섰던 것이다.

어머니 앤 롤링도 조앤 롤링 이야기의 독자였다. 어머니는 조앤 롤링이 글쓰기를 하는 것을 자랑스럽게 생각했다. 이웃집 주부들이 놀러 와서 조앤 롤링이 어디 있냐고 물어보면, 어머니는 자랑스럽게 "위층에서 글을 쓰고 있어요"라고 대답했다.

학교에서는 친구들을 대상으로 자기가 쓴 동화를 읽어주거나 얘기해주는 게 조앤 롤링의 취미 중 하나였다. 조앤 롤링은 한 라디오 프로그램과의 인터뷰에서 어린 시절을 회상하며 "나는 전형적인 책벌레 어린이였지요. 키는 작고 땅딸막한데다 표준적인 안경을 쓰고 있었어요. 완전히 꿈과 환상의 세계 속에 살면서 끝도 없이 동화를 썼어요. 이따금 여동생에게 내가 쓴 이야기를 들으라고 괴롭히기도 했죠"라고 말했다.

조앤 롤링은 학교에 들어가면서 독서의 범위와 양을 늘려간다. 14살 때 이모가 여성 시민운동가 제시카 미트포드의 자서전을 선물해 줬다. 자서전을 읽고 감명을 받은 조앤 롤링은 제시카 미트포드를 그녀의 역할모델로 삼기로 했다. 그녀의 딸 이름 제시카는 제시카 미트포드에서 딴 것이다.

조앤 롤링의 부모는 그녀가 언어를 배우는 데 재능이 있는 것을 알고 그것을 활용하는 직업을 갖기를 원했다. 하지만 부모는 책을 쓰는 '작가'를 권하지는 않았다. 부모의 생각에는 여러 나라의 언어를 배워 국제기구 같은 데서 일하면 살아가는 데 지장이 없을 것이라고 생각했다. 조앤 롤링은 부모의 생각에 맞춰 대학 졸업 후에 런던으로 가 국제인권단체인 앰네스티 등에서 일했다.

하지만 조앤 롤링은 사무실에서 일하면서도 글쓰기의 유혹에서 벗어나지 못했다. 비서로 일할 때는 일에 집중하기보다는 글을 쓰는 데 정신을 빼앗겨 살았다. 사무실에선 컴퓨터를 이용해서 원고를 정서했고, 회의에 들어가서는 회의 내용을 메모하기보다는 머릿속에서 생각나는 줄거리와 등장인물의 이름을 적는 데 열중했다. 그녀는 글쓰기에 정신을 팔았기 때문에 한 직장에서 오래 일하지 못했다. 그녀의 지향점은 자유로움을 찾는 '작가' 쪽이었지 '회사형 인간'은 아니었던 것이다.

그렇게 해서 '해리포터' 이전에 두 권의 소설을 완성했지만 가족을 제외하고는 아무에게도 보여주지 않았다. 조앤 롤링은 인생의 위기가 닥치기 전까지만 해도 '골방 속 작가'에 불과했다. 돈을 버는 '수단'은 있었을지라도 '의지'가 뒷받침되지 않았다면 조앤 롤링은 부자가 될 수 없었을 것이다.

돈 벌자 학군 좋은 동네로
이사 간 조앤 롤링

'해리포터' 시리즈가 발간되고 저작권료가 들어오자 조앤 롤링이 가장 먼저 시작한 것은 새로운 거처를 찾는 일이었다. '해리포터' 1편을 쓸 때 머물렀던 곳은 주변 환경이 좋지 않았다. 빈민가까지는 아니었지만 저소득층이 모여 사는 동네로 거리에는 쓰레기봉투가 굴러다니고 이웃집에선 깨진 창문을 쉽게 발견할 수 있었다. 길거리에서 강도를 맞닥뜨렸다는 우울한 소식도 많았다. 특별히 조앤 롤링에게는 네 살이 넘어 학교에 들어갈 나이가 된 제시카가 걱정이었다. 영국에서는 다섯 살이면 초등학교에 들어간다.

조앤 롤링이 생애 처음으로 집을 살 때 제일 먼저 고려한 것은 학군이었다. 평판이 좋은 공립 초등학교 근처에 이사 가겠다는 생각이었다. 그래서 스코틀랜드 에든버러에서는 평판이 좋은 크레이그록하트 초등학교 주변에 4만 파운드(약 5,600만원) 정도 되는 방 두 개짜리 아파트를 샀다. 조앤 롤링에게 가장 큰 기쁨은 집을 샀다는 것보다는 제시카에게 좋은 교육 환경을 주고 더구나 자기 방을 줄 수 있었다는 것이다.

점점 불어나는 통장 액수에 부자가 됐다는 느낌이 들었지만 조앤 롤링은 티를 내지 않으려고 애썼다. 다른 엄마들처럼 직접 딸 제시카를 학교에 데려다 주고 집으로 데리고 왔다. 또 학부모들과 자연스럽게 어울렸다. 그녀가 해리포터 시리즈의 유명 작가라는 사실을 모르는 학부모들도 많았다.

조앤 롤링은 자신의 첫 집을 어릴 적 기억을 되살려 꾸몄다. 아파트 한 쪽에는 집필실이라고 부를 만한 공간도 마련했다. 딸 제시카에게는 자신의 첫 동화의 주인공이었던 토끼를 사줬다.

조앤 롤링은 딸 제시카에게 책을 읽어주기는 했지만 자신이 쓴 해리포터 시리즈는 일곱 살이 넘어서야 읽어주겠다고 생각했다. 혹시나 딸이 재미없다고 하면 자신이 상처를 받을까봐 그런 것이었다. 하지만 학교에 간 제시카는 언니 오빠들이 해리포터에 대해서 얘기해달라고 조르는 통에 제대로 학교생활을 할 수 없을 정도였다. 조앤 롤링은 딸아이를 조르지 않는다면 고학년 아이들에게 직접 해리포터를 읽어주겠다고 했다. 하지만 한 번 생긴 딸의 궁금증은 사라지지 않았다. 결국 조앤 롤링은 딸이 일곱 살이 되기 전에 해리포터 시리즈를 읽어주기 시작했다. 다행히 제시카는 아주 재미있어 했다고 한다.

조앤 롤링은 딸 제시카가 자신이 겪는 유명세를 겪지 않고 자라기를 바랐다. 조앤 롤링조차 이런 갑작스런 유명세를 적응하기 힘들었기 때문이다. 한 번은 조앤 롤링이 라디오를 켜고 "지금 방송에 엄마가 책에 대해서 얘기하고 있는 게 나오고 있다"고 하자 제시카는 전혀 놀라지 않고 "나는 이미 엄마 목소리를 알고 있는데요"라고 대답했다고 한다. 조앤 롤링이 걱정한 것보다 제시카가 잘 적응했던 것 같다. 이제 성년이 된 제시카는 유명 작가의 딸로서의 생활을 즐기고 있다고 한다.

조앤 롤링의 부모도 그녀에게 가장 좋은 교육 환경을 만들어주기 위해 애썼다. 그들이 선호한 교육 환경은 '시골'이었다. 조앤 롤링의 부모는 영국의 시골에 대한 애정이 남달랐다. 그들은 런던 근교에서 자랐지만 딸들이 도회지의 어수선함에서 벗어나 자연 속에서 뛰어놀면서 자라기를 원했다.

부부는 결혼 전에 신혼 생활을 런던의 방 한 칸짜리 아파트에서 시작할 것인가 아니면 지방에서 시작할 것인가 고민하다가 지방에서 살기로 합의했다. 부부가 처음 뿌리를 내린 곳은 영국 동남부의 예이트라는 작은 도시였다. 아버지 피트 롤링은 예이트의 비행기 엔진 공장에서 일자리를 얻었다. 예이트는 영국에서 아홉 번째로 큰 도시인 브리스톨에서 승용차로 20분 정도 떨어진 곳에 있다. 예이트에 쇼핑센터가 들어서고 브리스톨의 위성도시와 같이 번화하게 바뀌자 6킬로미터 정도 떨어진 위터본이라는 작은 마을로 이사를 가게 된다. 하지만 그곳도 시골이라고 하기엔 큰 마을이었다. 조앤 롤링의 가족이 마지막으로 정착한 곳은 조앤 롤링이 아홉 살 때 이사 간 쳅스토우의 투츠힐이었다. 투츠힐은 잉글랜드 지방과 웨일스 지방의 경계에 있는 곳으로 쳅스토우의 고성(古城)과 강변의 깎아지른 절벽이 절경인 곳이다. 게다가 멀지 않은 곳에 웨일즈 지방의 유명한 숲인 '포레스트 오브 딘'이라는 3만 에이커(3,600만평, 샌프란시스코 시의 면적 정도 된다)에 달하는 숲이 있었다. 해리포터 시리즈에 나오는 기숙학교, 숲, 묘지 등에 대한 얘기는 상상 속에서 꾸며낸 것이기는 하지만 대부분 조앤 롤링이 자랐던 동네인 투츠힐에서 아이디어를 딴 것들이다.

조앤 롤링은 2001년, 19세기에 세워진 방 13개짜리 스코틀랜드의 대저택으로 이사를 했다. 조앤 롤링은 대저택에서 사는 게 사치라고 생각하지 않는다고 했다. 그녀가 가장 힘들 때 옆을 지켜줬던 어린 딸 제시카가 편하게 생각하는 것이라면 무엇이라도 해주겠다는 것이다. 투자가치도 높은 편이다. 2001년 60만 파운드를 주고 산 저택은 현재 150만 파운드 넘게 호가한다.

조앤 롤링은 2001년 이사와 동시에 저택의 도서관에서 의사인 닐 머레이와 재혼했다. 하객은 양가 부모 등 열다섯 명만 참석한 채 조촐하게 '작은 결혼식'으로 진행됐다. 결혼식에 걸린 시간은 20분에 불과했다. 현재는 현 남편과의 사이에 낳은 두 아이를 포함해 세 아이를 키우고 있다.

대저택으로 사는 곳을 옮겼지만 아이들과의 생활은 크게 달라지지 않았다. 조앤 롤링은 독자들을 만나는 '북 투어'가 없는 날이면 딸 제시카를 직접 학교까지 데려다 주고 데리고 온다. 제시카는 조앤 롤링이 공립학교를 다녔듯이 집 근처의 공립학교를 다니고 있다.

조앤 롤링은 부모의 교육 방식에 불만은 없었지만 진로를 마음대로 선택하지 못하게 한 데는 불만이 있었다. 그녀는 "아이들이 열여덟 살이 되면 부모가 원하는 게 아니라 자기가 하고 싶어하는 것을 하게 할 것이다"라고 말했다. 또 자신이 가장 좋아했던 책을 자녀들이 이해할 수 있는 나이가 되면 선물로 줄 예정이라고 했다. 조앤 롤링이 가장 좋아했던 책은 제시카 미트포드의 자서전이다.

조앤 롤링의 부모도 그녀에게 가장 좋은 교육 환경을 만들어주기 위해 애썼다. 그들은 런던 근교에서 자랐지만 딸들이 도회지의 어수선함에서 벗어나 자연 속에서 뛰어놀면서 자라기를 원했다. 해리포터 시리즈에 나오는 기숙학교, 숲, 묘지 등은 대부분 조앤 롤링이 자랐던 동네인 투츠힐에서 아이디어를 얻었다고 한다.

돈 자랑하는
졸부는 되지 말자

조앤 롤링은 한 인터뷰에서 "돈이 많은 게 좋기는 하다. 그렇지만 지금보다는 덜 성공했으면 싶다"고 말한 적이 있다. 포르투갈에서 영국으로 돌아오던 1993년엔 '싱글맘'으로서 주말까지 돈이 남아 있을까 걱정하던 그녀였지만 지금은 너무 돈이 많아서 걱정이다. 그녀의 해결책은 기부를 하는 것이다.

영국의 자선단체인 '코믹 릴리프(Comic Relief)'와 조앤 롤링이 손잡고 진행하는 기부 방식은 독특하다. 코믹 릴리프는 영국과 아프리카의 가난한 어린이들을 지원하는 단체이다. 조앤 롤링은 코믹 릴리프를 위해서 『신비한 동물 사전』, 『퀴디치의 역사』 등 두 권의 소책자를 썼고, 그 소책자의 판매액은 직접 코믹 릴리프에 전달되었다. 조앤 롤링이 쓴 소책자는 해리포터가 다니는 학교인 호그와트의 도서관에 있다고 언급된 책 중 두 권이다. 2001년 3월부터 판매된 두 권의 책은 1,570만 파운드(약 220억 원)의 모금에 성공했다. 작가인 만큼 기부도 저술을 통해서 하는 흥미로운 방식이다. 조앤 롤링은 책 저작권 외에도 코믹 릴리프에 2,200만 파운드(약 300억 원)를 기부금으로 직접 전달하기도 했다.

조앤 롤링은 어머니를 죽음으로 몰고 간 불치병인 다발성 경화증의 연구에도 많은 돈을 기부하고 있다. 조앤 롤링은 또 자신이 직접 자선단체를 만들기도 했다. 동유럽의 장애아들을 지원하는 '칠드런즈 하이 레벨 그룹'이 그것이다.

조앤 롤링은 또 여행에 있어서만은 돈을 아끼지 않고 쓴다. 작가에게 있어 여행은 상당히 중요하다. 정신적인 노동으로 지친 심신을 달랠 수 있는 좋은 기회이기도 하고 앞으로 쓰려고 하는 이야기의 아이디어를 얻을 수 있는 기회이기도 있다. 찰스 다윈의 진화론의 착상지로 알려진 에콰도르의 갈라파고스 제도가 가족들이 자주 찾았던 여름 휴가지다. 휴가비용으로만 통상적으로 매년 1만 5,000파운드를 쓴다고 한다. 아프리카 동쪽의 인도양에 있는 모리셔스나 세이셸 제도 등도 가족의 휴가를 위해서 찾은 곳이다. 조앤 롤링으로서는 더 이상 부자가 되지 않기를 원하지 않기 때문에 어떻게든 돈을 써야 한다. 때문에 그녀가 가치가 있다고 생각하는 기부나 여행을 위해서 돈을 쓰는 것이다.

하지만 억만장자 조앤 롤링은 자신이 쌓은 부와 비교할 때 검소한 모습을 보이기도 한다. 지금의 남편과 사이에 난 첫째 아들 데이비드(2003년 생)와 둘째 딸 매켄지(2005년 생)은 둘 다 집 근처의 공립 의료원에서 낳았다. 또 첫째 딸 제시카뿐 아니라 동생들도 공립학교에 보낼 것이라고 공언했던 바가 있다. 단순히 돈을 아끼기 위한 것이 아니라 자녀들이 앞으로 엄청난 부에 치여 살지 않고 자신의 부모가 그랬듯이 평범한 삶을 살기를 원하기 때문이다. 의사인 조앤 롤링의 남편도 그녀와 마찬가지로 사치를 하는 스타일은 아니라고 한다.

조앤 롤링을 묘사할 때 가장 많이 등장하는 수식어가 '가난한 이혼녀'

이다. '가난한 이혼녀'라면 태어나서부터 가난하게 살았다는 이미지를 주지만 사실은 그렇지 않다. 그녀는 중산층의 가정에서 부모의 사랑을 듬뿍 받으면서 자라났고 남부럽지 않은 교육도 받았다. 또 대학원 교육까지 받은데다 앰네스티에서 일했을 정도로 사회의식도 투철하다. 또 자녀들에게 특별한 대우가 아니라 평범한 대우를 받도록 해주고 싶어한다. 그래서인지 몰라도 억만장자이지만 돈을 쓸 곳과 안 쓸 곳을 구별하면서 살아가고 있다. '돈 자랑하는 졸부는 되지 말자'는 게 그녀의 생각인 것 같다.

조앤 롤링은 첫째 딸 제시카의 동생들을 공립 의료원에서 낳았다. 또 자녀 모두를 공립학교에 보낼 것이라고 공언했던 바가 있다. 단순히 돈을 아끼기 위한 것이 아니라 자녀들이 앞으로 엄청난 부에 치여 사는 게 아니라 자신의 부모가 그랬듯이 평범한 삶을 살기를 원하기 때문이다.

문제 해결 능력을 키워라

여성이 자수성가해서 갑부가 되기는 낙타가 바늘구멍에 들어가는 것만큼이나 어려운가 보다. 세계 억만장자 중 자수성가한 여성의 비율은 전체의 1%에 불과하다. 그래서인지 여성이 부자가 되는 주요한 원천은 자수성가가 아니라 결혼, 유산, 이혼, 이 세 가지라고 한다. 부잣집 남자와 결혼을 하거나 부자인 부모에게서 유산을 물려받거나 거액의 이혼 위자료를 받는 게 보통 여성이 부자가 되는 방법이라는 것이다.

하지만 조앤 롤링은 당당히 자신의 혼자 힘으로 부자가 되는 모습을 보여줬다. 남편의 도움을 받을 수 없는 상황에서도 말이다. '싱글맘' 조앤 롤링의 성공 스토리는 여성들이 부자가 되기 위해선 가정의 불행이 닥쳤을 때 남에게 의존하지 않고 해결하는 능력을 갖추는 게 얼마나 중요한지를 일깨우고 있다.

2003년 미국에서는 『맞벌이의 함정Two Income Trap』이라는 책이 많은 사람들의 공감대를 형성하면서 베스트셀러가 됐던 적이 있다. 더구나 『맞벌이의 함정』은 어머니와 딸이 공동으로 여성의 눈에서 집필했다는 사실이 재미있다. 이 책의 어머니 저자인 엘리자베스 워런 하버드대 교수는 점차 영향력을 확대해 상원의원에까지 나서 당선됐고, 2016년 미국 대선 과정에서 민주당 대선 주자로 거론되기도 했다. 이 책은 부자에 관한 책은 아니지만 여성 부자가 탄생하는 게 왜 힘든지 설명해주고 있다. 또 조앤 롤링이 어머니에게서 물려받았던 위기 극복과 문제 해결의 정신이 얼마나 여성에게 절실한지도 가르쳐주고 있다.

보통 중산층의 가정은 부자가 되기 위해 맞벌이의 길을 선택하게 마련이다. 하지만 책은 오히려 맞벌이가 구조적으로 가난의 '함정'을 파놓고 있다고 주장한다. 분명 맞벌이를 하면 두 사람의 수입의 들어오므로 수입이 늘어나는 효과를 보인다. '수입−지출=재산'이라는 부자의 공식에 입각해서 본다면 수입이 두 배 가까이 늘어나니 금세 재산이 늘어나 부자가 되는 속도가 빨라질 것처럼 보인다. 그러나 맞벌이의 함정은 '지출' 항목에서 생겨난다. 남편과 아내가 모두 일을 하면서 아이들에 대한 육아와 교육비용이 한 사람이 돈을 버는 경우보다 훨씬 더 늘어나게 된다. 한편 수입이 늘어난 만큼 지출 규모도 늘어나게 된다. 외식비도 상대적으로 많이 든다. 비교적 넉넉한 수입을 믿고 무리하게 집을 늘리는 경우도 많다.

그렇기 때문에 맞벌이 가정에 위기가 닥쳤을 때 위기가 증폭되는 효과를 낳는다고 경고하고 있다. 가령 남편이 갑자기 교통사고를 당해 일을 할 수 없는 경우가 생겼다고 하자. 병원비는 보험으로 보충한다고 해도 갑자기 소득이 줄어드는 것을 피할 수 없다. 하지만 지출은 줄이기 어렵다. 넓은 집에 살기 위해 빌린 주택담보대출 갚는 것을 그만둘 수도 없고 영어 유치원을 다니는 아이를 못 가게 할 수도 없다. 남편의 간호를 위해 아내마저 일을 잠시 쉬어야 한다면 그 가계는 곧 신용불량의 상태에 빠져들게 된다.

남편과 아내가 헤어지는 경우에도 맞벌이의 함정은 찾아온다. 헤어진 부부가 서로 다른 가계를 꾸려나가게 되니까 수입과 지출의 규모를 맞출 수 있을 것이라고 생각하지만 그렇지 않다. 이혼을 했다고 집을 줄여갈 수도 없고 자녀에 대한 지출을 줄일 수는 없다. 조금은 서로 나눠하던 집안일도 한 사람이 맡아서 해야 하므로 일하는 사람을 부르는 횟수도 늘어난다. 남성과 달리 여성은 소득을 늘릴 기회가 적다. 결국 맞벌이를 하던 여성은 이혼을 하면 가난의 굴레로 빠져들기 쉽다.

그렇다고 맞벌이를 포기해야 하는가? 그럴 수도 없다. 이웃이 모두 맞벌이를 하기 때문에 비슷한 생활수준을 유지하기 위해서는 맞벌이는 포기할 수 없는 생활방식이다.

저자들은 맞벌이의 함정에 빠지지 않기 위한 방법도 제시하고 있다. 맞벌이 여성들은 마치 불이 났을 때 소방 훈련을 하듯이 가계에 위기를 닥칠 것을 대비한 훈련을 해야 한다고 주장하고 있다. 첫째, 한쪽의 소득이 없을 때도 6개월간 살 수 있는지 점검하라는 것이다. 둘째, 비상시를 대비해서 고정적으로 나가는 지출을 줄일 수 있는 방법을 찾으라는 것이다. 조금 싼 집에서 살아도 되지는 않는지, 아이를 조금 저렴한 유치원에 보내면 안 되는지 등에 대해서 질문을 던져보라는 것이다. 셋째, 비상 계획을 마련해두라는 것이다. 배우자가 실직하면 어떻게 할까, 부모님이 갑자기 세상을 떠나시면 어떻게 할까 등의 질문을 던지고 그에 맞춰 가계를 어떻게 운용할지 대비해두라는 것이다.

조앤 롤링은 결혼할 당시 포르투갈에서 영어 학원 강사로 남편의 수입과 합쳐서 가계를 꾸려나갔다. 그러나 아이를 갖게 되자 어쩔 수 없이 일을 쉬게 됐다. 남편 한 사람의 소득만 가지고 겨우 가계를 꾸려나가는 와중에 가정의 위기까지 겹친다. 일종의 맞벌이의 함정이 찾아온 것이다. 가정의 위기는 남편의 가정 폭력이었다. 조앤 롤링은 딸을 데리고 포르투갈에서 영국으로 탈출할 것을 결심한다. 조앤 롤링은 영국에 당장 돌아가면 수입이 없다는 것을 누구보다도 잘 알고 있었다. 어쩌면 가난의 굴레에 빠져들지도 모를 위기의 순간이었다. 조앤 롤링이 불치병에 걸렸을 때도 희망과 의지를 잃지 않았던 어머니를 떠올리지 않았다면 행동으로 옮기기 힘든 일이었을 것이다.

영국으로 돌아온 조앤 롤링은 정부의 보조금으로 생활하면서 자신이 구상했던 소설 '해리포터'의 완성에 도전하게 된다. 그녀는 어머니가 삶 속에서 가르쳐준 위기 극복 능력을 활용해서 맞벌이의 함정에 빠지지 않고 혼자 충분한 수입을 버는 데 성공하게 됐다. 조앤 롤링은 해리포터 시리즈로 성공하지 못했어도 삶의 위기에서 벗어날 수 있는 비상 계획을 갖고 있었다. 책을 쓰면서 동시에 프랑스어 교사가 되기 위해 대학원을 다녔던 것이다. 그녀는 인생의 문제를 맞닥뜨렸을 때 그것을 해결하는 능력을 갖고 있었다.

문제 해결 능력을 키운다는 것은 '수입-지출=재산'이라는 부자의 공식에 입각해 본다면 수입을 늘리는 길이요, 지출을 줄이는 길이기도 하고, 재산을 잘 관리하는 방법이기도 하다. 생각지 못했던 위기가 닥쳤을 때 대처하는 방법을 가르치는 것이기 때문이다. 세상을 살다보면 각종 위기를 피하기 어렵다. 세계의 부자들이 자녀들에게 독립심을 키워주고 일부러 고생을 시키기도 하는 것은 모두 그 때문이다. 문제를 해결하는 능력을 키워주지 않는다면 자녀들이 삶의 위기에 부딪혔을 때 헤어나오지 못하고 가난의 함정에 빠질 위험성이 있다.

　미국의 시사지 뉴스위크에 따르면 최근 미국에선 '헬리콥터 부모'라는 신조어가 생겼다고 보도했다. 성인이 된 자녀들의 주위를 맴돌면서 자녀의 어려운 점을 챙겨주는 부모들을 가리키는 말이다. 한국도 마찬가지다. 신입사원인 자녀를 잘 봐달라며 회사 인사부를 찾아오는 어머니가 있을 정도라도 한다. 하지만 언제까지 부모들이 자녀들의 뒤를 따라다니면서 문제를 해결해줄 수도 없는 노릇이다. 대신 자녀에게 위기가 닥쳤을 때 문제를 해결하는 능력을 길러주는 게 필요하다. 문제 해결 능력을 키우는 것은 조앤 롤링의 어머니가 그랬듯이 부모가 자녀 앞에서 모범을 보이는 것에서부터 시작해야 할 것이다.

부자들의 자녀교육

사진 판권 및 출처

page 28: 마이크로소프트 제공(http://www.microsoft.com/presspass/images/gallery/execs/billg3_print.jpg)

page 29: 워싱턴대 홈페이지(http://depts.washington.edu/uweek/archives/1998.04.APR_09/Photos.html)

page 31: 워싱턴대 홈페이지   page 38 : ⓒ 방현철

page 42: 마이크로소프트 제공(http://www.microsoft.com/presspass/images/press/2006/06-15gates-ballmer_lg.jpg)

page 46: ⓒ 방현철   page 52: ⓒ 방현철   page 71: ⓒ 연합뉴스

page 88: 미국의회도서관 제공(http://memory.loc.gov/ammem/nfhtml/images/3a07269r.jpg)

page 89: 포컨티코힐즈 센트럴스쿨 홈페이지(http://www.pocanticohills.org/rockefeller/ledgera.htm)

page 93: ⓒ 방현철   page99: ⓒ 방현철   page 110: ⓒ 방현철   page 113: ⓒ 방현철

page 120: ⓒ 방현철   page 123: ⓒ 방현철   page 145: ⓒ 방현철   page 150: ⓒ 연합뉴스

page 152: ABC뉴스(http://abcnews.go.com/Video/playerIndex?id=2133741)   page 159: ⓒ 방현철

page 173: ⓒ 방현철   page 174: ⓒ 방현철

page 180: GE 제공(http://www.ge.com/images/nu/company/companyinfo/dwnlds/welch.zip)

page 183: ⓒ 방현철   page 191: ⓒ 방현철   page 202: ⓒ 방현철

page 210: ⓒ 방현철   page 215: 월마트 제공

page 225: ⓒ 방현철   page 233: ⓒ 방현철   page 240: ⓒ 연합뉴스

page 243: 청쿵실업 홈페이지(http://www.cki.com.hk/english/about_CKI/chairman_letter/index.htm)

page 244: 리처드 리 홈페이지(http://www.richardli.com/index.html)

page 259: 리카싱기금회 홈페이지(http://www.lksf.org/image/media/photo/education/stu/39.jpg)

page 275: ⓒ 연합뉴스   page 278: ⓒ 연합뉴스   page 298: ⓒ 연합뉴스

맺음말

부자 교육은 집에서 하는
경제 교육이 우선

　　세계 1위의 부자 빌 게이츠가 10살짜리 딸의 컴퓨터 사용 시간을 제한한다고 해서 화제가 됐던 적이 있다. 빌 게이츠는 2007년 2월 한 비즈니스 모임에 참석해 딸의 컴퓨터 사용 시간을 평일은 45분, 주말은 1시간으로 제한하고 있다고 밝혔다. 다만 학교 숙제를 위해 사용하는 시간은 예외로 인정한다고 했다. 빌 게이츠는 어쩌면 자녀들이 평생 놀면서 먹고 살아도 충분할 만한 재산인 1,000만 달러(약 116억 원)를 물려주겠다고 했는데, 무엇 때문에 딸의 컴퓨터 사용 시간을 제한한 것일까? 과거와 달리 현재에는 컴퓨터만 잘하더라도 돈을 벌 수 있는 길이 얼마든지 있지 않은가?

　　단순히 '컴퓨터 황제가 딸은 컴퓨터를 못 하게 하는구나'라고 흥미 위주로 보고 넘어갈 일은 아니다. 조금만 깊이 생각한다면 부자 교육의 중요한 비결 한 가지를 읽을 수 있다. 빌 게이츠는 딸에게 '자기 절제의 기술'을 가르쳐주고 있는 것이다. 앞에서 언급한 '부자의 공식'이라는 관점에서 본다면 자기 절제의 기술은 지출을 줄이는 습관을 들이고 재산을 관리하는 방법을 익히는 데 아주 유용한 비법인 것이다. 세계 최고의 부호 집안이었던 록펠러 가문이나 화교 최고의 부자인 리카싱도 이와 같은 자기 절제의 기술을 자녀들에게 체험을 통해서 익히게 했다. 빌 게이츠가 자기 절제의 기술을 가르치는 사례를 통해서 세계 부호들의 자녀 교육의 바탕에 깔려 있는 것은 '수입은 늘리고, 지출은 줄이면서 재산을 체계적으로 관리하라'는 '부자의 공식'을 일깨워주는 것이라는 걸 다시 한 번 확인할 수 있다.

앞에서 세계 부자 10명의 교육 방식에 대해서 알아봤다. 평범한 사람으로서는 상상할 수도 없는 엄청난 재산을 모은 부자들의 이야기라서 우리의 생각과는 동떨어진 게 아니냐는 생각을 할 수도 있겠다. 그러나 부자들의 교육에 대한 고민은 일반인들의 고민의 출발점과 그다지 다르지 않았다. 다만 일반인들과는 달리 그들은 고민에서 끝난 게 아니라 여러 가지 해결책을 제시하고 스스로 실천했다는 점이 달랐다.

자녀를 부자로 키우고 싶어하는 우리네 평범한 사람들은 자녀에게 무엇을 가르치고 있는가? 우리는 자녀를 부자로 키우기 위한 구체적인 방법을 실천하고 있는가? 아는 것과 실천하는 것은 다른 것이다. 누구나 자녀를 잘 키워야 된다는 사실은 알고 있으면서 현실에선 전혀 예상치 않았던 방향으로 키우고 있을 수도 있다. 세계 부자들이 어떻게 배우고 가르쳤는지 살펴보면서 우리는 자녀들의 경제 교육에 대해서는 등한시하고 있는 게 아닌지 되짚어볼 필요가 있겠다는 생각이 든다.

몇 가지 예를 들어보자. 다섯 살 정도 된 어린 자녀가 있다면 지금 당장 자녀에게 "아빠 엄마 돈이 어디서 나오는지 아느냐"고 물어보라. "아빠 엄마가 열심히 일해서 벌어오는 거예요"라는 대답보다는 "현금 인출기에서 나오는 게 아니에요"라는 대답이 쉽게 나오는 것을 발견할 수 있을 것이다. 돈을 어떻게 버는 것인지 가정에서 가르치는 사례가 그다지 많지 않다는 것이다.

세계 부자들이 강조하는 자기 절제의 기술만 해도 그렇다. 2015년 정보통신정책연구원 조사에 따르면 고등학생 중 자신의 휴대전화 요금을 내는 비중은 3.2%에 불과했다. 부모 등이 전부 내 주는 비율이 69.0%였고, 일부 내주는 경우도 27.8%였다. 스마트폰 앱이나 아이템 구입도 휴대전화 요금에 포함돼 있다. 그렇다면 한국의 부모들은 대부분 자녀들에게 휴대전화 사용을 관리하고 절제하는 기술을 가르치지 않는다는 얘기다. 자녀들이 휴대전화를 어떻게 사용하는지에 대해서는 알지 못한 채 휴대전화 요금을 대신 내줄 뿐이다.

절약에 대한 교육은 어떠한가? 부자들이야 물려줄 재산이 있으니 헤프게 쓰지 말라는 자녀교육이 의미가 있지 평범한 가정에서야 헤프게 쓸 일도 없는데 무슨 절약 교육이냐고 되물을 수도 있을 것이다. 하지만 신용회복위원회의 조사에 따르면 일반 가정의 자녀들도 스스로 헤프게 쓰고 있다고 고백하고 있다. 고등학교 3학년 학생을 대상으로 한 조사에 따르면 '용돈을 초과해서 사고 싶은 물건을 산다'는 대답이 무려 72.5%에 달했다. '용돈이 부족하면 어떻게 하느냐'는 질문에는 77.2%가 '부모에게 달라고 한다'는 대답이었다. 쉽게 용돈을 타 쓰고 헤프게 용돈을 쓰는 데 익숙한 게 한국 젊은이들의 현실인 것이다.

반면 미국, 독일 등 선진국에서는 집안일을 하지 않으면 용돈을 주지 않거나 일을 한 만큼 준다는 부모가 대부분이다. 미국의 한 조사에 따르면 62%의 부모가 집안일에 하나하나 값을 매겨 일을 한 것에 따라 용돈을 준다는 대답을 하고 있다. 일을 하지 않아도 용돈을 준다는 대답은 16%에 불과했다. 반면 국민은행에서 같은 질문을 가지고 조사를 했을 때 한국의 부모 중 43%는 일을 하지 않아도 용돈을 준다고 대답했다.

과거 세계 최대의 갑부 집안이었던 록펠러 집안이 3대가 넘게 이어지는 부를 유지하고 있는 까닭은 단순화하자면 철저한 용돈 교육이 바탕이 돼 있기 때문이었다. 록펠러 집안에는 모든 집안일에 대해서 마치 가격표가 붙어 있는 것 같이 자녀가 하는 집안일에 대해 가격을 매겼다. 일을 해야만 돈을 벌 수 있다는 '노동의 가치'를 깨닫게 하기 위해서였다. 또 용돈 기입장을 적으면서 재산을 관리하는 방법도 배우게 했다. 그 과정에서 필요한 곳에만 돈을 쓰는 판단력도 배울 수 있었다.

선진국의 부자들만 철저한 용돈 교육을 시킨 것은 아니다. 책의 본문에는 자세히 소개되지 않았지만 세계 6위 부자인 멕시코의 재벌 카를로스 슬림도 어릴 때부터 용돈 교육을 받은 것을 자랑스럽게 생각하고 있다. 경제지 포브스의 기자가 찾아 갔을 때 그의 사무실 책장에는 워런 버핏, 폴 게티, 록펠러 관련 서적들과 더불어 자신의 어릴 적 용돈 기입장 5권이 꽂혀 있었다고 한다. 부동산 투자가였던 카를로스 슬림의 아버지는 자녀들에게 매주 일요일 5페소의 용돈을 주고 씀씀이를 용돈 기입장에 기입하게 했던 것이다.

부자 교육은 학교에서 가르쳐 주는 과목이 아니다. 학교는 보통 사람을 길러내는 시스템을 가진 곳이다. 때문에 '부자가 되는 길'이라는 과목을 개설할 수 없다. 그러므로 부자 교육은 철저하게 가정교육이 기본이 돼야 하는 것이다.

이제는 세계 부자들이 자신과 자녀를 가르치면서 만든 부자 교육의 지혜를 나눌 때이다. 부자 교육의 지혜에 대해 '부자가 되기 위한 기초 체력 기르기'라는 다소 긴 이름을 붙여봤다. 부자가 되는 길에는 크게 자신의 노력, 유산, 행운이라는 세 가지 방법이 있다. 이 중에서 개인이 할 수 있는 것이라고는 '노력'밖에는 없다. 그 노력의 방법을 아는 게 부자가 되는 기초 체력을 기르는 길이라고 생각한다.

또 세계의 부자들이 그랬듯이 수입을 늘리고, 지출을 줄이면서, 관리를 하라는 전방위로 부자가 되는 방법을 자녀에게 가르쳐야 할 것이다. 그렇게 부자가 되는 기초 체력을 갖춰 가면서 주식이나 부동산 투자와 같은 재테크의 개념을 얹어준다면 훌륭한 자녀 경제 교육이 될 것이다. 구체적인 방법은 세계 부자들이 실천을 통해서 개척해놓은 방법을 그대로 적용하거나 머리말에서 언급한 '부자의 공식'을 적용해서 응용하면 될 것이다.

마지막으로 앞에서는 자세히 언급하지 않았던 부자 교육의 팁 하나를 소개한다. 자녀들이 부자가 되기 위해서는 구체적인 목표를 정하거나 역할 모델을 만드는 게 중요하다. 세계 부자들은 저마다 역할 모델을 찾아서 인생의 목표로 삼았다. 예컨대 빌 게이츠는 어릴 적에는 레오나르도 다 빈치를 역할 모델로 삼았고 커서는 아버지 윌리엄 게이츠를 역할 모델로 생각했다. 아이들을 부자로 만드는 데는 추상적으로 '부자가 되자'는 구호는 도움이 되지 않는다. 미래에 어떤 사람이 되고 싶은지 목표를 정하고 그 부자의 성공 비결에 대해서 철저하게 연구하도록 하라. 세계 부호 10명의 교육 방식에 대해 분석한 이 책은 자녀들에게 역할 모델을 찾는 출발점을 제시해줄 것이다.

부자들의 자녀교육